N잡러를 위한 전자책 만들기

with 퍼스널 브랜딩

지은이 흑상어쌤

15년 이상 광고와 마케팅 대행사에서 근무하며 SKT, 기아자동차, 프로스펙스, SPC 해피포인트, 스카이라이프, CJ 컨디션, 서울사이버대학교, 식품의약품안전처, 중앙선관위, 고요별서 북스테이, 문경약돌한우돼지 등 다양한 클라이언트와 일하며 광고와 마케팅 경력을 쌓았습니다.

현재는 마케팅, 브랜딩 지식과 경험이 부족한 소규모 비즈니스, 예비 창업자, 스타트업 등을 위한 '마케팅 블록 시스템'을 운영하며 마케팅과 브랜딩을 비즈니스 성장의 도구로 사용하는 것을 돕고 있습니다.

전자책 〈대표님, 마케팅 모르고 마케팅하면 안 됩니다〉, 〈100 베스트 마케팅〉, 〈조선의 마케터 허생전〉, 〈나도 창작자가 될 테야〉 등을 만들었고, 출간 저서로는 《마케팅 모르고 절대 사업하지 않습니다》(2023, 다반), 《하루 10분 마케팅 습관》(2023, 다반) 등이 있습니다.

인스타그램 @marblsystem

나만의 콘텐츠가 돈이 된다

N잡러를 위한 전자책 만들기 with 퍼스널 브랜딩

초판 1쇄 발행 2024년 12월 6일

지은이 흑상어쌤 / **펴낸이** 전태호
펴낸곳 한빛미디어(주) / **주소** 서울특별시 서대문구 연희로2길 62 한빛미디어 IT출판1부
전화 02-325-5544 / **팩스** 02-336-7124
등록 1999년 6월 24일 제25100-2017-000058호 / **ISBN** 979-11-6921-316-5 13000

총괄 배윤미 / **책임편집** 장용희 / **기획・편집** 오희라
디자인 박정우 / **전산편집** 오정화
영업 김형진, 장경환, 조유미 / **마케팅** 박상용, 한종진, 이행은, 김선아, 고광일, 성화정, 김한솔 / **제작** 박성우, 김정우

이 책에 대한 의견이나 오탈자 및 잘못된 내용은 출판사 홈페이지나 아래 이메일로 알려주십시오.
파본은 구매처에서 교환할 수 있습니다. 책값은 뒤표지에 표시되어 있습니다.
한빛미디어 홈페이지 www.hanbit.co.kr / 이메일 ask@hanbit.co.kr

Published by HANBIT Media, Inc. Printed in Korea
Copyright © 2024 흑상어쌤 & HANBIT Media, Inc.
이 책의 저작권은 흑상어쌤과 한빛미디어(주)에 있습니다.
저작권법에 의해 보호를 받는 저작물이므로 무단 복제 및 무단 전재를 금합니다.

지금 하지 않으면 할 수 없는 일이 있습니다.
책으로 펴내고 싶은 아이디어나 원고를 메일(writer@hanbit.co.kr)로 보내주세요.
한빛미디어(주)는 여러분의 소중한 경험과 지식을 기다리고 있습니다.

N잡러를 위한 전자책 만들기

with 퍼스널 브랜딩

흑상어쌤 지음

머리말

이 책을 펼치는 순간 이미 당신은 전자책 작가입니다

책을 출간한 후 만나는 사람들과는 보통 이런 대화를 나눴습니다.

"대단해요. 어떻게 책까지 쓰셨나요?"
"감사합니다. 마음먹고 시작하면 누구나 쓸 수 있어요."
"에이, 책은 아무나 쓰나요?"

필자가 '당신도 책을 쓸 수 있다.'라고 하면 열에 아홉은 이렇게 대답합니다.

"저는 아는 것도 많지 않고 글도 써본 적이 없는데 어떻게 책을 쓰나요?"

대화는 보통 이쯤에서 마무리됩니다.

여러 권의 전자책을 쓰고 종이책을 출간하는 동안 다양한 사람들과 책 쓰기와 관련된 대화를 나누었습니다. 누군가 책 쓰기에 관심을 보일 때마다 필자는 '당신도 책을 쓸 수 있다.'라고 이야기를 합니다. 그러나 대부분은 두 가지 이유로 자신은 책을 쓸 수 없다고 합니다.

첫 번째 이유는 글쓰기를 제대로 해본 적이 없다는 것입니다. 지금까지 살면서 학업이나 업무에 필요한 문서 작성 외에 글이라고는 써본 적이 없는데, 어떻게 책을 쓸 수 있느냐는 것입니다. 두 번째 이유는 자신이 책을 쓸 만큼 아는 것이 많지 않다는 것입니다. 학교 졸업 후 직장을 다니거나 사업을 했을 뿐이라서 무언가에 대해 깊게 공부하거나 아는 것이 없다고 합니다.

그런데 말입니다. 이 글을 쓰고 있는 필자도 불과 2년 전까지만 하더라도 여러 권의 전자책과 종이책을 출간할 수 있을 거라고는 생각해본 적이 없습니다. 필자 역시 다른 누군가와 마찬가지로 학교 과제나 업무적으로 필요한 문서 작업 외에는 따로 책을 위한 글을 써본 적이 없습니다.

그럼에도 불구하고 필자는 여러 권의 전자책을 썼으며 펀딩에도 성공했고, 출간 작가가 되었습니다. 그리고 또다시 이렇게 새로운 책을 쓰고 있습니다.

지금 이 책을 읽고 있는 여러분은 아마 이것이 가장 궁금할 것입니다.

'그래서 전자책을 쓰고 펀딩에 성공하려면 어떻게 해야 하는데?'

이 질문에 한마디로 대답을 하자면, 자신의 지식과 경험으로 다른 사람의 고민, 문제, 욕망을 해결해 줘야 한다는 것입니다. 뭔가 뻔하고 모호합니다. 조금 풀어서 이야기하면 전자책으로 다른 사람의 문제 해결을 위한 시간, 돈, 노력을 절약할 수 있는 방법을 알려줘야 한다는 것입니다. 여기서 한 가지 의문이 추가적으로 생깁니다. '그 방법은 뭔데?'

바로 이 질문에 대답하기 위해 필자는 이 책을 쓰고 있습니다. 누구나 쉽게 자신의 지식과 경험을 전자책으로 만들어 다른 이에게 가치를 제공하고, 펀딩을 통해 새로운 수익을 만들 수 있는 방법을 이 책에 담았습니다. 지금부터는 '과연 내가 정말 전자책을 쓸 수 있을까?'라는 의문은 잊고 '단 한 번만 믿고 따라 해보자!'라는 마음가짐으로 읽어나가길 바랍니다.

이 책은 다음과 같은 독자들을 대상으로 합니다.

- 자신의 지식과 경험으로 전자책을 만들고 싶은 사람
- 월급 외의 추가적인 소득을 만들고 싶은 직장인
- 자신의 정체성을 확립하고 퍼스널 브랜딩을 구축하고 싶은 사람
- 전자책으로 크라우드 펀딩에 도전하고 싶은 사람
- 전자책 판매를 위한 마케팅을 함께 배우고 싶은 사람

특히 전자책에 대해 아주 기초적인 지식만 가지고 있거나 전자책을 처음 접하는 독자를 대상으로 합니다. 이 책에서 이야기하는 '전자책'이란 출판을 목적으로 하는 것이 아닌, 온라인 플랫폼에서 펀딩 또는 판매를 목적으로 하고 있는 전자책, 즉 PDF 형식의 파일을 의미합니다.

더불어 '전자책을 한번 만들면 평생 자면서도 수익이 들어온다!', '일주일이면 전자책을 만들고 수천만 원 벌 수 있다!'와 같이 전자책 판매를 위한 광고나 마케팅 콘텐츠에서 이야기하는 놀라운 해결책은 이 책에 없습니다. 자신의 지식이나 경험이 아닌 인터넷의 정보들을 짜깁기해서 전자책을 만드는 방법도 이야기하지 않습니다. 해외에서 판매된 전자책을 복사하고 번역해서 판매하는 방법이나, 자신도 잘 알지 못하는 내용을 전자책으로 만들고 '후킹'이 마치 마케팅의 전부인 것처럼 사람을 현혹하는 방법도 이야기하지 않습니다.

전자책 한 권을 만들고 펀딩에 도전하는 것은 끝이 아닌 과정일 뿐입니다. 자신이 전자책을 통해 원하는 결과를 만들기 위한 과정인 것이지, 전자책 한 권을 씀으로써 원하는 결과가 바로 이루어진다는 뜻은 아닙니다. 다시 말하자면 '나의 지식과 경험을 전자책으로 만들었다'는 말이 '나도 큰돈을 벌 수 있다'와 같은 의미가 아니라는 뜻입니다.

다만, 여러분들이 이 책을 통해 두 가지를 얻을 수 있으리라 약속합니다. 첫째는 이 책을 모두 읽고 책에서 이야기한 것을 따라 한다면 누구나 자신의 지식과 경험을 활용하여 자신의 이름으로 전자책을 쓰고 펀딩에 도전할 수 있을 것입니다. 둘째는 이 책을 접하기 전보다 자신과 다른 사람들을 좀 더 깊게 이해하고 자신의 일과 생활을 바라보는 관점이 달라질 것입니다. 이 두 가지 약속의 결과로 월급 외 추가적인 소득이 생기는 '퍼스널 브랜딩'의 효과가 발생하는 것입니다. 즉, 수입과 인지도는 이 책의 목적이 아니라, 자연적으로 따라오는 결과물이라는 의미입니다.

이 책을 선택한 이유는 모두 다를 것입니다. 어떤 이유가 됐든지 전자책에 대한 관심으로 이 책을 읽고 있다면 단 하나의 약속을 지켜주길 바랍니다. 여러분은 이 책을 읽는 동안 20개 이상의 '액션 메시지'를 만날 것입니다. 그때마다 잠시 책 읽기를 멈추고, 책에서 이야기하는 대로 실행하길 바랍니다. 이후에 다시 책을 이어서 읽어나가면 됩니다.

이 책은 전자책을 만들고, 펀딩하고, 마케팅하는 '실행'에 초점이 맞춰져 있습니다. 책을 읽는 것은 실행을 위한 준비 단계임을 기억해야 합니다. 책을 읽고 배운 것을 실행할 때 비로소 여러분이 이 책을 읽는 데 할애하는 시간과 노력의 가치가 살아날 것입니다.

당신의 지식과 경험은 믿는 만큼의 가치가 있습니다

전자책 쓰기에 도전해야겠다고 마음을 먹었음에도 아직 한 가지 의문이 남아 있을 것입니다.

'과연 나의 지식과 경험이 다른 사람이 돈을 주고 구매할 만큼 가치가 있을까?'

왜냐하면 자신에게 있어서 나의 지식과 경험은 딱히 새롭거나 유일한 것이 아니기 때문입니다. 인터넷에 검색만 해도 얼마든지 더 높은 수준의 지식을 알려주는 글이나 영상을 충분히 찾아볼 수 있다는 것을 알기 때문입니다.

이 책에서 이야기하는 대로 믿고 따라 하면 전자책을 쓸 수 있다는 건 알겠는데, 내가 가진 지식과 경험을 궁금해하거나 필요로 하는 사람들이 존재하거나 할지 의문이 들기도 할겁니다. 그리고 자신이 정말 전자책을 쓸 만큼 알고 있는 것이 많고 경험이 다채로운지도 걱정될 테고요. 같은 고민을 하고 있던 한 사람의 이야기를 들려드립니다.

> 그녀는 유치원을 다닐 무렵부터 '정리'에 푹 빠져 지낸 자타공인 '정리 마니아'다. 어린 시절부터 여성 잡지에 나오는 정리 정돈법을 직접 실행하면서 잘못 알고 있던 정리 상식들을 깨닫고, 자신만의 정리법을 찾는 데 성공했다. 그녀는 주변을 정리하면서 자신이 직접 원하는 것이 무엇인지 알게 되어, 일의 효율성이 올라가고 자신감도 높아졌다고 말한다. 더불어 수많은 고객들의 정리 컨설팅을 해주면서 '정리가 인생을 바꿀 수 있다'고 자신하게 되었다.

이 이야기의 주인공은 "설레지 않으면 버려라!"라는 말과 함께 전 세계적인 '정리' 열풍을 일으킨 일본의 정리 컨설턴트 곤도 마리에의 소개 내용입니다. 옷장 속 가득히 쌓인 옷, 언제 어디서 샀는지도 모를 먼지 쌓인 소품들을 자신만의 철학으로 정리하는 방법을 알리고 그 지식과 경험을 담은 책은 전 세계적인 베스트셀러가 되었습니다. 이러한 열풍이 국내에서도 이어져 정리 관련 방송 프로그램이 생겼고 관련 직업과 비즈니스가 성행 중입니다.

과거에 어느 누가 '정리 컨설턴트'라는 직업으로 큰돈을 벌고 유명인이 될 수 있을 거라고 생각할 수 있었을까요? 곤도 마리에 본인조차도 자신의 '정리'에 관한 지식과 경험을 이 정도로 많은 사람들이 찾게 될 줄은 상상도 못했을 것입니다.

곤도 마리에는 외국인이고 전자책을 통해 성공한 사례가 아니라서 잘 와닿지 않는 독자분들도 있을 수 있으니, 이번에는 실제로 텀블벅에서 자신만의 이야기로 전자책으로 만들어 무려 2,900% 이상 펀딩에 성공한 사례를 소개합니다.

취업을 준비해본 사람이라면 누구나 한번쯤 자기소개서를 썼을 것입니다. 인터넷에서 '자기소개서'를 검색해보면 자기소개서 쓰는 법, 자기소개서 양식 등 관련 콘텐츠가 수천, 수만 개에 달합니다. 대기업의 인사담당자와 취업 교육 학원의 자기소개서에 대한 전문적인 노하우도 찾아볼 수 있습니다.

그런데 대기업 인사담당자, 기업의 CEO, 취업 교육기관 전문가도 아니면서, 자신만의 취업 성공 노하우를 담은 자기소개서를 전자책으로 만들고 2,931%의 달성률로 펀딩에 성공한 작가가 있습니다.

> 야ㅇ자, 여ㅇㅇ때, 티ㅇㅇ수, 콩ㅇ페 등 다양한 브랜드와 산업을 경험한 일잘러 랜선사수 도ㅇ몬입니다. 명문대, 대기업 출신은 아니지만 스타트업, 중소기업에서 크고 작은 성과를 만들어왔고 무에서 유를, 0에서 100을 만드는 과정에서 희열을 느끼는 사람입니다. 저의 경험과 경력을 바탕으로 사수 없이 홀로 고군분투 하는 신입, 주니어분들을 위해 실무에서 바로 사용할 수 있는 찐 노하우만을 전달드립니다.

작가의 창작자 소개 내용입니다. 다른 사람과 비교했을 때 작가가 놀랍도록 특별하거나 뛰어난 경력을 가진 사람이라고 보기는 어렵습니다. 작가가 근무한 기업과 브랜드명에 다른 사람의 경력을 넣어보면 결국 여러 회사와 브랜드를 경험한 평범한 직장인이라고도 볼 수 있습니다.

그럼에도 불구하고 작가는 자신의 지식과 경험이 필요한 명확한 타깃을 대상으로, 그들이 원하고 필요로 하는 내용을 전자책으로 만들어 펀딩에 성공하고 수익을 만들어냈습니다.

요컨대 집안 정리를 할 수 있거나 자기소개서를 한 번이라도 써본 사람이라면 누구나 자신의 지식과 경험으로 수익을 만들 수 있습니다. 이것이 가능한 이유는 여러분의 지식과 경험의 가치를 평가하고 구매하는 것은 여러분 자신이 아닌 그것을 필요로 하는 사람들이기 때문입니다. 바꿔 말하면 누군가에게는 나의 지식과 경험이 '시간 절약을 위해', '노력을 아끼기 위해', '관심이 있는 분야라서', '아이디어를 얻기 위해', '돈이 될 것 같아서' 등의 다양한 이유로 돈 주고 사고 싶은 상품이 될 수 있다는 뜻입니다. 즉, 소비자에게 어떤 이득과 혜택을 주는지가 중요합니다. 그리고 나의 지식과 경험이 해결해주는 소비자의 고민, 문제, 욕망의 크기에 따라 가치가 달라집니다.

이제 여러분은 누구라도 전자책을 쓸 수 있다는 것과 나의 지식과 경험이 다른 누군가에게는 구매할 가치가 있는 것이라는 사실을 알게 되었습니다. 앞서 설명했듯 전자책 한 권을 썼다고 단번에 유명해지거나 큰돈을 벌어들이는 등의 일은 거의 일어나지 않습니다. 무엇이든 첫술에 배부를 수 없듯이 목표를 달성하기 위해서는 시작이 가장 중요하고 그다음은 꾸준히 계속하는 것이 중요합니다.

방송인 노홍철과 여행 유튜버 빠니보틀이 함께 여행을 다니는 방송에서 노홍철이 빠니보틀에게 해준 이야기가 있습니다.

"어떤 친구가 물었어. 형님은 어떻게 하는 것마다 잘 되고, 하고 싶은 것만 하는데 다 잘 될 수가 있냐? 그래서 얘기해줬어. 귓속말로. '될 때까지 했어.'"

결국 전자책을 쓰고 원하는 목표를 이룰 수 있는 방법은 될 때까지 실행하는 것입니다.

이 책에서 마주칠 때마다 책을 덮고 실행해야 할 23개의 액션 메시지 중 첫 번째 액션 메시지를 소개합니다.

✉ 흑상어쌤의 액션 메시지 1

지금 블로그를 개설하세요

1. 네이버 아이디가 있다면 자동으로 블로그를 생성할 수 있습니다. 아직 한 번도 블로그를 만들어본 적이 없다면 '네이버 블로그 고객센터'를 참고하여 블로그를 생성합니다.

네이버 블로그 고객센터 URL : help.naver.com/service/5593

2. 블로그를 생성한 후, 또는 기존 블로그에서 카테고리를 추가합니다. 카테고리 제목은 자신의 닉네임 또는 자신이 쓰고 싶은 주제를 이용해 'ㅇㅇㅇ 전자책'으로 설정합니다. 또는 '전자책 도전기'와 같은 전자책 완성 과정을 보여주기 위한 제목도 좋습니다.

지금 개설한 블로그는 이 책을 읽을 때뿐만 아니라 전자책을 쓰고 펀딩에 도전할 때까지 계속 사용할 예정입니다. 필자와 약속했듯이 지금 이 책을 덮고 자신의 블로그를 개설하거나 자신의 블로그에 카테고리를 추가하길 바랍니다.

이 책을 통해 자신의 지식과 경험을 전자책으로 만들고 추가적인 수익을 만들며 퍼스널 브랜딩 활동에 도움이 되길 진심으로 바랍니다.

책 쓰는 마케터 흑상어쌤

이 책의 사용법

문제 해결을 위한 독서

이 책을 읽는 목적은 전자책을 쓰고 펀딩하는 방법과 과정을 알기 위함에 있습니다. 필자가 추천하는 방법은 처음부터 끝까지 빠르게 내용을 훑어가며 일독을 하고, 재독을 할 때 필요한 부분만을 선택적으로 읽는 것입니다. 독자의 지식과 경험에 따라서 처음부터 모든 내용을 읽어야 하는 경우도 있습니다. 이미 전자책이 무엇인지, 펀딩이 무엇인지 익히 잘 알고 있는 독자도 있습니다. 자신의 수준에 따라 이 책을 좀 더 잘 활용할 수 있는 세 가지 방법을 소개해드립니다.

1. 전자책이 무엇인지 모르거나 읽어본 경험이 없는 분

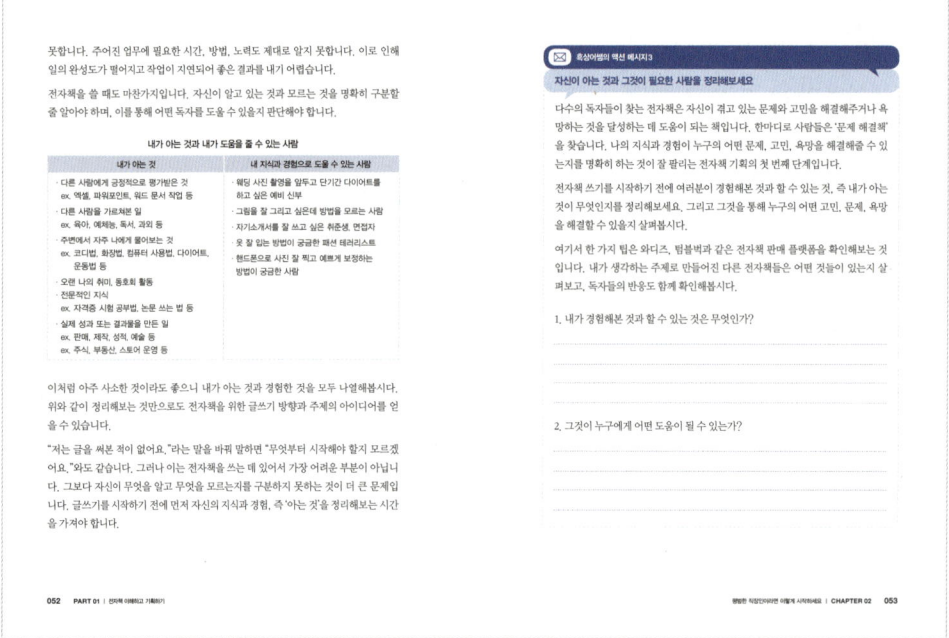

처음부터 끝까지 목차의 순서를 따라서 일독합니다. 특히 액션 메시지를 만나면 반드시 해당 메시지대로 실행한 후 독서를 이어갑니다. 전자책에 대한 기본적인 배경 지식을 쌓는 것이 당장의 방법이나 요령을 배우는 것보다 더 중요하기 때문입니다.

2. 전자책이 무엇인지 잘 알고 있고 전자책을 구매하거나 펀딩 후원을 해본 분

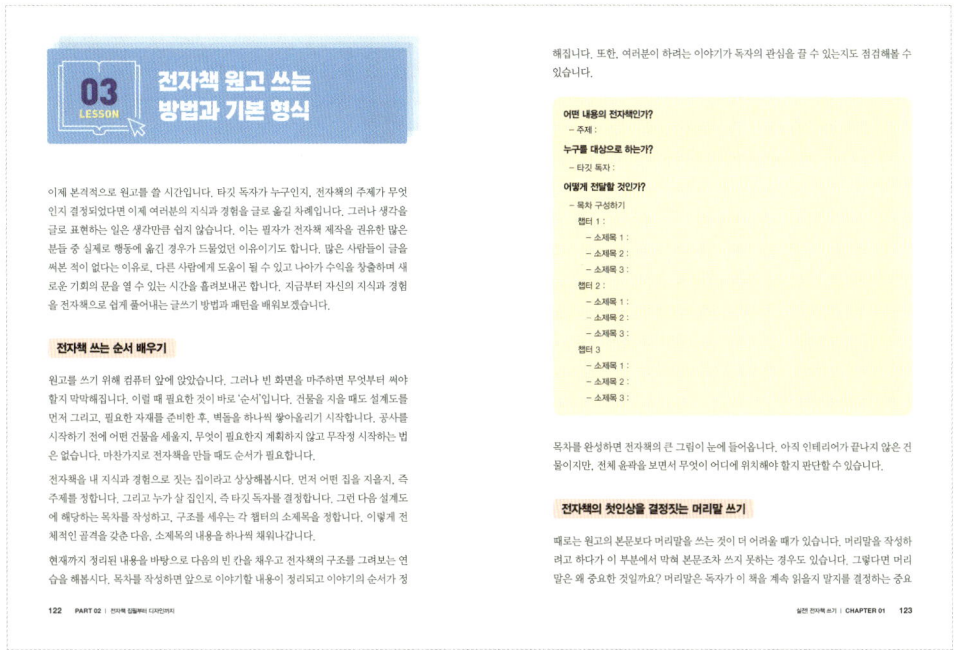

파트 1 중 챕터 1~3은 빠르게 훑어 읽고 지나갑니다. 파트 2부터 천천히 꼼꼼하게 일독합니다. 전자책을 쓰는 것부터는 실행의 영역입니다. 이미 전자책이 무엇인지 알고 있고 구매 경험도 있다면 바로 실전으로 들어가도 좋습니다.

3. 전자책을 써본 경험이 있지만 펀딩에 실패했거나 판매가 부진한 분

파트 1은 건너 뛰어도 좋습니다. 파트 2는 빠르게 훑어 읽고 지나갑니다. 이 경우는 자신의 타깃 소비자에 대한 이해와 전자책 마케팅 방법이 필요합니다. 그러므로 파트 3을 읽어나가면서 자신의 전자책에 직접 적용해야 합니다.

실행을 위한 독서

이 책은 '실행'을 위한 책입니다. 따라서 책에서 액션 메시지를 만날 때마다 반드시 책 읽기를 잠시 멈추고 실행부터 하길 바랍니다. '나중에 다 읽고 나서 하면 되지!' 하고 생각할 수도 있습니다. '굳이 뭘 이렇게까지 강조할까?'라고 생각하는 경우도 있으리라 생각합니다.

이렇게 생각하는 독자 여러분들에게 한 가지 질문을 건넵니다.

"지금까지 책을 끝까지 읽고 책에서 이야기하는 대로 실행해본 경험이 몇 번이나 있나요?"

필자가 장담하건대 아마 독서한 책의 절반도 되지 않을 것입니다. 좋은 책을 읽으면서 밑줄을 긋고 독서노트를 쓰며 '책에서 배운 대로 실행에 옮겨야겠다'라고 마음을 먹지만, 정작 중요한 실행을 하는 사람은 많지 않습니다. 그런데 어째서 이 책을 다 읽고 나서는 실행할 수 있을 것이라고 생각하나요? 오히려 실행하지 않을 확률이 훨씬 더 크다는 것이 그동안의 경험에서 충분히 증명되었는데도 말입니다.

이 책은 독자 여러분이 전자책에 대해 아무것도 모른 채 읽기 시작해도 누구나 자신의 이름으로 전자책을 쓰고 펀딩에 성공할 수 있도록 돕습니다. 필자의 목적은 이 책을 읽는 독자 여러분 중 단 한 명이라도 더 전자책을 쓰고 원하는 결과를 만들 수 있도록 하는 데 있습니다. 책을 읽는 동안은 읽은 내용을 안다고 생각하기 쉽습니다. 하지만 막상 실행에 옮기려고 하면 '읽은 것'뿐이지 실제로 '아는 것'은 아니라는 것을 알게 됩니다. '아는 것'은 누군가에게 설명할 수 있고 자신이 직접 실행할 수 있어야 합니다. 그러므로 완독 여부보다는 실제로 실행했는지가 기준이 되어야 합니다. 전자책을 쓰고 펀딩에 도전하기 위해 행동하는 것이 바로 '실행'입니다. 그래서 실행을 계속 강조하는 것입니다.

앞으로 이 책에서 만나게 될 액션 메시지는 당장의 실행을 통해 여러분이 원하는 결과를 만들어가는 과정입니다. 다시 말하자면 한 걸음씩 밟아 올라가다 보면 어느새 원하는 목적지에 이르게 되는 실행의 계단이라고 할 수 있습니다.

액션 메시지가 여러분을 전자책 쓰기부터 펀딩까지 안내할 것입니다. 액션 메시지를 만나면 '아! 실행할 때구나!' 하고 반갑게 맞이하기를 바랍니다.

CONTENTS

머리말   004
이 책의 사용법   010

PART 01 » 전자책 이해하고 기획하기

CHAPTER 01 누구나 시작할 수 있는 전자책 만들기

01. 전자책이란 무엇인가요?   021
- 전자책의 형식과 장점   021
- 전자책 시장 성장과 독서 트렌드   022
- 전자책은 어디서 살 수 있나요?   024

02. 전자책 쓰기가 인기인 다섯 가지 이유   026
- 쓰기와 수정하기의 용이함   027
- 초기 비용 부담의 최소화   028
- 다양한 활용 가능성   028
- 퍼스널 브랜딩 구축의 기회   029
- 추가 소득 창출의 가능성   031

03. 전자책 작가들은 누구인가요?   033
- 관찰을 잘하는 사람   033
- 소통을 잘하는 사람   034
- 실행을 잘하는 사람   035

04. 전자책은 어디서 사고파나요?   038
- 작가가 직접 판매하기   038
- 플랫폼에서 판매하기   043

CHAPTER 02 평범한 직장인이라면 이렇게 시작하세요

01. 글을 써본 적이 없어도 할 수 있다   048
- 글쓰기가 어렵게 느껴지는 이유   048
- 나의 지식과 경험으로 주제 찾기   050
- 정리로 시작하는 전자책 글쓰기   051

02. 나의 지식과 경험에서 가치를 발견하자 · · · · · 054
전자책 가치 판단의 기준 · · · · · 054
전자책의 가치를 높이는 세 가지 질문 · · · · · 057
사람들이 많이 찾는 전자책 주제 · · · · · 058

03. 나만의 가치를 보여주는 두 가지 방법 · · · · · 062
나만의 스토리를 들려주기 · · · · · 063
증명으로 독자의 불안감 해소하기 · · · · · 065

04. 독자가 듣고 싶은 이야기를 하자 · · · · · 070
설득하지 말고 보여주기 · · · · · 070
듣고 싶은 말을 들려주기 · · · · · 072

CHAPTER 03 전자책 쓰기의 시작과 끝

01. 전자책 쓰기는 이렇게 시작하세요 · · · · · 076
당신은 이미 전자책 작가 · · · · · 076
교과서가 아닌 참고서 만들기 · · · · · 077
블루오션과 레드오션 · · · · · 083

02. 전자책을 쓰는 가장 간단한 방법, '베바새 글쓰기' · · · · · 085
글쓰기 실력을 빠르게 높이는 '베바새 글쓰기' · · · · · 085

03. 전자책, 꼭 탈고해야 합니다 · · · · · 089
시작하는 사람은 많지만 끝내는 사람이 적은 이유 · · · · · 089

PART 02 » 전자책 집필부터 디자인까지

CHAPTER 01 실전! 전자책 쓰기

01. 성공하는 전자책의 두 가지 핵심 전략 · · · · · 095
첫 펀딩을 성공적으로 이끄는 사람들 · · · · · 095
잘 팔리는 글은 형식이 있다 · · · · · 100

CONTENTS

02. 센스 있게 제목과 목차 구성하기   103
    제목이 중요한 이유   103
    이목을 집중시키는 전자책 제목   104
    5단계로 배우는 전자책 제목 짓기   106
    짜임새 있게 목차 구성하기   110
    AI를 활용하여 제목과 목차 작성하기   115
    예시로 살펴보는 AI 활용법   117

03. 전자책 원고 쓰는 방법과 기본 형식   122
    전자책 쓰는 순서 배우기   122
    전자책의 첫인상을 결정짓는 머리말 쓰기   123
    독자의 마음을 여는 도입부 쓰기   125
    한눈에 확인하는 원고의 구조   126
    메시지에 힘을 실어주는 근거 자료와 예시   127
    자료와 근거를 찾는 쉬운 방법   129

CHAPTER 02   실전! 전자책 디자인하기

01. 전자책 디자인 쉽게 따라 하기   133
    [실습] 파워포인트로 쉽고 간단하게 내지 만들기   134
    표지 디자인 무료 플랫폼 : 미리캔버스   156
    [실습] 미리캔버스로 표지 만들기   164
    표지 디자인을 더 빛나게 하는 목업 이미지   175
    깔끔하게 배경을 지워주는 서비스   177

PART 03 » 전자책 펀딩부터 마케팅까지

CHAPTER 01   전자책 펀딩 성공을 위한 기본 준비

01. 크라우드 펀딩, 이렇게 시작하자   185
    [실습] 텀블벅에 가입하고 프로젝트 등록하기   186
    펀딩 성공을 위한 3단계 : 마케팅, 발송, 소통   201

02. 전자책 프로젝트 소개 만들기　　　　　　204
　　프로젝트 소개에는 무엇이 들어가나요?　　　204
　　펀딩에 성공한 프로젝트 소개 뜯어보기　　　207

03. 소셜미디어로 후원자를 모으는 법　　　　217
　　[실습] 블로그와 인스타그램 개설하기　　　218
　　인스타그램 소액 광고 꿀팁　　　　　　　　222
　　SNS 홍보 콘텐츠 제작, 더 이상 어렵지 않아요!　226

CHAPTER 02　전자책의 성공은 마케팅에 달려 있다

01. 펀딩 성공률을 높이는 세 가지 방법　　　　232
　　첫째, 밴드왜건 효과 빠르게 만들기　　　　　232
　　둘째, 마이크로 인플루언서 마케팅　　　　　238
　　셋째, 소셜미디어 마케팅　　　　　　　　　241

02. 달성률 1,000%를 위한 펀딩 단계별 마케팅　244
　　펀딩 전 : 소셜미디어 개설하고 잠재 독자 모으기　244
　　펀딩 중 : 사회적 증거 모으기　　　　　　　246
　　펀딩 후 : 후원자와 관계 맺기　　　　　　　248

CHAPTER 03　전자책으로 새로운 기회 만들기

01. 퍼스널 브랜딩, 이렇게 시작하자　　　　　252
　　브랜드란 무엇일까요?　　　　　　　　　　252
　　브랜딩이란 무엇일까요?　　　　　　　　　253
　　퍼스널 브랜딩이란 무엇일까요?　　　　　　254

02. 전자책으로 여는 새로운 세상의 문　　　　258
　　월급 외 소득과 플러스 알파　　　　　　　　258
　　직업의 변화와 확장된 기회　　　　　　　　261

　　나가는 말　　　　　　　　　　　　　　　264
　　감사의 말　　　　　　　　　　　　　　　266
　　찾아보기　　　　　　　　　　　　　　　268

PART
01

전자책 이해하고 기획하기

CHAPTER 01
누구나 시작할 수 있는 전자책 만들기

CHAPTER 02
평범한 직장인이라면 이렇게 시작하세요

CHAPTER 03
전자책 쓰기의 시작과 끝

CHAPTER 01

누구나 시작할 수 있는 전자책 만들기

이번 챕터에서는 전자책이 무엇인지, 전자책을 쓰는 작가는 누구인지, 어디서 판매를 하는지 등 전자책과 전자책 시장에 대한 기본적인 이해를 목표로 합니다.

01 LESSON 전자책이란 무엇인가요?

전자책(e-book)을 써보기로 결심한 여러분은 전자책이 무엇인지는 이미 알고 있을 것입니다. 하지만 전자책이라는 말은 많이 들어봤는데 전자책이 정확히 어떤 것을 의미하는지 잘 모르는 분들도 많을 것입니다. 그런 분들을 위해 가장 먼저 전자책이란 무엇인지를 소개합니다.

전자책의 형식과 장점

1,600% 달성률로 펀딩에 성공한 필자의 전자책

2023년, 많은 후원자분들의 성원으로 펀딩에 성공한 필자의 전자책 〈100 베스트 마케팅〉입니다. 펀딩 종료 후에는 후원자분들에게 이메일로 파일을 보냈습니다. 책을 이메일로 보낸다는 게 무슨 말일까요?

전자책은 간단히 말해 '다양한 전자기기에서 읽을 수 있는 디지털 파일 형태의 책'입니다. 우리는 모바일, PC, 전자책 리더기 등을 통해 우리가 읽고 싶은 전자책을 손쉽게 읽을 수 있지요. 전자책은 주로 PDF(Portable document format) 형식과 온라인 서점에서 판매되는 EPUB(Electronic publications) 형식으로 나뉩니다. 출판을 목적으로 한다면 국제표준전자책출판 기준인 EPUB 형식을 따르는 것이 좋습니다. 그러나 다양한 플랫폼에서 거래되는 전자책은 대부분 PDF 형식을 사용합니다.

전자책은 형식에 관계 없이 보관이 쉽고 이동이 편리하며 시간과 장소에 제약을 받지 않는다는 장점이 있습니다. 핸드폰에 수백 곡의 노래와 영화를 저장할 수 있듯이 수백 권의 전자책 파일을 저장할 수 있어 언제 어디서든 접근할 수 있지요.

또한, 전자책은 종이책과 달리 오랜 시간이 지나도 낡거나 바래지 않고 변함없이 읽을 수 있습니다. 디지털 기기를 통해 어둡거나 좁은 장소에서도 편리하게 읽을 수 있습니다. 독서대나 추가적인 공간도 필요하지 않습니다. 이러한 이유로 전자책은 종이책과 비교했을 때 편의성과 접근성 면에서 많은 장점이 있습니다.

전자책 시장 성장과 독서 트렌드

전자책의 인기가 높아지면서 책을 즐겨 읽는 독자들 사이에서도 다양한 트렌드가 나타나고 있습니다. 일부 독자들은 종이책과 전자책을 병행하여 활용하며, 이는 다양한 독서 경험을 향유할 수 있는 방법으로 인식되고 있습니다. 또한, 휴대성과 편리성 등의 이유로 전자책을 종이책보다 선호하는 독자들도 점점 증가하고 있습니다.

2022년 문화체육관광부가 발표한 '2021 국민독서실태' 조사결과에 따르면 종이책 독서율은 성인 40.7%, 학생 87.4%로 2019년에 비해 각각 11.4%, 3.3% 감소한 반면, 전자책 독서율은 성인 19%, 학생 49.1%로 2019년보다 각각 2.9%, 11.9% 증가 추세를 보였다.[1]

---

[1] 출처 : 김희영 기자, "연평균 28권 읽는 전북 학생, 전국 14위… 전북교육청 독서교육 강화", 뉴데일리, 2024년 3월 7일, https://gj.newdaily.co.kr/site/data/html/2024/03/07/2024030700326.html

앞의 기사에서 확인할 수 있듯 전자책 독서율의 증가 추세는 전자책 서비스의 다양성과 편의성에서 기인한 것으로 볼 수 있습니다. 특히 리디북스, 밀리의 서재와 같은 유료 전자책 구독(또는 구매) 서비스의 성장은 전자책 독서량의 증가에도 큰 영향을 미쳤습니다.

전자책 구독 사이트
- 리디북스 : ridibooks.com
- 밀리의 서재 : millie.co.kr
- 교보문고 샘 : sam.kyobobook.co.kr
- 예스24 크레마 클럽 : cremaclub.yes24.com
- 윌라 : welaaa.com

이러한 서비스는 접근성을 높이고 다양한 독서 경험을 제공함으로써 전자책을 선호하는 독자들을 끌어모으는 데 성공했습니다.

전자책 구독 시장 관련 기사   출처 : 데일리팝

전자책 플랫폼 '밀리의 서재'는 관련 기사에 따르면 1,900여 곳의 출판사와 계약을 맺었으며, 16만여 권 이상의 전자책을 보유하고 있습니다. 이는 다른 경쟁 플랫폼에 비해 월등히 많은 보유량을 자랑합니다.

이러한 전자책 선호 현상은 한국뿐만 아니라 해외에서도 확인할 수 있습니다. 일본 전국 출판협회 출판과학연구소의 2023년 7월 발표에 따르면, 2023년 상반기 출판 시장에서 종이책과 전자책 판매량은 2022년 대비 3.7% 감소한 8,024억 엔을 기록했습니다. 그러나 전자책 판매량은 2,542억 엔으로 2022년 대비 7.1% 증가한 것으로 나타났습니다. 이는 한국에서처럼 세계적으로 전자책이 사랑받고 있는 독서 형태로 자리잡고 있음을 보여줍니다.

전자책 독서율의 증가와 함께 전자책 구독 서비스의 성장세는 전자책을 보다 편리하게 이용할 수 있는 디지털 디바이스의 발전에 큰 영향을 받았습니다. 이제는 이동 중에 핸드폰이나 이북 리더기, 태블릿과 같은 다양한 디지털 디바이스로 독서를 즐길 수 있으며, 집이나 사무실에서는 노트북, 데스크톱 등을 통해 전자책을 이용할 수 있습니다. 이처럼 이용이 편리한 환경과 조건이 구축되면서 전자책 이용자 수가 증가하고 있습니다.

또한, 종이책 독자들도 전자책을 함께 이용하기 때문에 전자책 독자 수는 앞으로도 계속해서 늘어날 것으로 예상됩니다. 이러한 추세는 전자책을 보다 편리하게 이용할 수 있는 다양한 서비스와 디바이스가 함께 성장하고 있음을 시사합니다.

전자책은 어디서 살 수 있나요?

무료 전자책을 제공하는 작가들과 유료 전자책을 판매하는 사이트들이 많습니다. 먼저, 무료 전자책을 다운로드하여 읽어봤을 때 마음에 드는 책을 발견한 경우, 해당 전자책을 직접 구매하거나 펀딩에 참여해보는 것이 좋습니다. 여러 주제의 전자책을 살펴보고 펀딩에 참여하는 경험을 할 수 있기 때문입니다. 유료 전자책을 살펴보고 펀딩에 참여하고 싶다면 와디즈, 텀블벅 같은 크라우드 펀딩[2] 사이트를 이용하면 됩니다.

> **크라우드 펀딩 사이트**
> - 와디즈 : wadiz.kr
> - 텀블벅 : tumblbug.com

---

[2] 크라우드 펀딩(Crowd funding) : 웹이나 모바일 네트워크 등을 통해 다수의 개인으로부터 자금을 모으는 행위

전자책을 직접 구매하거나 펀딩에 참여함으로써 전자책의 장점과 단점을 직접 경험할 수 있습니다. 독자들에게 어떤 내용이 유용하고 도움이 될지에 대한 통찰을 얻을 수도 있지요. 이러한 경험은 전자책 쓰기에 도전해보고 싶은 직장인이나 개인 브랜딩을 구축하고자 하는 사람들에게 매우 유용합니다.

전자책이 무엇인지 이해되었나요? 그럼 지금부터 최근에 부수익을 원하는 직장인들과 퍼스널 브랜딩을 추구하는 사람들에게 전자책 쓰기가 왜 인기를 끌고 있는지 살펴보겠습니다.

전자책 쓰기가 인기인 다섯 가지 이유

최근 몇 년 새에 코로나19 팬데믹으로 인한 재택근무나 비대면 학습과 같은 문화가 확산되면서 온라인 서비스와 비즈니스에 대한 사람들의 관심이 높아졌습니다. 이러한 환경의 변화로 인해 다양한 온라인 비즈니스 부업이 인기를 끌고 있습니다.

일상에서 소위 'N잡[3]'이라는 신조어가 흔히 쓰이게 된 지도 오래되었습니다. 개인의 경제적인 상황이 모두 다르다는 것을 감안하더라도 추가적인 수익에 관심을 갖는 사람들이 늘어났음을 의미합니다. '평생 직장'의 개념이 모호해진 현대 사회에서 다양한 소득원을 만드는 방법은 항상 많은 사람들의 관심을 받습니다. 서점의 경제경영 코너에서는 부업, 부동산, 투자처럼 추가적인 소득을 만드는 방법에 관한 책이 항상 베스트셀러 자리를 차지합니다.

이와 같이 전자책은 부수익을 만드는 방법 중 하나로 각광받고 있습니다. 전자책을 쓰는 사람들이 늘어나면서 전자책 서비스를 시작한 플랫폼도 증가했습니다. 일례로 오디오북 서비스를 제공하던 윌라는 2023년 11월 전자책 서비스를 출시하였으며, 오디오북뿐만 아니라 전자책, 웹소설, 클래스까지 아우르는 플랫폼으로 거듭나고 있습니다. 밀리의 서재, 리디북스, 윌라, 교보문고와 같은 온라인 서점뿐만 아니라 개인이나 중소기업이 운영하는 전자책 구매 사이트까지 고려한다면 앞으로 더 많은 전자책 플랫폼이 등장할 것으로 전망됩니다.

그렇다면 왜 전자책 쓰기에 도전하는 사람들이 늘어나고 있는 것일까요? 지금부터 전자책 쓰기가 많은 이들의 관심을 끄는 다섯 가지 이유를 살펴보겠습니다.

---

[3] N잡 : 두 개 이상의 복수를 뜻하는 미지수 'n'과 직업을 뜻하는 영단어 '잡(job)'을 합친 신조어

쓰기와 수정하기의 용이함

자비 출판이 아닌 일반 단행본 출판사와 정식으로 계약을 하고 종이책을 출간하는 것은 책 출간에 처음 도전하는 사람에게는 쉬운 일이 아닙니다. 종이책을 출간하는 과정을 간단히 알아볼까요? 일반적으로 어떤 내용의 책을 쓸 것인지 출간 계획서와 원고의 일부를 출판사에 투고합니다. 이후 출판사에서 원고를 검토한 뒤, 출간할 만한 원고일 경우 작가에게 연락을 합니다. 그렇지 않은 경우 반려합니다. 매일 수십 개의 투고 원고를 봐야 하는 출판사 입장에서는 옥석을 가려야 하기 때문에 누구에게나 출간 제안을 하지 않습니다.

운 좋게 출간 계약을 한 후에도 수개월 간은 편집자와 연락을 주고받으며 원고를 집필하고, 출판사와 함께 책의 콘셉트나 방향을 적절히 조율하며 글을 수정해야 합니다. 만약 이 과정에서 출판사와 잘 논의되지 않거나 부침을 겪게 될 경우, 원고를 집필하는 데 수년이 걸릴 수도 있습니다. 무사히 책이 출간된 이후부터는 본격적으로 책을 판매하기 위한 마케팅 활동에 집중해야 합니다. 여러분이 해당 분야에서 인지도가 높거나 예비 독자가 미리 확보되어 있지 않다면 초판을 모두 판매하는 것은 쉬운 일이 아닙니다.

그에 반해 전자책은 이러한 제약을 크게 줄여줍니다. 자신이 원하는 분량, 형식, 콘셉트, 방향대로 원고를 자유롭게 쓸 수 있으며 출간까지의 과정이 빠르고 간편합니다. 한마디로, '내 마음대로' 쓸 수 있다는 강력한 장점이 있습니다. 자신의 역량에 따라 얼마든지 자유롭게 쓸 수 있는 것이 바로 전자책입니다.

전자책은 종이책과 달리 작가가 원할 때 얼마든지 수정할 수 있다는 장점도 있습니다. 실제로 필자의 전자책을 구매한 독자가 표지에서 오탈자를 발견하여 이메일을 보낸 적이 있습니다. 종이책이었다면 스티커 작업을 하거나 몇천 부를 새로 찍어야 했겠지만 필자는 해당 전자책 표지에서 오탈자만 간단히 수정한 후 전자책을 구매한 독자들에게 표지가 수정된 전자책을 발송했습니다.

전자책을 펀딩하거나 판매할 때 작가가 '평생 업데이트'를 보증하는 경우가 있습니다. 최신 정보로 내용이 업데이트될 때마다 전자책을 구매한 독자에게 기존의 전자책을 수정하여 발송한다는 의미입니다. 워드나 한글 또는 파워포인트로 제작한 전자책 파일을 수정한 후 PDF 형식으로 저장하기만 하면 끝입니다. 별도의 인쇄 비용이 들지 않고 오랜 시간이 소요되지도 않습니다. 원고를 수정할 수 있는 기기만 있다면 언제 어디서든 가능합니다.

이와 같이 누구나 쉽게 전자책을 쓸 수 있고 수정하기에도 편리하기 때문에 많은 작가들이 전자책 쓰기에 도전하고 있습니다. 더불어 자신만의 작품을 출품하고자 하는 사람들에게 전자책은 좋은 디딤돌의 역할을 합니다.

초기 비용 부담의 최소화

전자책은 초기 비용이 들지 않는다는 강력한 장점도 가지고 있습니다. 필요한 것은 노트북이나 PC뿐입니다. 종이책과는 달리 디지털 파일 형태로 만들어지기 때문에 출판 비용을 절감하면서도 높은 수익을 올릴 수 있는 좋은 방법입니다. 어디에서든 컴퓨터를 사용할 수 있는 환경이라면 전자책을 쓰고 제작할 수 있습니다. 이동 중에도 업무 효율성 도구인 '노션'과 같은 앱을 활용하여 메모한 내용을 쉽고 간편하게 전자책에 적용할 수 있습니다.

전자책 표지와 같이 디자인이 필요한 경우, 매월 몇만 원가량의 일부 유료 서비스를 이용하여 처리하는 방법이 있습니다. 이와 관련된 내용은 파트 2에서 보다 자세히 살펴보겠습니다. 디자인과 관련된 부분을 제외하면 전자책을 쓰고 제작하기까지 실질적인 비용은 거의 들지 않습니다.

물론 제작 후에는 마케팅과 광고 비용이 발생할 수 있지만, 이는 전자책 집필 과정에서는 고민하지 않아도 됩니다. 추가 비용은 제작이 완료된 후에 고려하면 됩니다.

다양한 활용 가능성

PDF 형식의 전자책은 단순한 문서 이상의 가치와 다양한 활용 가능성을 지니며, 하나의 마케팅 플랫폼과 같은 역할을 수행하기도 합니다. 독자와 작가를 연결할 뿐만 아니라 작가의 의도에 따라 독자들을 다른 온라인 플랫폼으로 유입시킬 수 있지요. 스마트스토어나 홈페이지, 소셜 미디어 등으로 유입시키거나 독자들에게 영상 시청을 유도하는 것입니다.

전자책을 통해 자신의 경험과 지식을 전달하는 것뿐만 아니라 다양하게 활용할 수 있는 이유는 전자책 안에 하이퍼링크(Hyperlink)를 삽입할 수 있기 때문입니다. 하이퍼링크란 문서 안에서 직접 모든 형식의 자료를 연결하고 가리킬 수 있는 참조 고리로, 줄여서 '링크'라고도 부릅니다.

PDF 형식의 전자책 안에 하이퍼링크를 적용하면 독자가 해당 링크를 클릭함으로써 온라인 페이지로 이동할 수 있습니다. 유튜브 링크를 넣으면 영상 시청을, 상품 판매 페이지 링크를 넣으면 상품 구매를 유도할 수 있습니다. 오픈 채팅방 링크를 넣으면 독자들을 한 공간으로 모을 수도 있습니다. 무료로 전자책을 제공함으로써 제품 또는 서비스를 홍보하고 잠재 고객들의 관심을 유도하는 전략으로도 활용할 수 있습니다.

전자책 독자 수가 증가함에 따라 온라인에서 작가와 독자 간의 연결고리도 늘어나고 있습니다. 다시 말하면, 마치 보이지 않는 거미줄이 독자와 작가 사이에 연결되어 독자들끼리 특정 온라인 공간에서 만날 수 있도록 유도하는 것입니다. 하이퍼링크를 전자책에서 활용하는 방법은 파트 2에서 더 자세히 살펴보겠습니다.

퍼스널 브랜딩 구축의 기회

최근 온라인에서 가장 인기 있고 관심도가 높은 주제 중 하나는 '퍼스널 브랜딩'입니다. 일부에서는 과열되거나 부적절한 방식으로 논란을 일으키는 경우도 있지만, 그럼에도 퍼스널 브랜딩으로 사람들의 관심이 쏠리고 가치 있어진 시대임을 부정할 수 없습니다. 개인의 온라인 활동이나 창작물이 전통적인 미디어나 마케팅보다 더 큰 영향력을 갖게 되고 있기 때문입니다. 퍼스널 브랜딩은 개인의 온라인 존재감이 중요시되는 트렌드로 이해할 수 있습니다.

《마케터의 문장》의 작가 가나가와 아키노리는 그의 저서에서 이렇게 말했습니다.

> 셀프 브랜딩을 지속하면 신용도에 비례하여 팬과 팔로워가 늘어난다. 개인의 경우, 팬과 팔로워가 늘어난다는 것은 당신을 도와주고 격려하는 지지자가 많아진다는 뜻이다.

많은 사람에게 알려지는 것을 퍼스널 브랜딩의 핵심으로 정의하는 견해가 있지만, 필자가 제시하는 퍼스널 브랜딩의 정의는 다릅니다. 필자에게 퍼스널 브랜딩이란 '자신의 일을 통해 다른 사람들에게 공감을 얻고 신뢰를 쌓는 과정'을 의미합니다. 퍼스널 브랜딩이 단순히 인기를 얻는 과정만을 의미하는 것이 아니라는 점을 분명히 해야 할 필요가 있습니다.

전자책이 퍼스널 브랜딩에 유리한 이유는 전자책을 통해 독자에게 신뢰를 주고 인지도를 높일 수 있기 때문입니다. 부동산 업계에서 경험이 풍부한 작가가 부동산 거래할 때 주의할 점을 전자책으로 제공한다고 가정해봅시다. 이런 경우 전자책을 읽은 독자가 자신의 고민을 해결할 수 있다면 그 작가에게 높은 신뢰를 갖게 되며 작가의 인지도도 상승할 것입니다.

이러한 상황에서 독자는 작가를 신뢰할 뿐만 아니라 작가에 대해 더 알고 싶어하며 자신과 비슷한 고민을 하는 다른 사람들에게도 해당 작가나 전자책을 추천할 가능성이 높아집니다. 이와 같은 선순환이 반복되다 보면 작가의 팬이 늘어납니다. 이것이 전자책을 통해 퍼스널 브랜딩을 할 수 있는 방법입니다.

이렇게 작가가 자신의 경험과 지식을 효과적으로 전달하고 독자들의 문제, 고민, 욕망을 해결해주었다면 앞으로 작가의 활동에 해당 독자들이 함께하며 긍정적인 영향을 미칩니다. 성과 역시 전자책을 쓰기 전보다 쓰고 난 이후에 월등하게 좋아질 수밖에 없습니다.

전자책을 통해 자신의 분야에서 전문가로 성장할 수 있는 기회도 생길 수 있습니다. 블로그, 인스타그램, 유튜브 등의 채널에서 구독자와 팔로워가 늘어나고, 전자책을 통해 도움을 받은 독자가 증가하면 출판, 강의, 강연 등 다양한 기회의 문이 열립니다. 특히 종이책 출간을 꿈꾸는 사람에게 전자책은 하나의 중요한 디딤돌이 될 수 있습니다.

이처럼 전자책은 퍼스널 브랜딩을 구축하고자 하는 사람들에게 더 많은 기회와 성장을 이룰 수 있는 가능성을 제공합니다.

추가 소득 창출의 가능성

전자책 쓰기가 인기인 이유는 결국 추가적인 소득을 창출할 수 있기 때문입니다. 일부 작가들은 전자책을 통해 수천만 원 이상의 큰 소득을 올리기도 합니다. 물론 이와 같이 큰 성과를 내는 사람이 소수일 수밖에 없는 것은 당연한 이치입니다. 어떤 결과물을 만들어도 모든 사람이 동일한 성과를 낸다면 그 분야에 사람들이 몰리는 이유가 없을 테니까요. 그렇다면 텀블벅을 기준으로 가장 많이 팔린 전자책 프로젝트는 과연 얼마의 후원금을 모았을까요?

가장 많은 후원금을 모은 전자책 프로젝트 〈백작가의 망나니가 되었다〉　　　　　　출처 : 텀블벅

〈백작가의 망나니가 되었다〉[4] 단행본은 출판사에서 전문 작가와 진행한 프로젝트라는 이점이 있지만, 총 금액은 무려 7억 8천만 원이 넘었으며 펀딩 성공률은 5,200%를 넘었습니다.

---

[4] 유려한 지음

텀블벅에서 전문 작가와 일반인의 전자책을 포함하여 1,000% 이상의 높은 달성률로 수백만 원에서 수천만 원의 후원금을 모은 전자책 프로젝트는 몇 건이나 될까요? 총 600건이 넘습니다. 그렇다면 금액에 상관없이 달성률 100%를 넘기고 펀딩에 성공한 프로젝트는 모두 몇 건이나 될까요? 무려 8,200건이 넘습니다. 그리고 지금도 매주 새로운 프로젝트들이 펀딩에 성공하고 있습니다.

텀블벅을 기준으로 설명했지만 텀블벅보다 규모가 큰 와디즈의 경우, 펀딩 금액과 성공한 프로젝트의 수는 이보다 훨씬 더 많습니다. 소수 작가의 경우 전자책 프로젝트 한 번으로 하루아침에 수천만 원 이상의 수익을 만들어내기도 합니다.

물론, 단순히 펀딩에 도전한다고 해서 무조건 높은 수익을 낼 수 있는 것은 아닙니다. 전자책을 쓰기만 하면 누구나 단기간에 큰돈을 벌 수 있다는 식의 과장된 이야기는 이 책에 나와 있지 않습니다. 전자책을 쓰는 것뿐만 아니라 사전 준비부터 후원자들에게 전달된 이후까지 모든 단계에서 필요한 활동들이 잘 맞물려 돌아갈 때 성공 확률을 높일 수 있습니다. 그리고 필자는 이 과정을 알려드리기 위해 이 책을 쓰고 있습니다.

한 가지 기쁜 소식은 전자책 펀딩의 성공률은 단순히 글쓰기 실력에만 달려 있지 않다는 것입니다. 다시 말해, 처음 전자책을 쓰는 사람이라도 성공할 가능성이 있고, 경우에 따라 큰 수익을 올릴 수 있습니다.

> **요점 정리 : 전자책 쓰기가 각광받는 다섯 가지 이유**
> 첫째, 쓰기와 수정하기가 쉽다 → 특별한 제약 없이 자유롭게 쓰고 고칠 수 있다.
> 둘째, 초기 비용 부담이 낮다 → 노트북이나 PC만 있으면 누구나 시작할 수 있다.
> 셋째, 다양하게 활용할 수 있다 → 하이퍼링크를 이용해 마케팅, 세일즈에 활용 가능하다.
> 넷째, 퍼스널 브랜딩에 유리하다 → 독자들의 공감과 신뢰를 만들고 팬을 모을 수 있다.
> 다섯째, 추가 소득을 만들 수 있다 → 경우에 따라 수백, 수천만 원의 소득을 만들 수 있다.

그렇다면 과연 어떤 사람들이 전자책을 쓸까요? 다음 레슨에서 살펴보겠습니다.

03 LESSON 전자책 작가들은 누구인가요?

전자책을 쓰는 데 특별한 자격이나 조건은 필요하지 않습니다. 누구나 전자책을 쓰고 판매할 수 있습니다. 나이, 성별, 직업, 경력 등 표면적인 요소를 제외하고 어떤 사람들이 전자책 작가가 되는지 살펴보겠습니다. 특히 펀딩에 성공하거나 퍼스널 브랜딩과 마케팅을 잘 활용한 작가들은 어떤 사람인지 중점적으로 알아보겠습니다.

관찰을 잘하는 사람

전자책으로 큰 수익을 얻은 작가들의 공통점 중 가장 중요한 것은 '관찰력'입니다. 관찰을 잘한다는 것은 무엇일까요? 이는 무엇을 관찰하느냐에 따라 그 결과가 좌우됩니다. 그중에서도 관찰을 잘하는 사람들은 바로 '문제와 기회'를 관찰합니다.

IT 분야에서 오랜 시간 일한 두 직장인이 전자책을 쓴다고 가정해보겠습니다. A는 자신의 전문적인 지식을 많은 사람들에게 알려야 한다는 생각으로 깊이가 있는 내용의 전자책을 썼습니다. B는 A보다 경력도 짧고 경험도 부족하지만, 주변에서 자신에게 기본적인 IT 용어나 효과적인 공부법을 자주 묻는다는 것을 깨닫고 그에 대한 내용으로 전자책을 썼습니다. A와 B 두 사람 중 누구의 전자책이 더 많이 판매될까요?

가상의 이야기이지만, 필자는 B의 전자책이 압도적으로 더 많이 판매되었을 것이라 예상합니다. 이유는 간단합니다. A와 B 두 사람 중에서 B가 자신의 주변의 요구와 필요를 관찰하여 그에 맞는 내용을 제공했기 때문입니다. A는 자신이 알고 있는 것 중 '자신이' 하고 싶은 이야기를 했습니다. 즉, 관찰의 대상이 독자가 아닌 '자기 자신'입니다. 그에 반해 B는 자신이 알고 있는 것 중 '독자가' 듣고 싶은 이야기를 담았습니다. 이 차이가 성패를 가르는 것입니다.

전자책은 독자라는 대상이 있고, 전자책의 목적은 독자의 문제, 고민, 욕망을 해결해주기 위한 것입니다. 그러므로 독자가 누구인지, 어떤 문제를 해결하고 싶어하는지를 관찰해야 합니다. 더불어 문제와 함께 관찰해야 하는 것이 바로 '기회'입니다. 기회는 사람들의 관심이 무엇을 향해있는가를 나타내주는 지표와 같습니다. 자신이 아는 지식과 경험 중 사람들의 관심이 쏠린 분야에 대한 이야기를 한다면 이목을 집중시킬 수 있습니다.

예를 들어, 취업 시즌을 앞둔 취업준비생은 면접, 자기소개서 등 취업에 도움이 되는 정보에 큰 관심을 가질 것입니다. 특히 특정 시기와 관련된 주제에 대한 정보를 전달하는 것은 많은 관심을 불러일으킬 수 있습니다. 최근 다양한 분야에서 화제인 챗GPT와 같은 인공지능 서비스 사용법을 잘 알고 있다면 이것 역시 전자책의 소재로 쓸 수 있겠지요. 일반인을 대상으로 챗GPT의 용어와 사용법 등을 다룬 전자책을 만들어 제공한다면 많은 관심을 얻을 수 있습니다.

주로 독자의 문제를 잘 파악하고 사람들의 관심사를 포착한 작가들이 전자책으로 큰 수익을 만들거나 펀딩에 성공합니다. 다시 말해, 자신이 하고 싶은 이야기를 하기보다는 독자가 원하는 이야기를 들려줄 줄 아는 작가가 되어야 합니다.

소통을 잘하는 사람

우리 주변에는 소위 '인싸[5]'가 한 명쯤은 있습니다. 인싸가 등장하면 그의 주변으로 사람들이 모이고 그의 이야기에 관심을 보입니다. 인싸가 무엇인가를 추천하면 쉽게 믿고 따르는 사람들도 많습니다. 인싸, 그리고 전자책으로 퍼스널 브랜딩에 성공한 사람 사이에는 공통점이 있습니다. 바로 다른 사람들과 소통을 잘한다는 것입니다. 뛰어난 소통 능력을 지닌 사람이 상품을 잘 판매하기도 합니다.

누군가에게 상품을 판매하려 할수록 사람들은 구매를 거부하는 경향이 있습니다. 그래서 세일즈의 고수들은 상품을 팔려고 하지 말고 도우려고 하라고 강조합니다. 다시 말하면 자연스럽게 판매가 이루어지는 상황을 만들어야 한다는 이야기입니다.

'전자책을 쓰기만 하면 되지, 소통까지 해야 하나?'라는 의문이 생길 수 있습니다. 이는

---

[5] 인싸 : '인사이더'의 줄임말로 행사나 모임에 적극적으로 참여하면서 사람들과 잘 어울려 지내는 사람을 의미하는 신조어

아직 판매자가 아닌 소비자의 입장에서 생각하기 때문입니다. 물론 전자책 작가는 기본적으로 다른 사람을 도우려는 이타적인 마인드를 갖고 책을 써야 합니다. 그러나 전자책을 판매하는 것은 여전히 중요합니다. 여러분이 소비자일 때 불편하거나 답답했던 문제를 판매자가 된 후 반복해서는 안 된다는 점을 명심해야 합니다.

전자책 프로젝트의 과정에서 소통을 잘한다는 것은 잠재 고객(예비 독자)과의 직접적인 소통(이메일, 메시지 등) 뿐만 아니라, 프로젝트 소개 페이지와 마케팅을 위한 소셜미디어 등에서도 친절해야 한다는 것을 의미합니다. 독자가 전자책을 구매하거나 펀딩하는 과정에서 자연스럽게 설득될 수 있어야 하지요.

전자책을 통해 사람들이 어떤 문제를 해결하고자 하는지, 그에 대한 근거가 있는지, 그리고 문의에 어떻게 답변하는지 등을 미리 파악해서 소비자가 겪을 수 있는 어려움을 사전에 제거하거나 미리 대응해야 합니다.

소통을 잘한다는 것은 상대방의 입장에서 공감을 잘한다는 뜻입니다. 이는 곧 상대를 잘 이해하고 상대의 말을 경청하며 공감함으로써 상대의 요구와 의견을 이해하는 것을 의미합니다. 현실 세계에서는 인싸가 아니더라도 전자책을 판매할 때는 소통과 공감을 중시하여 잠재 고객들과 소통을 잘하는 인싸로 인식되어야 합니다.

실행을 잘하는 사람

전자책으로 단기간에 성과를 이뤄낸 사례는 드뭅니다. 첫 번째 전자책 출간만으로 큰 이익을 올린 경우라 할지라도 마찬가지입니다. 전자책으로 큰 성과를 거둔 사례를 자세히 살펴보면 전자책을 쓰기 전에 소셜미디어를 통해 신뢰를 쌓고 팔로워를 확보한 사람들이거나, 여러 차례 전자책 출간 시도를 해보며 실패하고 그 경험을 토대로 성공적인 펀딩을 이뤄낸 경우가 대부분입니다. 또한, 전자책 판매나 펀딩에 앞서 오프라인에서 이미 인지도를 쌓고 그것을 온라인으로 연결한 사례도 있습니다.

특별한 재능이나 기술, 혹은 경력이 부족하더라도 전자책으로 성과를 낸 작가들도 마찬가지입니다. 전자책 시장을 꾸준히 모니터링하면서 자신의 타깃 독자들을 관찰하며 이해를 쌓고, 독자들이 갖고 있는 문제를 해결하는 데 주력한 사례가 많습니다. 그러한 연구는 많은 독자들의 후원과 구매로 이어집니다. 반면에, 전자책에 관심은 있지만 아직 시작하지 못한 사람들도 있습니다. 그들은 자신이 준비가 되지 않았다고 이유를 설명합니다.

하지만 전자책은 독자를 대상으로 하며, 자신의 작품이 얼마나 수준 높은지를 판단하기 위해 제작하는 것이 아님을 기억해야 합니다. 부족해 보일지라도 일단 시장에 작품을 내놓고 독자들의 평가를 토대로 개선해나가는 것이 중요합니다. 아무리 오랜 시간 고민을 해도 독자들은 작가가 얼마나 노력하고 준비를 했는지 알 수 없고, 관심도 없습니다. 독자들은 자신들의 문제를 해결하는 데 관심이 있지요. 따라서 전자책을 처음 쓸 때에는 퀄리티를 고려하기보다는 얼마나 빠르게 실패를 경험할 것인지 각오하는 마음으로 임해야 합니다.

일본의 심리학자 나이토 요시히토는 그의 저서 《생각 하나 바꿨을 뿐인데》에서 이렇게 이야기합니다.

좋은 품질의 상품이나 작품을 만들고 싶다면 '양으로 승부'하는 것이 올바른 자세이다.
뉴욕 시립대의 에런 코즈벨트는 저명한 고전 작곡가 65명의 1만 5,657곡을 분석해봤다.
5년 단위로 나누어보니 어떤 작곡가가 곡을 가장 많이 쓰는 시기에
명곡도 탄생하기 쉽다는 사실을 알 수 있었다.

모차르트는 600곡, 베토벤은 650곡, 바흐는 1,000곡이 넘는 곡을 작곡했다. 코즈벨트에 따르면 어느 작곡가를 봐도 명곡으로 높이 평가되는 곡은 손에 꼽을 정도라고 한다.

갑자기 좋은 품질을 바라서는 안 된다.
품질은 아무래도 좋으니 일단은 양이다.

많은 양을 소화하다 보면 반드시 그중에는 독창성이 높은 것이 나온다.
그때까지 질리지 않고 계속 만드는 것이 좋은 제품, 콘텐츠를 만드는 포인트라고 할 수 있다.

전자책으로 큰 성과를 만들고 성공적으로 퍼스널 브랜딩을 하는 등 자신이 원하는 목표를 달성한 작가들의 공통점은 바로 '양적인 실행'을 했다는 것입니다.

너무 어렵고 힘들다고 생각할 수 있겠지만, 양적인 실행이라는 말을 곰곰이 생각하다 보면 이내 다행이라는 생각이 들 것입니다. 왜냐하면 타고난 재능이나 신체적 조건은 노력으로 따라잡기 어려울 수 있지만, 지속적으로 실행만 한다면 다른 사람들과 마찬가지로 좋은 성과를 낼 수 있기 때문입니다.

이 책에서 필자가 액션 메시지를 전달하려는 이유도 마찬가지입니다. 전자책으로 큰 성과를 만든 사람들 역시 '실행'을 했기 때문이죠. 이 책을 읽고 있는 독자 여러분도 실행의 중요성을 알고 액션 메시지가 나올 때마다 곧바로 실천해보기를 바랍니다.

04 LESSON 전자책은 어디서 사고파나요?

전자책을 판매하는 방법은 크게 두 가지로 나눌 수 있습니다. 작가가 직접 판매하는 방법, 그리고 플랫폼을 통해 판매하는 방법입니다. 쉽게 말하면 자신의 매장에서 직접 판매할 수도 있고, 플랫폼과 같은 마트에 입점해서 팔 수도 있습니다. 지금부터 두 판매 방법을 자세히 알아보겠습니다.

작가가 직접 판매하기

작가가 직접 전자책을 파는 것은 매장을 운영하는 것과 비슷합니다. 다만, 일반적인 가게처럼 다양한 상품을 모아놓고 판매하는 것이 아니라 가게의 주인이 직접 만든 상품을 판매하는 것이라는 차이가 있습니다. 그러므로 고객이 우리 매장을 찾아올 수 있도록 미리 준비해야 하며 방문한 고객이 상품을 구매할 수 있도록 소개해야 함은 물론 결제 방법까지 준비해야 합니다. 또한, 한 번 구매한 고객이 단골 손님이 되거나 다른 고객을 유입시킬 수 있도록 지속적으로 고객 관리에도 신경을 써야 합니다.

자영업을 하기 위해서는 자신만의 매장이 필요한데, 온라인에서 전자책을 팔 수 있는 매장은 여러 곳을 만들 수 있습니다. 크게 세 가지로 나눌 수 있습니다.

1. 개인 홈페이지
2. 블로그, 카페, 소셜미디어, 오픈 채팅방
3. 크라우드 펀딩 플랫폼, 재능 마켓

개인 홈페이지

작가가 전자책을 직접 판매하는 첫 번째 방법은 개인 홈페이지에서 판매하는 것입니다. 이는 다른 방법보다 상대적으로 시간과 노력, 비용이 필요합니다. 그럼에도 전문성과 신뢰도를 높여줄 수 있고 자신만의 개성과 스타일, 정체성을 자유롭게 표현할 수 있다는 장점이 있습니다.

개인 홈페이지는 말 그대로 '홈페이지'를 제작하여 판매하는 것으로, 자신만의 도메인을 구매하여 호스팅을 하면 됩니다. 최근에는 개발자나 디자이너 없이도 사용법을 조금만 배우면 누구나 쉽게 홈페이지를 만들 수 있는 서비스를 제공하는 곳들이 있습니다. 아임웹, 카페24, 퍼블, 워드프레스 등이 대표적입니다.

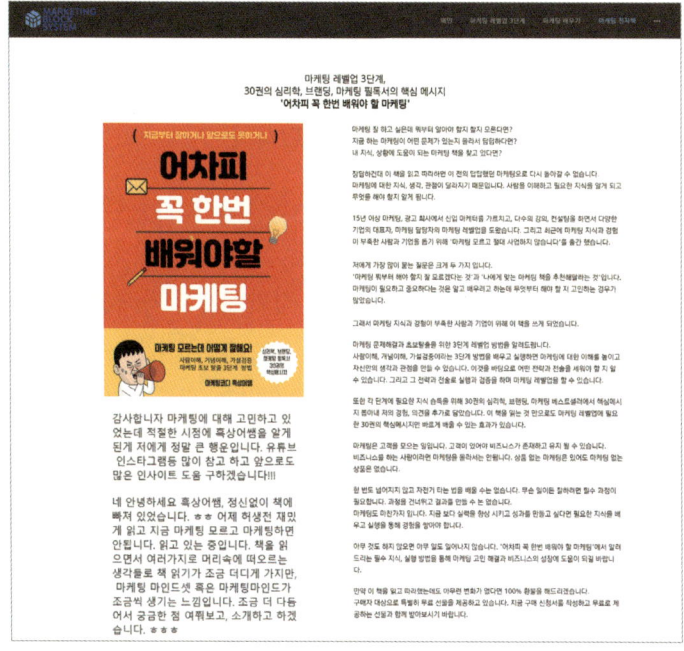

아임웹을 통해 만든 필자의 전자책 판매 홈페이지

필자가 마케팅 콘텐츠를 제공하고 전자책을 판매하고 있는 홈페이지도 아임웹을 이용해 만들었습니다. 만약 전자책 판매만을 목적으로 한다면 한 페이지짜리 홈페이지를 만들 수도 있습니다. 홈페이지 겸 상세페이지가 되는 셈입니다.

홈페이지를 처음 제작할 때 가장 고민되는 부분은 디자인일 것입니다. 다행히도 여러 홈페이지 제작 사이트에서는 이용자들의 이러한 고민을 해소하기 위해 다양한 템플릿을 제공합니다. 적합한 템플릿을 선택해 사진과 내용을 바꾸는 정도만으로도 빠르게 나만의 홈페이지를 만들 수 있습니다. 게다가 각 서비스는 사용법까지 친절하게 제공하고 있어 홈페이지 제작 전에 미리 사용법 영상을 보며 연습할 수도 있습니다.

소비자 정보를 확인할 수 있는 신청서 폼의 링크를 추가하거나 홈페이지의 결제 시스템을 이용해서 판매할 수도 있습니다. 혹은 이미 결제 시스템을 갖추고 있는 스마트 스토어와 같은 플랫폼과도 연결할 수 있습니다.

블로그, 카페, 소셜미디어, 오픈 채팅방

두 번째는 블로그, 카페, 소셜미디어, 오픈 채팅방에서 판매하는 방법입니다. 자신의 블로그나 인스타그램, 유튜브 등의 SNS에서 전자책을 판매할 때는 수령자의 정보를 받을 수 있는 신청폼 링크와 결제 시스템 링크를 넣어서 판매하면 됩니다.

특히 전자책 작가가 직접 전자책을 판매할 수 가장 쉬운 방법은 자신의 블로그에서 직접 판매하는 것입니다. 이 방식에는 두 가지 큰 이점이 있습니다. 첫째, 플랫폼에서 판매할 때 발생하는 수수료를 지불할 필요가 없다는 점입니다. 이는 작가에게 추가적인 수익을 가져다줄 수 있습니다.

둘째, 자신의 전자책을 찾는 잠재 고객을 대상으로 전자책 판매를 위한 포스팅을 노출시킬 수 있다는 것입니다. 이로써 작가가 자신의 독자층에 직접 접근할 수 있는 기회를 제공하여 판매 활동을 촉진할 수 있습니다.

더불어, 소셜미디어 플랫폼에서도 전자책을 판매하는 데 유용한 기능을 활용할 수 있습니다. 페이스북 페이지를 통해 전자책을 판매하거나 인스타그램과 유튜브에 자신의 전자책에 관한 콘텐츠를 올리고 캡션이나 댓글로 구매 방법을 안내할 수도 있습니다. 인스타그램에서는 프로필 링크에 신청폼 링크 또는 결제 시스템 링크를 넣어 구매를 유도할 수 있고, 유튜브에서는 댓글이나 커뮤니티 게시판에 링크를 업로드하면 됩니다.

필자의 네이버 블로그

　카페나 오픈 채팅방을 활용한 전자책 판매는 블로그, 인스타그램, 유튜브와 비교했을 때 더 많은 시간과 노력을 필요로 합니다. 사람들을 모아서 판매를 진행해야 하기 때문입니다. 그러나 전자책 판매를 목적으로 카페나 오픈 채팅방을 개설한다면 그곳에 전자책 독자를 모으는 것이 어려울 수 있습니다. 다시 말해, 카페나 오픈 채팅방을 오직 전자책 판매만을 목적으로 개설하면 안 된다는 이야기입니다. 해당 플랫폼을 단순히 판매 채널로만 활용하는 것이 아니라, 예비 독자들과의 상호작용을 늘리고 꾸준히 가치를 제공함으로써 관계를 구축하고 유지하기 위한 용도로 활용해야 함을 의미합니다.

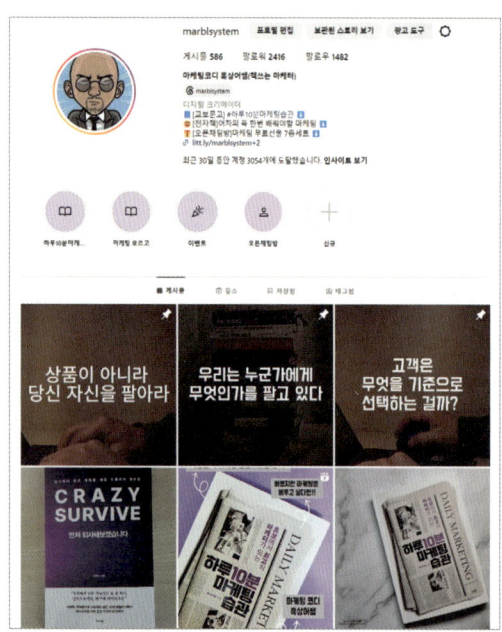

필자의 SNS(인스타그램)

필자는 마케팅 지식과 경험이 부족한 이들에게 도움이 되는 마케팅 정보를 공유하기 위해 '흑상어쌤 오픈 채팅방'을 운영하고 있습니다. 해당 채팅방에서는 필자의 전자책을 무료로 나눠주거나 유료 전자책 또는 종이책 출간 소식을 알리고 있습니다. 하지만 무엇보다도 해당 채팅방 이용자들에게 도움이 되는 책이나 영상 관련 콘텐츠를 일주일에 최소 3회 이상 제공하고 있습니다.

오픈 채팅방이나 카페에 참여하는 이용자들은 전자책 구매보다는 자신에게 유용한 정보를 얻기 위해 참여합니다. 그러므로 판매보다는 가치 있는 정보를 제공하는 것이 우선시되어야 합니다. 자신의 상품을 판매하는 데 급급한 사람을 만나면 누구나 거부감을 느끼기 마련이지요. 믿음직하고 유용한 정보를 제공하는 방식으로 접근해야만 사람들에게 신뢰를 얻을 수 있고, 스스로 전자책을 팔려고 애쓰지 않아도 사람들이 먼저 전자책을 찾도록 유도할 수 있습니다.

사람들은 같은 물건이라도 자신이 잘 아는 사람, 믿을 수 있는 사람으로부터 구하려고 합니다. 오픈 채팅방이나 카페와 같은 플랫폼은 블로그, 인스타그램, 유튜브와 달리 커뮤니티적인 성격을 가지고 있기 때문에 이러한 접근 방식이 더욱 효과적입니다. 더 자세한 내용은 실전 편에서 다루도록 하겠습니다.

작가가 직접 자신의 전자책을 판매하는 데 사용할 수 있는 검증된 사례가 많습니다. 그러므로 현재 자신의 상황에서 가장 적합하고 효율적인 방법을 선택하고 실행해야 합니다.

플랫폼에서 판매하기

아직 블로그나 인스타그램을 개설하지 않았고 카페나 오픈 채팅방을 운영할 시간적 여유도 없다면, 전자책 판매가 가능한 주요 플랫폼을 활용하기를 추천합니다. 자신의 블로그 방문자 수가 많거나 인스타그램 팔로워가 많다고 하더라도 가능한 많은 사람에게 전자책 출시를 알리고 긍정적인 후기를 얻기 위해서는 다음과 같은 플랫폼을 활용하는 것이 효과적입니다.

전자책을 판매할 수 있는 주요 플랫폼 네 곳을 소개합니다. 이 책의 실전편에서 직접 실행해볼 크라우드 펀딩 사이트 텀블벅, 와디즈, 그리고 자신의 다양한 재능을 판매할 수 있는 재능 마켓 크몽, 탈잉입니다.

- 크라우드 펀딩 사이트 : 와디즈, 텀블벅
- 재능 마켓 : 크몽, 탈잉

크라우드 펀딩 사이트

크라우드 펀딩은 상품을 생산하기 전에 필요한 자금을 불특정 다수의 사람들로부터 모으는 방식을 의미합니다. 쉽게 설명하자면 전자책을 완성하기 전에 미리 전자책의 소비자들을 대상으로 후원을 받고, 전자책을 제작한 후 전자책 파일을 전달하는 방식입니다. 펀딩 방식은 후원 외에도 기부, 대출, 증권 등의 방법이 있지만, 이 책에서는 전자책 출판을 위한 후원형 펀딩 방법을 중점적으로 소개합니다.

국내에서 가장 큰 규모를 자랑하는 크라우드 펀딩 플랫폼은 '와디즈'입니다. 이 플랫폼은 수천만 원 이상의 자금을 모으는 경우가 흔하며, 높은 달성률로 펀딩을 성공한 사례가 많습니다. 또다른 플랫폼으로 '텀블벅'이 있습니다. 텀블벅은 와디즈에 비해 상대적으로 규모는 작지만, 경쟁이 덜 치열하고 전자책에 관심을 보이는 후원자들이 많아서 처음 전자책을 펀딩하기에 적합한 플랫폼입니다.

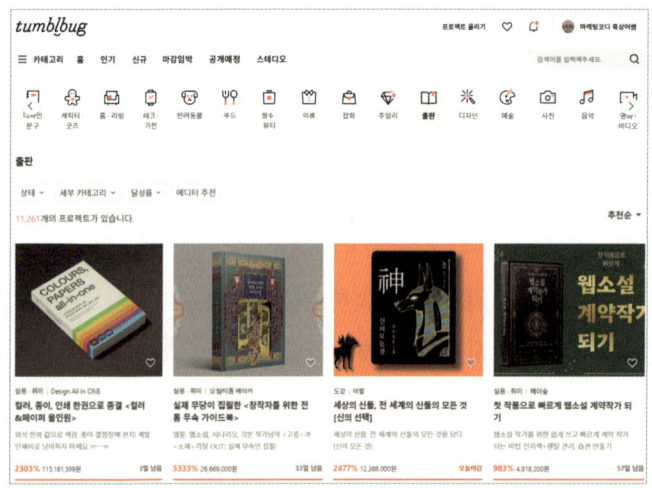

크라우드 펀딩 사이트 : 텀블벅

재능 마켓

펀딩을 받는 방법 외에도 전자책을 판매할 수 있는 다양한 플랫폼이 있습니다. 그중에서 주목할 만한 플랫폼으로는 '크몽'과 '탈잉'이 있습니다.

'크몽'은 국내 최대 프리랜서 마켓으로 다양한 지식, 경험, 재능이 거래되는 곳입니다. 예를 들어, 블로그 글이나 광고 카피 작성부터 디자인, 마케팅, 전문가 상담 등 다양한 분야의 전문 프리랜서들이 활동하고 있습니다.

'탈잉'은 주로 강의 영상으로 제작한 클래스를 판매하는 플랫폼으로, 사진 촬영이나 춤, 노래, 육아, 인스타그램 운영, 콘텐츠 제작 등 다양한 분야의 강의를 판매할 수 있습니다. 또한, 전자책을 직접 판매하거나 전자책 제작 방법을 영상으로 만들어 클래스로 판매할 수도 있습니다.

작가가 직접 전자책을 판매하는 것과 비교했을 때 플랫폼에서 판매하는 것의 가장 큰 장점은 '모객'에 있습니다. 별도로 모객을 하지 않고도 기존에 플랫폼에 가입되어 있던 회원들을 대상으로 전자책을 노출시킬 수 있다는 강력한 장점이 있지요.

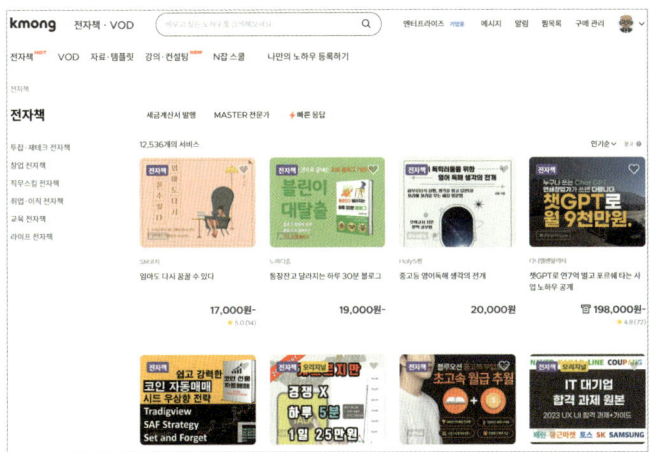

전자책 판매 사이트 : 크몽

플랫폼에서 판매할 때 주의할 점

아직 인지도가 부족한 작가에게는 노출이 가장 필요합니다. 아무리 훌륭한 내용의 전자책을 제작했더라도 사람들에게 알려지지 않는다면 판매하기가 어렵습니다. 무언가를 온라인에서 구매할 때 사람들은 가장 먼저 소비자들의 후기를 찾아보곤 합니다. 이것을 심리학 용어로 '사회적 증거(Social proof)'라고 합니다. 사회적 증거란 자신의 판단이 불확실할 때 다른 사람들이 내린 판단을 토대로 옳고 그름을 판단하는 것을 의미합니다. 플랫폼을 통해 전자책을 체험하고 도움을 받은 사람들의 긍정적인 후기가 늘어날수록 판매가 증가하는 효과를 볼 수 있습니다.

전자책을 집필하는 것도 중요하지만 열심히 만든 전자책으로 독자들에게 도움을 주고 싶다면 잘 판매하는 방법도 알아야 합니다. 플랫폼에서의 판매가 무조건적인 성공을 보장하지는 않습니다. 가능한 많은 잠재 독자에게 전자책 출시를 알리는 일은 판매뿐만 아니라 마케팅에도 필수적입니다.

플랫폼에서 판매하는 것의 가장 큰 단점은 수수료와 내부 정책입니다. 수수료는 플랫폼에 따라 차이가 있으며 판매자가 상품 판매 전에 선택할 수 있는 경우와 특정 상품의 수수료가 결정되어 있는 경우가 있습니다. 예를 들어, 텀블벅은 수수료를 높게 지불할수록 플랫폼에서 홍보에 도움을 주는 경우도 있고, 탈잉은 특정 상품의 수수료가 미리 정해져 있는 경우도 있습니다.

플랫폼의 수수료를 잘 확인해야 하는 이유는 전자책의 가격을 설정할 때 이를 고려해야 하기 때문입니다. 같은 전자책을 판매하더라도 수수료에 따라 각 플랫폼에서 정산 받는 금액이 다릅니다.

또한, 작가가 직접 판매할 때는 수수료가 없기 때문에 플랫폼에서의 판매와는 다르게 판매 금액을 조정하거나 할인 이벤트를 자유롭게 진행할 수 있습니다. 전자책 가격 설정은 판매량에 큰 영향을 미치는 부분이므로 뒤에서 더 자세히 설명하겠습니다.

이번 챕터에서는 전자책의 개념과 각광받는 이유, 전자책 작가들의 특징, 판매 방법 등을 알아보았습니다. 다음 장에서는 전자책을 활용하는 방법을 구체적인 예시를 통해 알아보겠습니다. 이어서 진행하기 전에 두 번째 액션 메시지를 전달합니다. 반드시 실행한 후에 책을 계속해서 읽어나가길 바랍니다.

> ✉ **흑상어쌤의 액션 메시지 2**
>
> ### 지금 다른 사람들의 전자책을 살펴보세요
>
> 앞서 소개한 네 곳의 플랫폼에서 '전자책'을 검색하고, 다른 사람들이 판매하거나 펀딩하고 있는 전자책들이 어떤 주제를 다루고 있는지 살펴보기 바랍니다.
>
> 1. 와디즈 : wadiz.kr
> 2. 텀블벅 : tumblbug.com
> 3. 크몽 : kmong.com
> 4. 탈잉 : www.taling.me
>
> 여러분의 지식과 경험을 전자책으로 만들고 그것이 과연 다른 사람에게 도움을 줄 수 있을지를 미리 판단하지 않아도 됩니다. 세상에는 시간, 노력, 돈을 아끼면서 다양한 고민, 문제, 욕망을 해결하고자 하는 많은 사람이 있습니다.

CHAPTER 02

평범한 직장인이라면 이렇게 시작하세요

이번에는 전자책을 출간한 다른 사람들의 사례를 살펴보고 전자책 쓰기를 어디서부터 시작해야 할지 알아봅니다. 그리고 자신의 전자책 주제를 생각해봅니다.

LESSON 01 글을 써본 적이 없어도 할 수 있다

평소에 글을 써본 경험이 많지 않아도 누구나 전자책을 쓸 수 있습니다. 그 이유는 바로 나의 지식과 경험을 전자책으로 풀어내는 방법과 형식이 존재하기 때문입니다. 물론 모든 전자책이 동일한 방법과 형식으로 쓰였다는 말은 아닙니다. 글을 써본 적 없는 사람이 좀 더 쉽게 글쓰기를 따라 할 수 있는 일종의 '구조와 틀'이 정해져 있다는 의미입니다.

전자책의 내용이나 디자인의 퀄리티와 별개로, 많은 사람들이 좋아하고 잠재 독자들에게 익숙한 구성과 내용이 있습니다. 나의 지식과 경험을 그러한 구조와 틀에 맞게 정리하면 그것이 바로 나만의 전자책이 됩니다. 평소에 글을 많이 써보지 않았다고 하더라도 나만의 지식과 경험이 있다면 누구나 전자책을 쓸 수 있습니다.

글쓰기가 어렵게 느껴지는 이유

어떤 일이 어렵게 다가오는 이유는 그 일이 힘에 부치거나 자신이 미숙하다고 느끼기 때문입니다. 반대로 쉽게 느껴진다면 자주 보거나 경험해와서 친숙하고 수월하다고 느끼기 때문입니다. 그렇다면 '어렵다'와 '쉽다'의 사이에는 어떤 차이가 있을까요? 바로 '익숙함'입니다. 익숙하다는 것은 자주 보고, 많이 해봤다는 뜻입니다. 어떤 일을 오랜 시간 반복함으로써 서투르거나 어색하지 않을 정도로 익숙해지면 그 일이 쉽다고 느낍니다. 그렇다면 많은 사람들이 '글쓰기가 어렵다'라고 말하는 이유는 무엇 때문일까요?

1. 전자책을 위한 글쓰기 방법을 모르기 때문에
2. 글쓰기를 많이 하지 않았기 때문에

전자책을 위한 글쓰기 자체가 아무나 하기 힘들 정도로 어려운 일이라면 지금도 계속 판매되는 전자책을 쓴 작가들은 모두 특별한 재능이나 경험이 있다는 뜻일까요? 유명 작가나 전문가들만이 전자책을 쓰는 것은 아닙니다. 전자책 작가 대부분은 여러분과 같은 직장인, 주부, 학생 등으로 비슷한 경력과 나이, 조건을 갖춘 사람들입니다. 전자책을 위한 글쓰기 자체는 어려운 일이 아닙니다.

문제를 해결하기 위해서는 문제의 원인이 무엇인지를 알아야 합니다. 글쓰기가 어려운 이유는 무엇부터 해야 하는지, 어떻게 써야 하는지를 잘 모르기 때문입니다. 글을 많이 써보지 않아서 어렵다고 느끼는 것이고, 전자책을 읽어보거나 구매한 경험이 별로 없어 친숙하지 않기 때문입니다. '잘 쓰고 싶다'라는 생각은 있지만 자신의 부족한 글쓰기 실력에 만족하지 못해서 시작조차 힘들어 합니다.

하지만 익숙하지 않거나 처음 시작하는 일에 서툰 것은 당연한 이치입니다. 이 사실을 알면서도 처음부터 잘하고 싶고, 힘든 과정은 건너뛰고 싶은 욕심에 편법이나 꼼수를 찾게 됩니다. 하지만 조금만 생각해보면 편법이나 꼼수를 제공하는 누군가도 그것을 정리할 정도의 글쓰기 경험을 쌓아왔다는 사실을 알 수 있습니다.

"많이 해보면 누구나 잘하게 된다는 사실을 모르는 사람도 있나?"

너무 뻔한 이야기라고 느껴진다면 이렇게 다시 생각해보면 어떨까요?

"나도 많이 하다 보면 잘하게 될 테니 일단 시작해야겠다!"

결국 필자가 이야기하고 싶은 말은 '일단 시작하고 나중에 잘하면 된다'는 것입니다.

"쏘지 않은 숯의 성공 확률은 0%다."라는 말이 있습니다. 시작하지 않은 일을 잘해낼 수 있는 확률은 0%이지만, 일단 시작하면 성공 확률은 점점 올라갈 수밖에 없습니다. 처음부터 잘해내려는 욕심과 부담을 덜어내고, 여러분이 전자책으로 쓰고 싶은 지식과 경험을 리스트로 나열하는 것이 우선입니다.

지금 우리가 쓰려고 하는 전자책은 여러분의 지식과 경험으로 독자의 문제, 고민, 욕망을 해결하는 데 도움을 주기 위한 것입니다. 따라서 유명 작가 수준의 글쓰기 실력이나 소설을 쓰는 데 필요한 상상력과 창의력이 갖추어져 있지 않아도 됩니다. 글쓰기가 어려운 이유는 단지 많이 해보지 않았기 때문이라는 점을 이해하고, 이 책을 읽으면서 전자책 글쓰기 방법을 차근차근 따라 해봅시다.

나의 지식과 경험으로 주제 찾기

전자책은 독자의 문제, 욕망, 고민을 해결하는 강력한 도구라고 설명했습니다. 이를 실현함으로써 월급 외 수익 창출, 퍼스널 브랜딩 등과 같은 목적을 달성할 수 있습니다. 그러나 이를 실현하기 위해서는 먼저 자신이 무엇을 알고 있고 무엇을 모르는지 명확히 알아야 합니다. 그래야만 여러분이 어떤 독자를 도울 수 있는지 알 수 있습니다.

1~2주 만에 전자책을 빠르게 만들어 돈을 벌 수 있다고 소개하는 일부 전자책의 내용을 보면 인터넷에서 정보를 취합하여 만들면 된다고 합니다. 이를 통해 평생 월급 외 수익을 올릴 수 있다고 이야기합니다. 그러나 주식이나 재테크, 부동산 투자와 같은 전문적인 주제의 정보를 단순히 인터넷에서 찾아 만든다고 해서 과연 독자들에게 실질적인 도움을 줄 수 있을까요? 기술과 정보의 급격한 변화 속에서 평생 수익을 보장받을 수 있을 만한 적절하고 신뢰성 있는 정보를 제공할 수 있을까요?

부실한 콘텐츠로 문제가 된 전자책 관련 기사   출처 : 이코노믹리뷰

최근 한 펀딩 플랫폼에서 독자의 문제 해결보다는 자신의 이익에 초점을 맞춘 부실한 콘텐츠로 문제가 된 전자책 사례가 있습니다. 해당 전자책은 수억 원의 펀딩을 받았지만,

'유튜브나 구글에 검색하면 나올 만한 정보를 이렇게 비싼 돈 받고 파는 건 너무한 거 아닌가요?'와 같은 독자들의 불만 댓글과 환불 문의가 쇄도했습니다. 펀딩률을 높이기 위해 작가 본인이 제공할 수 없는 높은 수준의 내용을 독자들에게 약속한 결과입니다.

전자책을 구상할 때는 자신만의 지식과 경험을 바탕으로 신뢰성 있는 주제를 선택하고, 독자의 실제 문제와 욕구를 파악하는 것이 우선입니다. 자신의 역량 수준을 파악하고 독자에게 도움을 줄 수 있는 방법을 찾는 것이 전자책 쓰기의 첫걸음입니다. 또한, 한 번 만든 전자책으로 평생 큰 수익을 만들 수 있다는 식의 자극적인 카피에 현혹되지 말고 장기적으로 독자와의 신뢰를 쌓아나가야 함을 기억해야 합니다.

정리로 시작하는 전자책 글쓰기

전자책을 쓰기 전에 자신이 아는 것과 모르는 것을 명확하게 알아야만 독자들의 어떤 문제와 욕망, 고민을 해결할 수 있는지 알 수 있습니다. 그렇다면 아는 것과 모르는 것은 어떤 차이가 있을까요?

- 아는 것 : 직접 할 수 있고 다른 사람에게 설명하거나 가르칠 수 있는 것
- 모르는 것 : 읽거나 보기만 한 것, 안다고 생각하는 것, 실제로 해본 적 없거나 다른 사람을 가르치거나 설명할 수 없는 것

자신이 아는 것과 모르는 것이 무엇인지 구분할 줄 아는 능력을 '메타인지(Meta-cognition)'라고 합니다. '자신의 생각에 대한 생각'이라고도 하는 메타인지는 전자책을 쓸 때뿐만 아니라 일상생활과 업무 환경에서도 중요한 개념입니다.

메타인지가 높은 사람은 자신이 무엇을 알고 무엇을 모르는지 명확히 파악하기 때문에 자신의 일에서 부족한 점과 개선할 점을 잘 알고 있습니다. 또한, 자신이 한 일의 결과를 메타인지가 낮은 사람보다 더 명확하게 판단합니다. 예를 들어, 메타인지가 높은 사람은 어떠한 업무가 주어졌을 때 이를 완료하는 데 필요한 시간, 방법, 노력을 예측할 수 있습니다. 이에 따라 업무를 분할하여 계획을 세움으로써 효율적으로 일을 완료합니다.

그러나 메타인지가 부족한 사람은 자신이 할 수 있는 일과 할 수 없는 일을 잘 구분하지

못합니다. 주어진 업무에 필요한 시간, 방법, 노력도 제대로 알지 못합니다. 이로 인해 일의 완성도가 떨어지고 작업이 지연되어 좋은 결과를 내기 어렵습니다.

전자책을 쓸 때도 마찬가지입니다. 자신이 알고 있는 것과 모르는 것을 명확히 구분할 줄 알아야 하며, 이를 통해 어떤 독자를 도울 수 있을지 판단해야 합니다.

내가 아는 것과 내가 도움을 줄 수 있는 사람

내가 아는 것	내 지식과 경험으로 도울 수 있는 사람
· 다른 사람에게 긍정적으로 평가받은 것 　ex. 엑셀, 파워포인트, 워드 문서 작업 등 · 다른 사람을 가르쳐본 일 　ex. 육아, 예체능, 독서, 과외 등 · 주변에서 자주 나에게 물어보는 것 　ex. 코디법, 화장법, 컴퓨터 사용법, 다이어트, 운동법 등 · 오랜 나의 취미, 동호회 활동 · 전문적인 지식 　ex. 자격증 시험 공부법, 논문 쓰는 법 등 · 실제 성과 또는 결과물을 만든 일 　ex. 판매, 제작, 성적, 예술 등 　ex. 주식, 부동산, 스토어 운영 등	· 웨딩 사진 촬영을 앞두고 단기간 다이어트를 하고 싶은 예비 신부 · 그림을 잘 그리고 싶은데 방법을 모르는 사람 · 자기소개서를 잘 쓰고 싶은 취준생, 면접자 · 옷 잘 입는 방법이 궁금한 패션 테러리스트 · 핸드폰으로 사진 잘 찍고 예쁘게 보정하는 방법이 궁금한 사람

이처럼 아주 사소한 것이라도 좋으니 내가 아는 것과 경험한 것을 모두 나열해봅시다. 위와 같이 정리해보는 것만으로도 전자책을 위한 글쓰기 방향과 주제의 아이디어를 얻을 수 있습니다.

"저는 글을 써본 적이 없어요."라는 말을 바꿔 말하면 "무엇부터 시작해야 할지 모르겠어요."와도 같습니다. 그러나 이는 전자책을 쓰는 데 있어서 가장 어려운 부분이 아닙니다. 그보다 자신이 무엇을 알고 무엇을 모르는지를 구분하지 못하는 것이 더 큰 문제입니다. 글쓰기를 시작하기 전에 먼저 자신의 지식과 경험, 즉 '아는 것'을 정리해보는 시간을 가져야 합니다.

> ✉ **흑상어쌤의 액션 메시지 3**
> ### 자신이 아는 것과 그것이 필요한 사람을 정리해보세요

다수의 독자들이 찾는 전자책은 자신이 겪고 있는 문제와 고민을 해결해주거나 욕망하는 것을 달성하는 데 도움이 되는 책입니다. 한마디로 사람들은 '문제 해결책'을 찾습니다. 나의 지식과 경험이 누구의 어떤 문제, 고민, 욕망을 해결해줄 수 있는지를 명확히 하는 것이 잘 팔리는 전자책 기획의 첫 번째 단계입니다.

전자책 쓰기를 시작하기 전에 여러분이 경험해본 것과 할 수 있는 것, 즉 내가 아는 것이 무엇인지를 정리해보세요. 그리고 그것을 통해 누구의 어떤 고민, 문제, 욕망을 해결할 수 있을지 살펴봅시다.

여기서 한 가지 팁은 와디즈, 텀블벅과 같은 전자책 판매 플랫폼을 확인해보는 것입니다. 내가 생각하는 주제로 만들어진 다른 전자책들은 어떤 것들이 있는지 살펴보고, 독자들의 반응도 함께 확인해봅시다.

1. 내가 경험해본 것과 할 수 있는 것은 무엇인가?

----

2. 그것이 누구에게 어떤 도움이 될 수 있는가?

----

02 LESSON 나의 지식과 경험에서 가치를 발견하자

내가 아는 것과 모르는 것이 무엇인지, 나의 지식과 경험을 통해 어떤 독자의 어떤 문제를 해결해줄 수 있을지 알아보았습니다. 그렇다면 여러분이 살펴본 수많은 주제 중 무엇이 전자책으로서 가치 있는 주제일까요? 지금부터 전자책으로 만들어질 수 있는 다양한 주제 중 무엇이 가치 있는지 발견하는 방법을 알아보겠습니다.

전자책 가치 판단의 기준

온라인이든 오프라인이든 상품을 둘러보다가 '이렇게 비싼 걸 누가 산다는 거지?', '와, 이렇게 비싼데도 잘 팔리네!' 하고 생각해본 적이 있을 것입니다. 같은 상품이라도 누군가에게는 비싸게 느껴지고, 누군가에게는 그렇지 않은 이유는 무엇일까요? 단순히 소비자가 얼마나 돈이 많고 적은가에 따라 가격의 비싼 정도를 판단한다고 생각할 수 있습니다. 그러나 이런 경우는 어떨까요? 일상에서 흔히 볼 수 있는 몇 가지 사례를 알아보겠습니다.

집에 급하게 들어가야 하는데 현관문 도어락이 고장났습니다. 주변을 검색해 도어락 수리 업체를 찾았을 때, 가장 저렴한 업체에 연락을 할까요? 아니면 높은 비용을 지불하더라도 가장 빨리 와서 수리할 수 있는 업체에 연락을 할까요?

취미로 애니메이션 피규어를 모으고 있습니다. 그동안 꼭 가지고 싶었던 피규어가 몇 년 만에 중고 매물로 나왔습니다. 다른 피규어들보다 비싸지만 단종된 제품이라 희소성이 높고 매물도 거의 없는 상황입니다. 지금이 아니면 언제 또 구매할 수 있을지 모르고 가격이 더 오를지도 모릅니다. 조금 비싸다고 느껴지지만 지금 구매하는 것이 맞을까요?

자취하는 사회초년생이라 갚아야 할 대출금이 많아서 평소에는 휴가를 받아도 집에서 쉬거나 가까운 곳으로 여행을 가곤 했습니다. 하지만 올해는 해외로 휴가를 떠나겠다고 결심하고 연초에 올라온 해외여행 50% 할인 상품을 구매했습니다. 할인을 받았더라도 결코 저렴한 비용은 아니었지만 이번 기회를 놓칠 수 없었습니다. 올해 목표한 '나를 위한 투자' 중 하나라서 후회되지는 않습니다. 과연 잘한 선택일까요?

앞의 예시들을 읽고 난 지금, 여러분은 상품의 가격이 비싼지 아닌지를 판단하는 기준이 무엇이라고 생각하나요? 상품의 가격은 누구에게 어떤 가치를 제공하느냐에 따라 달라집니다. 나에게는 비싸게 느껴지는 상품도 다른 누군가에게는 그렇지 않을 수 있습니다. 소비자 자신의 고민, 문제, 욕망을 얼마나 해결하고 충족시켜줄 수 있는지에 따라 가격의 평가는 달라집니다.

전자책을 예로 들어보겠습니다. 비슷한 주제의 전자책이라도 판매자에 따라 가격은 천차만별입니다. 몇천 원에 판매되는 전자책도 있고, 수십만 원인 전자책도 있습니다. 만약 가격으로만 가치를 판단한다면 무조건 높은 가격의 전자책이 더 높은 가치를 제공할 것 같지만 실제로는 그렇지 않습니다. 앞서 언급한 전자책 펀딩 환불 사태가 그 예입니다. 가격이 저렴한 전자책이라도 콘텐츠의 가치가 떨어지면 소비자는 비싸다고 느낄 수 있습니다. 반대로 수십만 원의 전자책이 높은 가치의 콘텐츠를 제공한다면 오히려 비싸지 않다고 느낄 수 있습니다.

전자책을 만드는 동안 여러분이 얼마나 수고를 많이 했는지, 여러분의 지식과 경험이 얼마나 소중한지는 전자책의 가치를 판단하는 데 중요한 요소가 아닙니다. 독자들이 전자책을 읽고 기대하는 바를 얼마나 충족시켜줄 수 있느냐에 달려 있지요. 콘텐츠는 판매자가 제공하는 것이지만, 해당 콘텐츠의 가치가 높고 낮음은 소비자가 판단하는 것입니다.

가치의 기준은 소비자가 해결하고자 하는 고민, 문제, 욕망의 크기, 긴급성, 만족도 등에 따라 달라집니다. 전자책의 가격이 곧 가치를 의미하는 것은 아님을 기억하세요. 전자책을 아무리 저렴하게 판매해도 한 권도 팔리지 않을 수 있고, 반대로 아주 비싼 가격에 판매해도 날개 돋친 듯 팔릴 수 있습니다.

우리 속담에 '싼 게 비지떡'이라는 말이 있습니다. 싸기 때문에 퀄리티가 낮다는 의미입니다. 이를 바꿔 말하면, 싸게 팔고도 좋은 소리를 못 듣고 오히려 안 좋은 후기만 쌓일 수 있다는 뜻입니다. 일부 전자책 판매자들은 처음에는 낮은 가격의 전자책을 판매해 후기를 많이 만들고, 전자책 시장에서 인지도를 높이라고 이야기합니다. 이 전략의 이면에는 전자책의 가격이 저렴함에도 불구하고 상대적으로 높은 가치를 제공해야 한다는 전제가 깔려 있음을 잊지 말아야 합니다.

저렴한 상품을 팔아 큰 성공을 거둔 대표적인 기업이 있습니다. 바로 '다이소'입니다.

2023년 다이소의 매출액은 3조 4,604억 원, 영업이익은 2,617억 원으로, 전년 동기 대비 각각 17.5%, 9.4% 증가했습니다. 다이소 매출액이 3조 원을 넘어선 것은 설립 이후 처음입니다.[6] '다이소'를 검색해보면 포털 사이트와 소셜미디어에서 '득템'했다는 소비자들의 콘텐츠가 넘쳐납니다. 상품의 종류는 다르지만, 이 콘텐츠들의 공통적인 결론은 '가성비'입니다. 소비자의 기대치나 가격 대비 만족도가 높다는 의미입니다. 다이소가 저렴한 가격에도 불구하고 높은 가성비로 큰 성공을 거둔 것처럼 전자책 판매에서도 높은 가치를 제공하는 것이 중요합니다.

전자책을 판매하는 사람이라면 누구나 자신이 어렵게 만든 소중한 전자책을 비싸게 판매하고 싶어할 것입니다. 이를 위해서는 그만큼 높은 가치를 지닌 전자책을 만들어야 합니다. 전자책의 가치를 높이기 위해서 잠재 독자의 심리를 이해하고, 그들의 고민에 공감하며, 실질적인 도움을 줄 수 있어야 합니다. 전자책 판매로 인한 많은 수입보다는 독자로부터 "좋은 전자책을 써주셔서 고맙습니다."라는 말을 듣는 것을 목표로 해야 합니다.

---

[6] 출처 : 이준호 기자, 불황에 강한 토종 '다이소', 온라인 더 키운다…"대량주문 전국 확대", 뉴시스, 2024년 7월 1일, https://n.news.naver.com/mnews/article/003/0012640069?sid=101

전자책의 가격과 그 가치를 판단하기 위한 한 가지 팁은 바로 기존에 판매중인 다른 전자책을 살펴보는 것입니다. 전자책의 소개글과 가격을 살펴보면서 어떤 경우에 사고 싶어지는지, 어떤 경우에 그렇지 않은지를 확인해봅니다. 그리고 해당 전자책이 독자들의 어떤 문제를 해결해주는지, 어떤 욕망을 충족시켜주는지, 어떤 순서로 이야기를 풀어나갈 때 여러분의 감정이 끌리는지를 파악해보는 것입니다. 다른 전자책을 모니터링하다 보면 잠재 독자들이 여러분의 전자책을 살펴볼 때 어떤 생각과 마음일지 유추할 수 있습니다. 이를 통해 어떻게 이야기를 풀어나가야 할지 배울 수 있습니다.

전자책의 가치를 높이는 세 가지 질문

소비자의 가치 판단 기준은 해결하고자 하는 고민, 문제, 욕망의 크기, 긴급성, 그리고 결과의 만족도에 달려 있으며, 최종 결정은 소비자가 내린다는 점을 이야기했습니다. 소비자의 가치 판단에 따라 가격이 저렴한 전자책도 비싸게 느껴질 수 있고, 반대로 비싼 전자책도 합리적으로 여겨질 수 있습니다.

그렇다면 어떤 지식과 경험이 가치가 높은 것일까요? 만약 전자책으로 쓸 만한 지식과 경험이 여러 가지라면 그중에서 어떤 것을 주제로 선택해야 더 높은 가치를 제공할 수 있을까요?

이를 알기 위해서는 세 가지 사항을 고려해야 합니다. 첫째, 타깃에 대한 명확한 이해입니다. 어떤 사람들을 대상으로 하며 무엇을 다루는 전자책인지가 분명해야 합니다. 둘째, 보편성입니다. 타깃으로 설정한 사람 중 얼마나 많은 이들이 같은 고민과 문제, 욕망을 가지고 있는지 파악해야 합니다. 셋째, 차별성입니다. 비슷한 주제의 다른 전자책이 많더라도 왜 잠재 독자가 여러분의 전자책을 선택해야 하는지 명확히 보여줄 수 있어야 합니다.

전자책의 가치를 높이는 세 가지 질문

가치를 높이는 세 가지 질문	가치를 높여주는 요소	가치를 찾는 질문의 답변 방법
누가 대상인가?	타깃 페르소나 설정, 문제, 고민, 욕망 파악, 긴급성, 중요성, 만족도	·가상의 잠재 독자를 구체적으로 설정해본다. ·나이, 성별, 직업, 상황, 고민, 욕망을 설정하면서 내가 누구를 대상으로 어떤 고민, 문제, 욕망을 해결하려는지 구체화한다.
얼마나 많은 사람이 원하는가?	스토리, 사회적 증거, 공감성, 보편성, 시의성 밴드왜건 효과[7]	·잠재 독자들이 공감하고 원하는 가치인지를 따져본다. ·오랫동안 해결하고 싶은 문제인지, 또는 최근 사람들이 많은 관심을 갖는 주제인지 확인한다.
왜 나의 전자책이어야 하는가?	권위, 증명, 차별성, 가성비, 희소성, 인지도	·잠재 독자들의 시간, 노력, 돈을 아껴주는 해결책인지 자문해본다. ·다른 전자책에서는 찾을 수 없는 정보, 재미, 구성, 디자인, 가격, 전달 방법, 혜택, 서비스 등 차별화 요소가 무엇인지 나열해본다.

전자책의 가치를 높이는 세 가지 질문에 답을 내려볼 때, 여러분이 제공하려는 지식과 경험이 잠재 독자들이 필요로 하고 원하는 것인지도 함께 생각해야 합니다. 다양한 니즈(Needs)와 원츠(Wants)가 있지만, 다음의 두 가지 주제는 항상 많은 사람들이 찾는 주제입니다.

사람들이 많이 찾는 전자책 주제

돈에 관한 주제

가장 많이 쓰이는 전자책 주제는 바로 '돈'에 관한 것입니다. 이 주제는 크게 두 가지로 나뉩니다. 하나는 돈을 버는 방법이고, 다른 하나는 돈을 절약하는 방법입니다. 돈 버는

---

[7] 밴드왜건 효과(Band wagon effect) : 유행에 따라 상품을 구입하는 소비 현상

방법에 관한 전자책으로는 부동산, 주식, 투자로 돈 버는 법, 소셜미디어에서 공동구매, 브랜딩, 체험단 등으로 돈 버는 법, 비즈니스, 스토어, 서비스, 세일즈 등으로 매출 높이는 법 등이 있습니다.

돈과 관련된 주제의 전자책 예시   출처 : 와디즈

돈 버는 방법을 알려주는 전자책 중에는 작가가 수억, 수십억 원을 벌었던 노하우를 공개한다는 식의 소개글도 자주 볼 수 있습니다. 이러한 전자책들은 수십만 원 이상의 높은 가격에도 불구하고 많은 사람들이 후원에 참여하여 높은 펀딩 달성률을 기록하기도 합니다. 과연 작가의 이야기가 사실인지, 가치 있는 내용인지 평가하기는 어렵지만, 사람들이 '돈 버는 이야기'에 큰 관심을 가진다는 점은 부정할 수 없는 사실입니다.

시간과 노력에 관한 주제

돈 버는 이야기 외에 사람들이 많이 찾는 전자책 주제는 시간과 노력을 아껴주는 방법입니다. 이 주제는 특히 경제경영, 자기계발, 기술공학 등 다양한 분야에서 많은 사람들이 필요로 합니다.

시간과 노력에 관련된 주제의 전자책 예시 1   출처 : 텀블벅

시간과 노력에 관련된 주제의 전자책 예시 2														출처 : 텀블벅

세부 주제로는 특정 분야에서 업무에 도움이 되는 각종 정보를 모아놓은 전자책, 최신 기술을 이용해 반복되는 행동을 자동화하는 방법을 알려주는 전자책 등이 있습니다. 일이나 기술, 트렌드와 관련된 전자책뿐만 아니라 일상, 취미, 관심사에서도 시간과 노력을 아껴주는 전자책도 찾아볼 수 있습니다.

40대 가정주부가 평소 주변으로부터 공간 활용을 잘한다는 이야기를 자주 듣는다고 가정해보겠습니다. 그녀는 과거 경험과 노하우를 활용해 1인 가구, 3인 가구를 타깃으로 10평대, 20평대와 같이 넓지 않은 공간에서 수납 방법과 공간 활용 노하우를 담은 전자책을 만들 수 있습니다. 이러한 전자책은 불필요한 가구 소비를 줄여주고, 삶의 질을 향상시켜 결과적으로 독자에게 경제적 이익을 가져다줄 수 있습니다. 이와 같이 전자책의 주제가 돈, 시간, 노력 중 어느 면에서 이득을 주는지도 잠재 독자가 명확히 알 수 있어야 합니다.

전자책을 만드는 사람은 독자에게 가치를 제공하여 그들의 삶에 긍정적이고 실질적인 도움을 줄 수 있어야 합니다. 독자의 긴급하고 중요한 고민, 문제, 욕망을 해결할수록 그 가치는 더 높게 평가된다는 점을 기억하기 바랍니다. 이는 여러분 자신이 하고 싶은 말이 아닌, 독자가 듣고 싶은 말을 해야 하는 이유입니다.

> ✉ 흑상어쌤의 액션 메시지 4

가치를 찾는 세 가지 질문에 답해보세요

여러분의 지식과 경험이 누구의 어떤 고민, 문제, 욕망을 해결해줄 수 있는지 생각해봅니다. 타깃과 주제를 찾았다면 가치를 찾는 세 가지 질문에 답을 해보세요. 답을 찾아가면서 여러분의 전자책 주제가 독자들에게 돈, 시간, 노력 세 가지 중 어떤 부분에서 이득을 줄 수 있는지도 함께 생각해봅니다.

1. 누가 대상인가?

---

2. 얼마나 많은 사람이 원하는가?

---

3. 왜 나의 전자책이어야 하는가?

LESSON 03 나만의 가치를 보여주는 두 가지 방법

우리 속담에 '구슬이 서 말이라도 꿰어야 보배'라는 말이 있습니다. 이는 아무리 좋은 것을 가지고 있더라도 쓸모 있게 사용해야 가치가 있다는 뜻입니다. 즉, 아무리 좋은 지식과 경험이 있더라도 그것을 제대로 정리하고 전달할 수 있어야 가치가 있다는 의미입니다.

다른 사람에게 도움이 되는 지식과 경험을 가졌음에도 불구하고 이를 제대로 표현하지 못해 답답한 경우가 많습니다. 그러나 전자책을 쓰기 전, 여러분의 지식과 경험의 가치를 보여줄 수 있는 방법이 무엇인지부터 알아야 합니다.

여러분이 만들고자 하는 전자책의 주제에 관해 고민했던 과거의 자신을 떠올려봅시다. 과거에는 여러분도 어떻게 해야 할지 방법을 몰라서 고민하고 어려움을 겪었던 시기가 있었지요. 그러나 이제는 문제의 원인과 해결책을 알고 있을 뿐만 아니라 다른 사람을 가르칠 정도로 능숙합니다. 여러분이 전자책에서 이야기할 내용은 모두 직접 경험하고 해결했던 문제와 해결책입니다. 분명히 여러분 자신과 같은 어려움을 겪고 있는 사람들에게 도움이 될 것이라는 확신도 있을 것입니다.

그렇다면 이것을 어떻게 보여주어야 잠재 독자들이 더 많은 관심을 가지고 신뢰할 수 있을까요? 여러분이 과거에 문제를 해결했던 것처럼 잠재 독자들이 여러분의 전자책을 보고 움직이게 하려면 어떻게 해야 할까요?

여러분의 지식과 경험을 가치 있게 보여주려면 두 가지가 꼭 포함되어야 합니다. 하나는 '스토리'이고, 다른 하나는 '증거'입니다.

가장 설득력 있는 스토리는 사람들이 옳다고 믿고 싶어 하는 것을 말해주는 스토리,
또는 사람들이 직접 경험한 것과 관련된 스토리다.

모건 하우절은 그의 저서 《불변의 법칙》에서 훌륭한 스토리의 중요성을 이렇게 강조합니다. "훌륭한 스토리에는 긍정적인 감정을 불러일으키는 특별한 힘이 있다. 사실적 정보와 수치를 제시할 때는 외면당하던 주제라도 스토리를 가미하면 사람들의 관심을 끌어당길 수 있다."

이처럼 스토리와 증거를 잘 활용하면 독자들에게 신뢰를 얻고, 그들의 흥미를 자극할 수 있습니다. 지금부터 독자를 끌어당기기 위한 두 가지 방법을 자세히 알아보겠습니다.

나만의 스토리를 들려주기

나의 지식과 경험이 얼마나 가치 있는지 보여주려면 다른 사람이 아닌 여러분이 직접 겪은 스토리를 들려주어야 합니다. 사람들은 누군가가 자신과 같은 고민, 문제, 욕망을 가진 상황에서 그것을 어떻게 해결했는지 알고 싶어 합니다. 전자책 작가가 직접 겪은 경험을 이야기하면 독자들은 관심을 갖게 되고 계속 이야기를 듣고 싶어 합니다.

스마트 스토어에서 상품을 팔아 돈 버는 방법을 알려주는 전자책 A와 B가 있다고 가정해보겠습니다. 두 전자책은 비슷한 기간 동안 비슷한 매출을 올린 경험을 바탕으로 돈 버는 방법과 노하우를 알려줍니다. 두 책에서 소개하는 돈 버는 법은 크게 다르지 않지만, 그 방법을 소개하는 방식에는 차이가 있습니다.

A 전자책은 스마트 스토어 개설법, 상품 등록하는 방법 등을 상품 설명서처럼 깔끔하게 정리했습니다. 작가는 독자가 따라 하기 쉽도록 구체적으로 설명하며 자신의 개인적인 이야기는 가능한 한 배제했습니다. 반면, B 전자책은 작가가 직장에서 해고당한 후 특별한 기술과 경험이 없어 고민하던 중, 스마트 스토어를 시작해 1년 만에 1억을 번 성공 스토리를 담았습니다.

만약 매달 빠듯한 생활비로 고민하거나 빚 독촉에 매일 시달리고 있는 잠재 독자가 있다면 A 전자책과 B 전자책 중 어떤 것을 읽어보고 싶을까요?

B 전자책은 사람을 움직이는 세 가지 요소인 '목표', '동기', '실행'을 담고 있습니다. 먼저, 목표란 왜 이 전자책을 읽어야 하는가에 관한 내용입니다. 1년에 1억의 수익을 만들 수 있다는 구체적인 목표는 독자가 전자책을 읽어야 하는 이유를 제시합니다. 둘째는 감정적인 동기입니다. '다음 달은 또 어떻게 버텨야 하나?', '매달 돌아오는 빚 독촉은 어떻게 해야 할까?'라는 작가의 실제 경험은 독자의 공감을 불러일으키고 흥미를 자극합니다. 셋째는 구체적인 실행입니다. 스마트 스토어를 시작하는 것뿐만 아니라 매출을 만드는 방법과 노하우 등 독자가 실제로 행동에 옮기고 실천할 수 있는 내용을 알려줍니다.

자신의 이야기를 녹인 백종원 대표의 힘

음식을 좋아하는 사람이라면 더본코리아의 백종원 대표를 모르는 사람은 없을 것입니다. 그가 만든 브랜드는 수십 가지이고, 대한민국 어디서나 백종원 대표의 가게를 쉽게 찾아볼 수 있습니다. 각종 TV 프로그램뿐만 아니라 유튜브에서도 그가 음식을 맛있게 먹으며 설명하는 영상이나 요리하는 영상을 볼 수 있습니다. 백종원 대표 특유의 말투와 몸짓을 따라 하는 유튜버와 개그맨도 있습니다. '백종원 레시피'를 검색하면 가성비 높고 맛있는 음식을 만드는 법을 소개하는 콘텐츠 수백, 수천 개가 나옵니다. 전국의 지자체에서는 백종원 대표에게 지역 특산물을 이용한 메뉴 개발과 요리 대회의 심사위원장을 부탁합니다.

이렇게 많은 사람들이 백종원 대표를 알고 좋아하는 이유는 무엇일까요? 백종원 대표가 대한민국 최고의 셰프여서일까요? 아닙니다. 백종원 대표는 대한민국 최고의 셰프가 아닙니다. 그렇다면 대한민국에서 가장 성공한 사업가이기 때문일까요? 그렇지 않습니다. 백종원 대표보다 훨씬 더 성공한 사업가도 많습니다. 그렇다면 백종원 대표가 다른 사람들과 다른 점은 무엇이기에 많은 사람들이 그의 이야기에 귀를 기울이고 관심을 가지는 것일까요?

백종원 대표는 SBS 예능 프로그램 〈골목식당〉에서 솔루션을 진행하던 중 자신의 이야기를 들려주었습니다. "나는 사장님보다 더 크게 망했었어요. 나는 빚만 17억 있었어요. 나도 죽을려고 했어요. 근데 그걸 머릿속에 계속 갖고 있으면 성공 못 했겠지. 일어나는

게 더 중요하다고 느낀 거야."

그가 출연하는 방송을 유심히 보면 음식 하나를 설명하더라도 자신의 경험담을 꼭 함께 이야기합니다. 만약 음식의 레시피와 노하우만 설명하는 사람이 필요하다면 백종원 대표를 대신할 사람은 얼마든지 있을 것입니다. 무엇보다 백종원 대표가 자신의 이야기를 들려주기 때문에 사람들이 더 많은 관심을 가지는 것이지요.

예를 들었던 두 권의 전자책 A와 B를 다시 비교해보기 바랍니다. 어떤 전자책이 더 읽고 싶어지고, 작가에게 관심이 가며, 작가가 누구인지 찾아보게 될까요? 나의 지식과 경험을 단순히 이론과 논리, 팩트와 통계로 전달하는 것이 아니라, 나만의 생생한 스토리에 담아 전달할 때 독자의 반응을 이끌어낼 수 있습니다. 그리고 전자책을 통해 독자의 삶이 달라진다면 여러분이 만든 전자책의 가치가 더욱 높아질 수 있습니다.

증명으로 독자의 불안감 해소하기

내 지식과 경험을 가치 있게 보여주기 위해 전자책에 꼭 포함해야 하는 또 다른 요소는 '증거'입니다. 여기서 말하는 증거는 나의 지식과 경험이 잠재 독자의 불안감을 해소하고, 그들의 고민, 문제, 욕망을 해결할 수 있다는 사실을 믿게 하는 모든 것을 의미합니다. 작가가 과거에 문제를 해결했던 사례나 작가가 도움을 주었던 다른 사람들의 경험담, 관련 분야에서 권위 있는 사람의 추천, 수상 경력, 자격, 구체적인 수치 등이 될 수 있습니다.

전자책을 아직 경험하지 않은 잠재 독자가 가장 먼저 느끼는 감정은 '불안감'입니다. 잠재 독자는 상품이나 서비스를 구매하기 전에 자신이 지불하는 비용이 헛되지 않을까, 자신의 선택과 결정이 틀린 것은 아닐까 하는 불안감을 느끼지요. 전자책을 잘 팔기 위해서는 타깃 독자의 불안감을 해소해야 합니다.

'이 전자책을 구매하면 내가 겪는 문제를 해결할 수 있을까?'
'이 작가는 나의 문제 해결책을 잘 알고 있는 사람일까?'
'이 전자책의 가격이 적당한 것일까? 혹시 내가 너무 비싸게 구매하는 것은 아닐까?'
'이 전자책보다 더 좋은 전자책은 없을까?'

이미 전자책을 구매하려고 마음을 먹은 독자라도 자신의 선택이 실패하지 않을까 하는 불안감은 여전합니다. 전자책이 실제로 도움이 되는지는 구매 후 직접 책을 읽고 경험해 봐야 알 수 있기 때문입니다.

작가가 가장 먼저 해결해야 하는 문제는 이러한 잠재 독자의 불안감을 해소하고 구매 결정에 신뢰를 주는 것입니다. 불안감을 해소하고 신뢰를 주는 것은 전자책을 만들기 전부터 시작해 전자책을 만드는 과정과 소비자에게 전달하는 과정까지 이어져야 합니다. 그리고 모든 과정에는 증거가 포함되어야 합니다.

그렇다면 증거가 어떻게 불안감을 해소해줄 수 있을까요? 더군다나 여러분은 이제 첫 전자책을 만들었을 뿐이고, 잠재 독자들에게 아직 보여줄 만한 것이 없는데 말입니다.

- 취준 시절 인터넷의 뻔한 취업 팁과 후기에 질려 취뽀하면 실질적인 팁을 알려야겠다 결심
- 2년 간의 취준, 5번의 인턴, 15번의 최종탈락 중 쌓아 온 현실 취준 노하우로 유튜브 시작
- 현재 6천 명의 구독자, 25.2만 회의 조회수를 기록하는 취업 성공 유튜버로 활동 중

펀딩 달성률 6,797%를 기록한 취업준비생을 위한 전자책 소개 내용 중　　　　출처 : 텀블벅

2017년부터 재능공유플랫폼 탈잉에서 오프라인 엑셀 수업을 500여명을 대상으로 진행했습니다.
엑셀이 필요한 부서로 이직하신 분들, 인턴 근무를 막 시작한 분들, 신입사원으로 입사를 기다리시는 분들, 사업을 시작하시는 분들, 취업을 준비하는 분들에게 하루만에 배우는 심플하고 스마트한 엑셀 원데이 수업을 진행했습니다.
- O2O 플랫폼 서비스 신사업개발부 총괄
- B2B 사업기획 및 기업영업 담당 5년차
- 2017~19 탈잉 엑셀 수업 진행 누적 수강생 참여자 500여명
- 금융, 부동산, 피트니스 매출분석세팅 및 컨설팅 다수

펀딩 달성률 6,484%를 기록한 엑셀초보자를 위한 전자책 소개 내용 중　　　　출처 : 텀블벅

위의 두 내용은 펀딩 달성률 6,700% 이상이라는 기록적인 수치로 많은 후원자들의 선택을 받은 두 권의 전자책 소개 중 일부입니다. 자신이 왜 전자책을 만들었고 이 전자책이 어떤 독자를 위한 것이며 어떤 도움을 줄 수 있는지를 담고 있습니다.

작가의 인지도가 높은 일부 경우를 제외하고는 잠재 독자의 대부분은 전자책 작가가 누구인지 잘 알지 못합니다. 잘 알지 못하는 사람에게 전자책을 구매하는 독자가 많다는 것은 두 가지를 의미합니다. 첫째는 전자책 구매가 작가의 인지도에만 좌우되는 것이 아니라는 점입니다. 전자책의 잠재 독자와 주제 선정, 상세페이지의 설득력, 마케팅에 따라 많은 사람들이 전자책을 구매할 수 있다는 뜻입니다.

잠재 독자의 불안감을 해소하기 위한 증거

잠재 독자의 불안감	불안감 해소를 위한 증거
이 사람이 믿을 만한 사람인가?	· 전자책을 쓰게 된 계기 · 무엇을 알고 해보았는지 경험과 경력 · 경험과 경력을 증명할 수 있는 근거 · 자신이 잠재 고객과 비슷한 고민, 문제, 욕망으로 어려움을 겪고 그것을 해결한 스토리 · 자신에게 도움을 받은 사람들의 이야기 · 꾸준히 운영하고 있는 소셜미디어
가격이 적당한가?	· 전자책 외에 선택 가능한 대안 중 더 비싸고 더 오래 걸리는 사례 · 독자가 얻게 되는 시간, 노력, 비용의 이득 · 유사한 주제의 전자책 시장 가격
내 고민, 문제, 욕망 해결에 도움이 될까?	· 고민, 문제, 욕망의 이유와 구체적이고 실질적인 해결책 · 전자책 읽기 전과 후, 실행 전인 현재와 실행 후 변화된 미래의 모습 · 전자책에서 이야기하는 해결책을 모르고 지금의 상황을 유지할 때 발생할 수 있는 더 큰 손해
약속한 내용과 날짜에 받을 수 있을까?	· 제작 과정의 공개, 커뮤니케이션, 예상되는 문제와 해결책 · 작가의 이메일, 소셜미디어 · 문의에 대한 빠른 답변
환불이나 교환을 받을 수 있을까?	· 환불과 교환의 조건 또는 약속 · 소비자 권리 보호를 위한 관련 법과 규정

둘째는 작가의 경험과 경력이 전자책 구매 시 많은 영향을 미치는 요인이 아니라는 점입니다. 관련 분야의 박사급 전문가나 대기업 간부 출신이 아니더라도 누구나 전자책을 만들고 판매할 수 있다는 뜻입니다. 대학입시 전문가가 아니더라도 수험생 자녀를 상위권 대학에 보낸 주부라면 얼마든지 수험생 자녀를 둔 학부모를 대상으로 성공적인 입시 준비를 위한 전자책을 쓸 수 있습니다.

잠재 독자가 작가에게 기대하는 것은 세상 유일무이한 지혜와 비밀이 아닙니다. 작가가 자신의 지식과 경험으로 제공하겠다고 약속한 이득을 실제로 받을 수 있느냐는 것입니다. 한마디로, 잠재 독자는 자신의 문제 해결에만 관심이 있습니다. 따라서 잠재 독자가 가질 수 있는 불안감을 해소하기 위한 증거를 제시함으로써 전자책의 가치와 약속의 신뢰를 높여야 합니다.

> '영웅시대'라는 대규모 팬덤을 자랑하는 인기 가수 임영웅 씨는 '제주 삼다수'의 광고 모델로 활동 중입니다. 그는 2024년 6월 한국기업평판연구소가 발표한 스타 브랜드평판에서 2위를 차지할 정도로 인지도와 신뢰도가 높습니다. 그가 출연한 제주 삼다수의 광고가 전달하고자 하는 메시지는 다른 브랜드보다 물 맛이 좋다는 것, 성분이 좋다는 것이 아닙니다. 임영웅이라는 모델이 주는 익숙함과 신뢰를 제주 삼다수에 투영하고자 하는 것입니다. 광고가 소비자에게 전달하고자 하는 메시지는 한마디로 "믿을 수 있다."입니다.

여러분의 전자책도 타깃 독자의 문제를 해결해주고, 다른 사람이 쓴 전자책도 동일한 문제를 해결해주는 것은 같습니다. 가격에도 큰 차이가 없습니다. 그렇다면 우리가 독자에게 보여주어야 하는 것은 여러분이 문제 해결에 더 적합하고 믿을 만한 사람이라는 점입니다. 즉, 선택에 대한 불안감을 해소해주고 신뢰를 줄 수 있어야 한다는 말입니다. 그리고 신뢰는 여러분이 어떤 사람이고, 무엇을 해봤고, 할 수 있으며, 다른 사람들은 어떻게 평가하고 경험했는지 등의 다양한 증거를 통해 보여줄 수 있습니다.

처음 쓰는 전자책이라면 문제 해결에 대한 핵심 내용은 잘 담겨 있더라도 디자인이나 구성에 부족한 점이 많을 수 있습니다. 외적으로 보이는 것도 신뢰를 주는 중요한 요소 중 하나이지만, 단기간에 높은 퀄리티를 만들기는 어렵습니다. 그럴 때는 타깃 독자가 신뢰할 수 있는 다양한 증거, 후기, 성과 등을 최대한 많이 모아서 보여주는 데 노력과 시간을 투자하기를 바랍니다.

전자책을 만든 후에는 어떤 상품인지를 강조하기보다는 누가 파는 상품인가를 강조해야 더 많은 타깃 독자의 선택을 받을 수 있습니다. 한마디로, '믿으니까 사는 것'임을 기억해야 합니다.

LESSON 04
독자가 듣고 싶은 이야기를 하자

세상에서 가장 설득하기 힘든 사람은 누구일까요? 바로 자기 자신입니다. 그렇다면 두 번째로 설득하기 힘든 사람은 누구일까요? 자신을 제외한 타인입니다. 이는 누군가를 설득하는 것이 얼마나 어려운 일인지를 의미합니다. 아무리 좋은 이야기라도 스스로 옳다고 생각하기 전까지는 다른 사람의 말을 쉽게 받아들이기는 어렵지요. 남의 말에 쉽게 흔들리는 사람일지라도 결국에는 자신이 옳다고 생각하고 스스로를 설득했기 때문에 흔들리는 것입니다.

전자책도 마찬가지입니다. 잠재 독자에게 나의 지식과 경험이 도움이 될 것이라고 말해도 상대방이 "응, 아니야."라고 하면 대화는 끝입니다. 그렇다면 어떻게 잠재 독자가 스스로 설득되어 전자책을 읽게 할 수 있을까요?

설득하지 말고 보여주기

인지 심리학에는 '확증편향'이라는 용어가 있습니다. 확증편향이란 자신의 가치관이나 신념에 부합하는 정보만 받아들이고, 그 외의 정보는 무시하는 사고방식과 태도를 말합니다. 쉽게 말해 '보고 싶은 것만 보고, 듣고 싶은 것만 듣는' 태도입니다. 이는 사람들이 자신의 생각이나 신념을 확인하려는 경향성을 반영합니다.

우리는 확증편향이라는 전문 용어를 잘 사용하지 않지만, 대신 '고집이 세다'라는 표현을 자주 사용합니다. 타인의 이야기에는 꿈쩍도 하지 않고 오직 자신이 보고 들은 정보와 믿는 생각에만 반응하는 사람을 고집이 센 사람이라고 표현합니다. 부정적 의미로 사용되지만, 대체로 우리는 자신만의 고집을 가지고 있습니다.

잠재 독자 역시 마찬가지입니다. 각자 살아오며 쌓인 지식과 경험으로 가치관과 태도가 형성되어 있지요. 전자책 작가가 먼저 나서서 이 전자책이 당신에게 도움이 된다고 이야기해도 쉽게 설득되지 않습니다.

이럴 때, 잠재 독자를 움직이는 가장 좋은 방법은 '말하지 않고 보여주는 것'입니다. '백문이 불여일견'이라는 말처럼 실제로 경험해보아야 확실히 알 수 있습니다. 이를 잘 이해할 수 있는 예로, 과거의 약 장수 이야기가 있습니다.

> 이제는 거의 볼 수 없지만 1980년대까지만 해도 장이 서는 날이면 장터 한켠에서 약 장수의 목소리를 쉽게 들을 수 있었습니다.
> "애들은 가라 애들은 가. 날이면 날마다 오는 게 아니야."
> 보통 연세가 있는 할아버지, 할머니를 대상으로 약을 판매하기 전에 다양한 공연을 보여주며 사람을 모읍니다. 사물놀이를 하거나 노래를 부르기도 하고 차력쇼를 펼치거나 불붙은 막대기로 저글링을 하기도 합니다. 퍼포먼스로 사람을 모아 놓은 뒤 약의 효능을 보여주기 시작합니다.
> "이 약 한번 잡숴봐."라는 멘트로 시작되는 약의 효능을 듣다 보면 만병통치약이 따로 없습니다. 노인이라면 누구라도 한 번쯤 고생했을 관절 통증, 속 쓰림 등 다양한 질병과 그로 인한 일상의 어려움과 고통을 이야기하며 공감대를 형성하고 해결책에 대한 욕구를 불러일으킵니다. 이후에는 약을 먹고 질병이 나았다는 사람이 나타나서 약의 효능을 증명하는 퍼포먼스를 보여줍니다. 이때부터 약 장수 일행 중 한 명이 사람들 사이를 다니며 돈을 받기 시작합니다. 바람잡이도 있지만, 실제로 한두 명씩 소비자가 나타나면 너도나도 약을 사겠다고 줄을 섭니다.
> 약 장수는 약을 판매하는 것에서 그치지 않습니다. 약을 구매한 사람들에게 휴지 등 생활용품을 나눠주지요. 공연도 보여주고 선물도 주는 고마운 사람으로 기억되게 하는 것입니다. 손주들은 비싼 돈을 주고 약을 사 온 할아버지, 할머니를 보며 약 장수에게 속았다고 화를 냅니다. 그러나 할아버지, 할머니는 오히려 손주들의 이야기를 듣지도 않고 자신이 직접 눈으로 보고 믿은 바를 설명하기 바쁩니다.

이러한 약 장수의 세일즈를 하나씩 뜯어보면 약을 소개하기부터 판매에 이르기까지 철저하게 설계되어 있음을 알 수 있습니다. 약 장수의 퍼포먼스를 온라인 마케팅 과정으로 바꿔서 예를 들어보겠습니다.

먼저 퍼포먼스를 보여주며 모객을 합니다. 온라인에서 각종 이벤트 광고를 통해 사람을 모으는 것과 같습니다. 다음으로는 '애들은 가'라면서 누가 자신의 이야기를 들어야 하는지를 계속 이야기합니다. 바꿔 말하면 잠재 고객이 아닌 사람을 걸러내고, 이것이 누구를 위한 제품인지를 명확히 하는 것입니다.

어느 정도 모객이 됐을 때부터 "날이면 날마다 오는 게 아니야"라며 시간, 수량이 한정되어 있음을 강조합니다. 제한된 시간이나 수량을 강조함으로써 심리적 압박을 주고 약 장수의 이야기에 귀를 기울이게 만듭니다. 온라인 쇼핑몰, 홈 쇼핑 등에서 '매진 임박', '오늘만 할인' 등과 같은 멘트로 구매 심리를 자극하는 것과 마찬가지입니다.

마지막으로, 실제 효과를 본 사람의 경험담을 들려줌으로써 신뢰를 얻고, 잠재 독자가 스스로 설득되도록 합니다. 이는 아직 제품을 경험하기 전인 잠재 고객에게 후기를 보여주는 것과 같습니다. 구매 전 불안감을 해소하고, 체험 기회를 제공하여 소유 효과를 노리는 것입니다.

전자책을 만드는 것도 중요하지만, 독자가 있어야 의미가 있습니다. 아직 여러분이 누구인지, 여러분의 지식과 경험이 어떤 도움을 줄 수 있는지 모르는 잠재 독자에게는 가능한 많은 증거를 눈으로 볼 수 있게 해야 합니다. 다른 사람의 후기, 신문 보도자료, 방송 출연, 수상 내역, 경력 증명, 권위 있는 사람의 추천, 경험담 등을 통해 신뢰를 높이는 것입니다.

예를 들어, 직장에서 문서 잘 쓰기와 관련된 전자책을 만든다면 자신이 몇 건의 문서를 작성했는지, 어떤 성과를 만들었는지 실제 문서의 예시를 보여주며 입증하는 것이 좋습니다. 매출 상승을 이야기할 때도 구체적인 수량과 매출 증명 자료를 제시하여 잠재 독자가 눈으로 확인할 수 있게 해야 합니다.

중요한 점은 모든 사람이 타깃은 아니라는 것입니다. 믿지 않으려는 사람, 불평불만을 일삼는 사람, 문제 제기만을 하는 사람은 여러분의 잠재 고객이 아닙니다. 여러분의 지식과 경험이 필요한 사람, 도움을 요청하는 사람에게 집중해야 합니다. 그리고 그들을 설득하려 하기보다는 여러분이 무엇을 제공할 수 있는지를 눈으로 보여주는 것이 핵심입니다.

듣고 싶은 말을 들려주기

키즈 카페 같은 시끄러운 공간에서 아이들은 뛰놀다가도 엄마가 자신을 부르는 목소리를 귀신같이 알아듣습니다. 이는 심리학 용어로 '칵테일파티 효과'라 불리는 현상 때문입니다. 시끄러운 파티장의 소음 속에서도 자신에게 의미 있는 정보에 집중하는 현상을 말합니다. 선택적으로 자신에게 의미 있는 정보에 주의를 기울이기 때문에 발생하는 현상입니다.

잠재 독자도 마찬가지입니다. 나의 지식과 경험이 열 가지의 도움을 줄 수 있다 해도 잠재 독자는 자신이 찾고 있는 정보가 있는지를 먼저 살핍니다. 독자는 자신이 얻을 수 있는 이득에만 관심이 있기 때문입니다. 나의 지식과 경험을 전자책으로 만들 때는 어떤 이득을 줄 수 있는지를 명확하게 이야기해야 합니다. 이것도 좋고 저것도 좋고, 모든 사람에게 도움이 된다는 식의 설명은 피해야 합니다. 이는 두통으로 고통받는 사람에게 두통부터 복통, 치통까지 모두 해결해준다는 만병통치약을 파는 약장수와 같은 접근 방식입니다.

맛집이 인기 있는 이유는 모든 메뉴가 맛있기 때문이 아닙니다. 특정 메뉴가 다른 식당보다 더 맛있기 때문입니다. 그 메뉴를 맛보기 위해 사람들은 먼 길을 마다하지 않고 찾아오지요. 마찬가지로 한 권의 전자책은 하나의 핵심 이득을 강조해야 합니다. 핵심 이득이란 잠재 독자가 듣고 싶어 하는 이야기여야 합니다. 다른 것은 배제하더라도 그 하나의 핵심 이득만으로도 전자책을 구매한 가치가 충분하다는 것을 알게 해야 합니다. 즉, 독자가 원하는 것을 제공해야 합니다.

하고 싶은 이야기는 많고 도움을 주고 싶은 일도 많은데, 그렇다면 독자가 가장 듣고 싶어하는 이야기는 어떻게 찾을 수 있을까요? 먼저 종이 한 장을 꺼내 전자책에 담을 이야기를 나열해봅니다. 잠재 독자를 상상하면서 나의 지식과 경험이 어떤 도움을 줄 수 있는지 다섯 가지에서 일곱 가지 정도로 써봅니다. 그리고 덜 중요하다고 생각하는 것부터 지워 나가다 보면, 마지막에는 다른 것은 없어도 이것만은 빼놓을 수 없는 가장 중요한 이야기가 남게 됩니다.

마지막으로 남긴 한 가지가 잠재 독자에게 큰 이득이 되는지를 확실히 알아야 합니다. 전자책을 만드는 사람이 무엇을 주고 싶은지를 모르면 그 전자책을 읽는 독자도 무엇이 자신에게 도움이 되는지 헷갈립니다. 전자책을 만드는 동안 계속해서 한 문장에는 하나의 메시지, 한 권의 책에서는 하나의 이득을 확실하게 전달하는 연습을 하길 바랍니다. 이득을 선정하는 기준은 잠재 독자가 듣고 싶어 하는 이야기인가 아닌가로 판단하는 것입니다.

다음 챕터부터는 전자책을 쓰고 만드는 방법부터 마케팅하는 방법까지, 읽고 이해하는 것보다 실제로 해보고 경험해야 하는 내용을 다루겠습니다.

> ✉ **흑상어쌤의 액션 메시지 5**
>
> **지금 주변 사람에게 이야기하고 반응을 살펴보세요**
>
> 여러분이 만들 전자책에서 제공할 수 있는 여러 가지 이야기를 가족, 지인 중 잠재 독자에 해당하는 사람에게 들려줍니다. 그 사람이 가장 관심을 보이고 높은 반응을 나타내는 주제가 여러분이 가장 중요하다고 생각하는 주제와 일치하는지를 확인해봅니다.
>
> 나의 전자책 주제와 연관된 키워드를 검색해보고, 잠재 독자들이 많이 보는 글이나 업로드하는 정보는 무엇인지도 살펴봅니다. 또는 일상에서 사람들과 어떤 이야기를 주로 나누는지를 떠올려봅니다.

CHAPTER 03

전자책 쓰기의 시작과 끝

이번 챕터에서는 '베바새 글쓰기' 3단계로 글쓰기 실력을 빠르게 높이는 방법을 알아봅니다. 전자책 쓰기를 시작하고 끝맺는 과정과 그 중요성을 중점적으로 소개합니다.

전자책 쓰기는 이렇게 시작하세요

"무얼 쓰든 초고는 일고의 가치도 없어."

이 말은 《노인과 바다》, 《무기여 잘 있거라》, 《누구를 위하여 종은 울리나》의 작가 어니스트 헤밍웨이의 말입니다. 퓰리처 상과 노벨 문학상을 수상한 세계적인 대문호 헤밍웨이도 《무기여 잘 있거라》의 초반부를 50번 이상 고쳐 썼다고 합니다. 글쓰기의 시작 단계에서 중요한 것은 얼마나 잘 쓰느냐보다 시작 그 자체입니다. 시작하지 않으면 아무 일도 일어나지 않습니다.

당신은 이미 전자책 작가

필자는 2023년 한 해 동안 두 권의 종이책을 출간하고 다섯 권 이상의 전자책을 썼습니다. 누군가는 이것을 보고 1년 동안 많은 것을 빠르게 이루었다고 말할 수도 있습니다. 그러나 필자가 책 집필을 권유받은 뒤로 실제로 쓰기까지는 수년이 걸렸습니다. 책을 쓰는 데 가장 오랜 시간이 걸린 것은 책을 쓰는 것보다도 책을 쓰기로 마음먹고 시작하기까지의 시간이었습니다.

몇 년 전, "책을 써보는 게 어때?"라는 제안을 처음 들었을 때 필자는 '책은 누구나 쓸 수 있는 것인가? 내가 무슨 책을 쓸 수 있나?'라고 생각했습니다. 이 생각이 수년 동안 필자의 글쓰기를 가로막는 가장 큰 장벽이었습니다.

그랬던 필자가 지금은 "당신도 할 수 있습니다."라고 말하며 이 책을 쓰고 있습니다. 이 책을 읽고 있는 여러분들이라면 누구나 필자보다 빨리 시작할 수 있고, 필자보다 더 빠르게 전자책 쓰기에 성공할 수 있다는 의미입니다.

세계적인 연설가이자 베스트셀러 작가인 지그 지글러는 시작의 중요성에 대해 다음과 같이 이야기했습니다.

시작하기 위해 위대해질 필요는 없다.
그러나 위대해지기 위해 시작해야 한다.

전자책을 쓰기로 마음먹고 이 책을 읽으며 목차를 정리하기 시작했다면 당신은 이미 전자책 작가입니다. 동시에 자신의 정체성을 '전자책 작가'라고 설정해야 합니다. 정체성을 무엇으로 설정하느냐에 따라 목표와 행동이 달라지기 때문입니다. 목표가 있어야 행동을 할 수 있고, 행동을 반복하면 습관이 되고, 습관이 지속되면 자신이 원하는 모습이 될 수 있습니다.

이번 레슨의 목적은 여러분의 '시작'을 돕는 것입니다. 오늘부터 다른 사람들에게 자신을 소개할 때 "전자책 작가 OOO입니다."라고 이야기하길 바랍니다. 다른 사람에게 말하는 것만으로도 더 빨리 시작할 수 있고, 끝까지 지속할 수 있는 힘이 생깁니다.

현재의 소득 외에 추가적인 수익을 원한다면 전자책 쓰기를 일단 시작해봅시다. 다른 사람이 전자책으로 얼마나 많은 돈을 벌었는지, 얼마나 빠른 시일 내에 전자책을 썼는지와 같은 이야기에 귀를 기울이거나 시간을 쓰지 마세요. 특히 전자책을 직접 쓰고 마케팅하고 판매해본 경험이 없는 사람들의 평가나 조언은 참고하되 휘둘리지 말아야 합니다.

시작하기 가장 좋은 때는 바로 오늘입니다. 더 이상 시작을 미루지 않기를 바랍니다. 너무 늦으면 아예 아무것도 시작하지 못할 수 있습니다. 시작하기만 한다면 오늘부터 당신은 전자책 작가입니다.

교과서가 아닌 참고서 만들기

학창 시절을 떠올려봅니다. 교과서에서 답이 틀린 문제나 이해가 잘 안 되는 문제는 참고서를 보며 답을 찾고 이해합니다. 교과서는 학생이 교육과정의 목표를 달성하도록 돕는 것이 목적입니다. 반면, 참고서는 교과서에 담을 수 없는 많은 설명과 자료를 통해 교과서 내용을 더 잘 이해할 수 있도록 돕는 것이 목적입니다.

전자책을 처음 쓸 때는 여러분이 알고 있는 이론과 경험을 독자에게 하나라도 더 알려주고 싶은 마음이 들 수 있습니다. 또는 막상 전자책을 쓰려고 하니, 알고 있는 것이나 쓸 내용이 많지 않아서 고민이 될 수도 있습니다. 즉, 독자에게 도움을 주고 싶은 마음이 커서 독자의 수준에 맞는 친절한 교과서 같은 전자책을 쓰고 싶다는 생각이 들 때가 있습니다.

하지만 독자가 전자책을 찾고 구매하는 이유는 당장의 고민, 문제, 욕망을 해결하기 위함입니다. 이런 상황에서 교과서는 해결책의 핵심을 바로 전달하는 데 적합하지 않을 수 있습니다. 전자책을 처음 쓰는 입장에서 독자의 요구에 적합한 형태의 전자책을 빠르게 만들려면 교과서보다는 참고서 형태가 더 적합합니다.

이미 독자는 인터넷을 통해 원하는 정보를 얼마든지 찾아볼 수 있습니다. 여러분이 알고 있는 지식이나 경험이 아니더라도 충분히 문제의 해결책을 찾을 수 있습니다. 따라서 여러분이 만든 전자책을 독자가 구매하고 읽어야 하는 이유가 분명해야 합니다. 독자의 시간, 노력, 돈 중 하나라도 아껴주거나 더해줄 수 있는 것이 그 이유가 될 수 있습니다.

독자의 입장에서 시간과 노력을 들여 해결책을 찾는 것 자체가 해결하고 싶은 문제일 수 있습니다. 만약 그럴 때 독자가 찾는 해결책이 한 번에 정리된 전자책이 있다면 어떨까요? 누군가가 독자 대신 시간과 노력을 들여 해결책을 잘 정리해두었다면, 독자는 비용을 지불하더라도 그 전자책을 선택할 수 있습니다.

교과서 같은 형태보다는 문제의 해결책을 바로 찾을 수 있는 참고서 형태의 전자책을 만드는 것이 글쓰기에 익숙하지 않은 작가가 독자에게 선택받을 수 있는 방법입니다. 예를 들어, 회의 때마다 업계 전문 용어를 몰라서 눈치를 보고 고민하는 신입을 위한 업계 전문 용어 모음집이 될 수도 있습니다. 또는 오랜 시간 해오던 일이라 익숙하지만 처음 시작하는 사람들이 잘 모르고 어려워하는 방법들을 정리할 수도 있습니다. 처음부터 교육을 목적으로 하는 전자책이 아니라 독자의 문제를 당장 해결해주고 시간, 노력, 돈을 아껴줄 수 있는 전자책이라면 펀딩으로 수익을 올릴 수 있습니다.

참고서 형태의 전자책 예시   출처 : 텀블벅

구상을 하다 보면 '이런 전자책을 사는 사람이 있을까?'라는 생각이 들 수도 있습니다. 하지만 독자의 입장에서 생각해보면 자신의 시간과 노력을 아끼면서도 필요한 것을 가장 빨리 한 번에 얻을 수 있는 방법이기 때문에 가치가 있습니다.

누구나 한 번쯤, 알고 보면 별것 아니지만 간단한 방법을 몰라서 답답해하고 헤맸던 경험이 있을 것입니다. 옆에 물어볼 사람이 있었으면 좋겠다고 생각해본 적도 있을 것입니다. 전자책은 바로 그 답답함과 고민의 시간을 해결해주는 가치를 제공하며, 독자는 대가로 돈을 지불하는 것입니다. 그렇다면 교과서가 아닌 참고서와 같은 전자책을 만들기 위해서는 어떻게 해야 할까요? 세 단계를 거쳐야 합니다. 첫째는 시장조사, 둘째는 자료수집, 셋째는 차별화입니다.

시장조사

여러분이 지금 만들려고 하는 전자책의 독자는 누구인지, 그것을 찾는 사람이 얼마나 많은지, 이미 존재하는 전자책의 구성과 내용은 어떤지 살펴봐야 합니다. 요리를 잘하면서도 건강한 고등학생 자녀를 둔 학부모라면 어떤 전자책을 쓸 수 있을까요? 초등학생 자녀에게 영양가 있고 맛있는 식사를 만들어주고 싶어 고민하는 30대 주부를 대상으로 레시피 전자책을 만들어볼 수 있습니다.

이러한 전자책을 만들 때는 초등학생 자녀에게 영양분을 골고루 제공하면서도 아이 입맛에 맞는 요리 종류가 무엇이 있는지를 정리해야 합니다. 아이들이 선호하는 요리와 필요한 요리가 다를 수 있으므로 이를 구분해서 정리해보는 것도 좋습니다. 채소를 잘 먹지 않는 아이를 위한 요리, 편식이 심한 아이도 잘 먹는 요리, 또래보다 키가 작고 왜소한 아이를 위한 요리 등을 정리할 수 있습니다. 혹은 계절별로 아이가 먹으면 좋은 다양한 제철음식 재료를 활용한 레시피도 정리할 수 있습니다.

초등학생 자녀를 둔 30대 주부가 대상 독자라면 그 수요는 꾸준할 것입니다. 그리고 아이 식사를 준비할 때마다 해결하고 싶은 공통된 고민과 관심사가 있을 것입니다. 이를 노트에 직접 쓰거나 문서로 작성해 정리해봅니다.

같은 주제로 이미 시장에 나와 있는 전자책은 어떤 것들이 있으며 얼마나 많이 판매되었는지도 살펴봐야 합니다. 수요가 있는 시장인지를 파악하기 위함이지요. 시장에 수요가 없다면 아직 찾는 사람이 없거나 다른 대안이 있어 굳이 전자책이 필요하지 않은 상태일 수 있습니다.

자료 수집

앞의 예시를 이어가볼까요? 만약 내가 잘 아는 요리가 얼마 없다면 인터넷을 검색해 초등학생 아이를 둔 주부들이 많이 찾는 요리를 찾아보고 레시피를 정리합니다. 해당 레시피로 직접 요리를 해보고 그 경험을 바탕으로 더 나은 방법이나 팁, 노하우가 있다면 함께 기록합니다. 정확한 정보 제공을 위해 요리 재료의 영양분, 효능 등을 함께 살펴봅니다. 추천하는 요리가 초등학생 아이에게 왜 좋은지를 알려주기 위함입니다.

또한, 요리 전자책들 속 레시피에 대한 사람들의 반응도 살펴보면서 사람들이 원하거나 필요로 하는 것이 무엇인지 파악해봅니다. 이를 기준으로 추가적인 요리와 레시피를 찾아 정리합니다.

차별화

마지막은 차별화입니다. 이미 시장에 초등학생 자녀를 둔 30대 주부를 타깃으로 하는 전자책이 여러 권 있다면 그 내용이 크게 다르지 않을 수 있습니다. 그렇다면 그중 나의 전자책을 선택해야 하는 이유를 제공해야 합니다. 한마디로 '차별화'가 필요합니다.

가장 빠르고 효과적인 차별화 방법 중 하나는 '타깃 좁히기'입니다. 다른 말로 하면 독자가 누구인지를 좁고 명확하게 밝히는 방법입니다. 편식, 체격, 영양 등 여러 이유로 초등학생 자녀의 식사를 고민하는 주부들이 있습니다. 그중에서도 어떤 주부가 대상인지를 정해주는 것입니다.

'출퇴근이 바쁜 초등학생 직장맘'의 고민을 덜어주는 레시피를 정리할 수 있습니다. 아이의 식사 준비를 위해 많은 시간을 쓰지 못한다는 마음의 짐과 고민을 덜어주는 레시피를 정리하는 것입니다. 충분한 영양과 맛을 제공하면서도 짧은 시간에 준비할 수 있는 레시피들을 담습니다. 미리 준비할 수 있고 냉동 보관이 용이하면서도 전자레인지, 에어프라이어 등을 이용해 빠르고 맛있게 만들 수 있는 요리일 수 있습니다.

또는 채소를 싫어하는 아이만을 위한 레시피를 정리할 수도 있습니다. 오이, 당근, 호박, 가지 등 아이들에게 필요한 영양분이 많지만 식감이나 향 때문에 편식하는 문제를 해결해주는 레시피만을 정리하는 것입니다.

이처럼 특정 타깃으로 대상을 좁혀서 다른 전자책과 차별화를 할 수 있습니다. 누가 나의 전자책 독자인지를 명확하게 보여줌으로써 대상이 아닌 사람을 미리 걸러내는 이점도 있습니다.

우리가 평소에 배가 아플 때는 근처 내과나 소아과를 가지만, 맹장에 문제가 생기면 맹장 전문 병원을 찾는 것과 같습니다. 항문 전문 병원, 척추 디스크 전문 병원 등 특정 통증이나 질병을 전문으로 하는 병원도 충분한 수요가 존재하듯, 주제와 타깃 독자의 범위를 좁히는 것이 문제 해결에 초점을 맞춘 전자책을 만드는 좋은 방법입니다. 모든 사람이 나의 전자책 독자가 될 수는 없으며, 전자책에 관심 있는 독자라도 다른 대안이 있을 수 있습니다. 따라서 주제와 타깃을 좁혔을 때 많은 독자를 놓칠까봐 염려하지 말고, 타깃 독자가 원하는 것에 집중할 수 있는 방법을 고민해야 합니다.

전자책 표지 디자인도 차별화 요소 중 하나입니다. 하지만 전자책을 처음 만들어보고 디자인 경험도 없다면 디자인 요소에서 차별화를 만드는 것은 어렵습니다. 그 외에도 다양한 차별화 방법이 있지만, 지금 단계에서는 타깃 독자를 만족시킬 수 있는 내용에 중점을 두고 전자책을 만드는 것이 긍정적인 입소문을 만드는 방법입니다.

같은 주제의 다양한 전자책 표지   출처 : 텀블벅

여러분의 지식과 경험으로 독자에게 도움이 되는 전자책을 빠르게 만드는 방법을 살펴봤습니다. 교과서가 아닌 참고서의 형태로 만들되, 시장 조사, 자료 수집, 차별화의 3단계로 정리하는 것입니다. 글쓰기 실력이나 경험이 부족하더라도 누구나 얼마든지 시작할 수 있습니다.

> ✉ **흑상어쌤의 액션 메시지 6**
>
> **독자와 주제에 대한 자료를 수집해보세요**

전자책의 주제를 검색하고 자료 수집과 모니터링을 시작해봅시다. 수집해야 할 자료의 종류는 다양합니다. 가능한 한 다양한 자료를 수집해 독자들이 주로 찾는 정보와 가장 흔히 올라오는 정보를 살펴봅니다. 이를 통해 타깃 독자에 대한 이해를 높이고 내가 생각하는 주제와 연관이 있는 시장의 반응을 파악할 수 있습니다.

수집한 자료는 카테고리별로 분류하여 컴퓨터에 저장해두고 필요할 때마다 꺼내어 보도록 합니다. 이렇게 하면 다시 검색하는 수고를 덜고 시간을 절약할 수 있습니다. 자료를 복사하거나 다운로드할 수 없다면 쉽게 다시 찾을 수 있도록 자료의 제목과 링크(URL)을 저장해둡니다.

다음과 같은 자료를 수집해보세요.

1. 타깃 독자들이 활동하는 카페 등 커뮤니티의 게시글과 댓글
2. 신문 기사, 공공기관 또는 기업에서 제공하는 통계, 설문자료, 논문, 잡지 기사
3. 인플루언서 게시글(블로그, 인스타그램, 유튜브 등)

블루오션과 레드오션

2024년 4월, 필자는 소상공인을 돕기 위한 다양한 교육과 전자책을 제공하는 '소상공인 지식 배움터'에서 초청을 받아 '소상공인시장진흥공단'에서 주최한 '소담 소담 토크 콘서트'에 강연자로 다녀왔습니다. 40분 정도 강연을 진행한 후, 참석자들과 질의응답 시간을 가졌습니다. 한 참석자분이 사업 아이템을 블루오션과 레드오션 중 어디에서 찾아야 할지 질문했습니다. 블루오션은 아직 경쟁이 없거나 만들어지지 않아 성공 가능성이 높은 시장을 의미합니다. 반면, 레드오션은 시장이 이미 형성되어 있고 경쟁이 치열한 시장을 뜻합니다.

많은 사람들은 경쟁이 치열한 레드오션보다는 경쟁자가 없는 블루오션을 선택해야 한다고 생각합니다. 물론 사업 아이템, 타깃 고객, 자본, 시기 등 고려해야 할 사항이 많지만 "사업 아이템을 어디서 시작해야 할까요?"라는 질문에 대한 제 대답은 '레드오션'이었습니다. 레드오션에 소비자가 있고 돈이 있기 때문입니다. 전자책을 쓰는 사람이라면 시장이 형성되고 소비자가 원하는 문제 해결에 집중하는 것이 더 나은 선택입니다.

누군가는 '용의 꼬리가 될 것이냐, 뱀의 머리가 될 것이냐'라고 생각할 수 있지만, 그것과는 다릅니다. 용의 꼬리는 될 수 있지만, 뱀은 아예 몸통 자체가 없을 수도 있기 때문입니다. 여러분에게 익숙한 분야라도 아직 시장이 형성되지 않았고, 구매 경험이 익숙한 소비자가 없다면 당장은 판매가 어렵습니다. 그러나 소비자가 새로운 시장에 익숙해질 때까지 교육시키면서 시장을 만들어가는 노력은 여러분이 지금 당장해야 할 일이 아닙니다.

전자책의 주제를 선정할 때는 시장조사를 하여 이미 타깃 독자들이 쉽게 이해하고 경험해본 주제를 찾고, 그 안에서 차별화를 통해 인지도를 만들어가는 것이 더 빠르게 독자를 확보하고 판매를 시작할 수 있는 방법입니다. 비슷한 전자책을 판매하는 사람이 많더

라도 수요가 있는 주제를 찾아 남들과 다르게, 남들보다 더 잘하는 것이 '나'라는 브랜드의 팬을 만들어가는 길의 시작입니다.

> ✉ **흑상어쌤의 액션 메시지 7**
>
> **같은 주제, 다른 가격의 전자책을 찾아보세요**
>
> 여러분이 쓰려고 하는 주제와 비슷하되 가격이 큰 차이가 나는 전자책을 찾아봅니다. 그리고 어디서 가격이 차이가 나는지를 살펴봅니다. 작가의 인지도와 유명세 때문인지, 전자책의 분량 때문인지, 디자인 요소 때문인지, 아니면 전자책 외에 부가적인 혜택 때문인지 등 무엇 때문에 전자책의 가격 차이가 큰지 그 이유를 찾고 원인을 이해해봅니다.

02 LESSON
전자책을 쓰는 가장 간단한 방법, '베바새 글쓰기'

글쓰기 실력을 빠르게 높이는 '베바새 글쓰기'

필자가 운영하는 마케팅 독서클럽과 오픈 채팅방에서 마케팅, 브랜딩, 세일즈 글쓰기에 대해 자주 질문을 받습니다. "매일 쓰고 있는데 여전히 글쓰기가 어려워요.", "소셜미디어에서 글쓰기를 잘하는 방법 좀 알려주세요.", "마케팅 글쓰기가 너무 어려워요."

다행히 필자가 주로 쓰는 글은 일정한 형식을 가지고 있으며, 시나 소설에 비해 단기간의 연습으로도 일정 수준 실력을 향상할 수 있습니다. 지금 여러분이 쓰고 있는 전자책도 마찬가지입니다. 작가의 스타일에 따라 문체와 분위기는 다를 수 있지만, 큰 틀에서 보면 공통적인 구조를 가지고 있는 글쓰기가 대부분입니다.

1. 관심 끌기 : 문제제기, 후킹
2. 해결책 제시 : 주장, 논리, 이유
3. 해결책 근거 : 사례, 성과, 증거
4. 행동 촉구 : 구매, 가입, 행동

이 네 가지 요소는 독자의 문제 해결을 목적으로 하는 전자책 구조에 필수로 포함되어 있습니다. 지금부터 '베바새 글쓰기'를 주제로 간단한 예를 들어보겠습니다. 뒤에서 소개할 '베바새 글쓰기'란 목적(독자의 행동 유도 등)에 충실한 글을 '베껴' 쓰고, '바꿔' 쓰며 연습하고, 최종적으로는 자신의 스타일로 '새로운' 글을 써보는 글쓰기 연습 방법입니다.

> **1. 관심 끌기 : 글쓰기 실력을 향상하고 싶은 사람의 고민을 언급합니다.**
> "글쓰기를 잘하는 방법이 궁금한가요? 하루 10분 연습으로 빠르게 글쓰기 실력을 향상하는 방법을 알려드립니다." (글쓰기의 성과를 구체적인 숫자로 먼저 이야기하는 것도 좋습니다.)
>
> **2. 해결책 제시 : 해결책을 제시하며 계속 글을 읽고 싶게 만듭니다.**
> "베바새 글쓰기를 배우면 누구나 마케팅, 브랜딩, 세일즈 글쓰기 실력을 향상시킬 수 있습니다."
>
> **3. 해결책 근거 : 주장의 신뢰를 높이는 증거와 사례를 제시합니다.**
> "지금까지 총 9회 강의에서 100명 이상의 수강생이 베바새 글쓰기를 통해 평균 250% 이상의 매출 상승을 경험했습니다." (후기, 기사 등 구체적인 증거와 사례는 많이 제시할수록 좋습니다.)
>
> **4. 행동 촉구 : 독자가 해결책을 얻기 위한 방법을 알려줍니다.**
> "무료 전자책을 받고 싶다면 오늘까지 아래 오픈 채팅방에 입장해주세요. 선착순 100명 이후에는 유료로 전환될 예정입니다."

이와 같은 내용의 전자책이 있다고 가정했을 때, 상품이나 서비스를 판매하는 사람이라면 해당 전자책 속의 글쓰기 방법을 실천할 확률이 높습니다. 자신이 고민해왔던 문제의 해결책이라고 생각하기 때문입니다.

우리가 무언가를 잘할 수 있는 가장 좋은 방법은 이미 그것을 잘하는 사람에게 배우는 것입니다. 노하우를 배우고 꾸준히 연습을 해야 합니다. '베바새 글쓰기'도 마찬가지입니다. 좋은 글을 베껴 쓰고(필사), 바꿔 쓰고(적용), 새로 쓰는(응용) 세 단계를 통해 글쓰기 실력을 향상할 수 있습니다.

인터넷에는 글 잘 쓰는 방법을 알려주는 책과 강의, 영상, 콘텐츠가 차고 넘칩니다. 그러나 아무리 많은 정보를 접하더라도 직접 반복해서 쓰고 수정해보는 과정을 거치지 않고는 글쓰기 실력을 향상할 수 없습니다. '베바새 글쓰기' 3단계는 잘 쓴 글을 베껴 쓰고 바꿔 쓰고 새로 써보면서 자연스럽게 글의 구조와 스토리 전개 방법, 단어의 활용법을 배우는 과정입니다. 워드 문서 한두 페이지 분량의 글을 직접 써보면 불과 30분도 채 걸리지 않습니다. 하루에 한 편 이상 따라 써보기를 열흘만 해도 글의 구조와 패턴이 눈에 익기 시작할 것입니다.

글쓰기 단계		실행 방안
1단계	베껴 쓰기(필사) : 서론, 본론, 결론, 주장, 증거 등 글의 구조와 스토리의 전개 방법 배우기	·잡지, 신문 기사, 칼럼 등 편집과 검토의 과정을 거친 전문가의 글 ·관련 분야 전문가가 쓴 책의 문장 ·구매, 댓글 등 대상 타깃의 반응과 성과가 높은 글
2단계	바꿔 쓰기(적용) : 필사로 연습한 글을 적용시키며 단어의 쓰임새와 표현 배우기	·핵심 메시지와 단어를 내가 쓰려는 글의 키워드로 바꿔 써보기 ·글의 스토리, 사례 등을 내 이야기로 바꿔서 적용해보기 ·타깃 독자가 이해하기 쉬운 단어와 글로 바꿔보기
3단계	새로 쓰기(응용) : 직접 자신의 스타일로 글을 써보며 글의 구조와 전개 방법을 자기 것으로 만들기	·베껴 쓰기와 바꿔 쓰기 과정을 통해 배운 글의 구조와 스토리 전개 방법에 따라 처음부터 새롭게 글 써보기 ·내가 쓴 글을 참고했던 글과 비교하며 개선점을 찾고 수정해보기 ·내가 쓴 글을 타깃 독자와 비슷한 주변 사람에게 직접 보여주고 피드백 받기

좀 더 빠르게 글쓰기 실력을 향상하고 싶다면 따라 쓸 글의 양을 늘리면서 대상과 단어를 바꿔보는 연습을 해야 합니다. 추천하는 방법은 한 달 동안 10편의 글을 따라 쓰고 바꿔 써본 후, 두세 편의 글을 써서 타깃 독자와 비슷한 환경의 지인에게 피드백을 받는 것입니다. 피드백을 받을 때는 편견이나 선입견 없이 읽고 느낀 대로 이야기를 들을 수 있도록 글에 대한 사전 정보를 주지 않는 것이 좋습니다.

> **'베바새 글쓰기' 3단계 1개월 플랜**
>
> 1. 베껴 쓰기 할 10편의 글 찾기
> 2. 20일 동안 10편의 글을 따라 쓰고 바꿔 써보기
> 3. 10일 동안 두세 편의 글을 쓰고 피드백 받고 수정하기를 반복하기

> **흑상어쌤의 액션 메시지 8**
>
> **10편의 글을 찾아보세요**

베껴 써볼 10편의 글을 찾을 때는 다양한 출처의 글을 찾아봅니다. 잡지, 신문 기사, 칼럼, 상세페이지 또는 홈페이지 글 등이 있습니다. 글의 길이는 출처에 따라 다르겠지만 워드 문서 한두 페이지 정도의 분량이 따라 쓰기에 부담이 없습니다.

경우에 따라 다르긴 하지만 짧은 글에서 핵심 메시지를 전달하고 독자를 설득하거나 행동으로 유도하는 것이 더 어려울 때가 많습니다. 따라서 짧은 분량의 글이라도 막상 새로 쓰려고 하면 쉽지 않습니다. 다시 말하면 내가 찾은 글의 작가는 짧은 분량 속에 전달하고자 하는 핵심 메시지와 스토리를 잘 정리하여 담았다고 할 수 있습니다.

베껴 쓸 10편의 글을 리스트업해보세요.

1. _____
2. _____
3. _____
4. _____
5. _____
6. _____
7. _____
8. _____
9. _____
10. _____

03 LESSON 전자책, 꼭 탈고해야 합니다

글의 시작이 있으면 끝도 있습니다. 그 끝은 마침표를 찍는 것입니다. 마침표를 찍지 않은 문장은 아직 끝나지 않은 문장입니다. 전자책의 타깃 독자, 주제, 가격 등을 결정했다면 이제 전자책을 쓰기 시작하고, 끝맺음을 해야 합니다. 그래야 지금까지 조사하고 분석하고 검토한 모든 노력이 의미가 있습니다.

시작하는 사람은 많지만 끝내는 사람이 적은 이유

많은 분야에서 '파레토의 법칙'을 이야기합니다. 파레토의 법칙이란 전체 결과의 80%가 전체 원인의 20%에서 일어나는 현상을 가리킵니다. 백화점 매출의 80%는 20%의 상품에서 나오는 현상이나, 전체 부의 80%를 상위 20%의 사람들이 가지고 있는 사례 등이 있습니다. 중요한 것은 정확히 몇 퍼센트냐는 것이 아니라, 소수가 결과의 대부분을 차지한다는 점입니다.

한 분야에서 성공한 사람의 수가 적은 이유는 대부분 포기하기 때문이라는 글을 본 적이 있습니다. 너무나 당연한 이야기지만 전자책도 마찬가지입니다. 전자책을 만들기로 한 사람 중 끝까지 쓰는 사람이 적기 때문에 공급보다 수요가 더 많고, 그 수요를 소수의 사람들이 차지하고 소득을 올리는 것입니다. 실제로 전자책을 통해 높은 소득을 올린 사람들의 이야기도 쉽게 찾아볼 수 있습니다. 그들이 살아남아 결국 성공한 이유는 포기하지 않고 끝까지 해냈기 때문입니다.

시나리오 작가이자 영화 감독인 우디 앨런은 다음과 같이 이야기했습니다.

> 성공의 8할은 일단 출석하는 것이다.

아무리 좋은 아이디어와 글쓰기 실력이 있더라도 전자책의 마지막 문장에 마침표를 찍기 전까지는 아무 가치도 없다는 것을 알아야 합니다. 야심 차고 거창하게 시작한 전자책이든 혼자 조용히 시작한 전자책이든 결국 가장 가치 있는 전자책은 끝까지 써서 완성한 전자책입니다. 전자책을 쓰기로 마음먹고 머리말을 쓰기 시작한 순간, 여러분은 이미 전자책 작가입니다. 전자책 작가라고 자신을 이야기했다면 이제 전자책을 보여줄 차례입니다.

생각대로 글이 잘 안 써지거나 시간이 오래 걸릴 수도 있습니다. 책도 읽고 강의도 들었고 방법도 알지만, 뜻대로 잘 풀리지 않을 수도 있습니다. 그래도 마침표를 찍어야 합니다. 전자책을 쓰기로 한 사람 중 마침표를 찍은 사람이 20%이고, 그중 전자책으로 목표를 이룬 사람이 20%입니다.

전자책의 내용이 부족하거나 마음에 들지 않더라도 일단 끝내는 것이 중요합니다. 그러고 나서 실력을 향상하고 타깃 독자를 이해하는 데 더 시간을 투자해야 합니다. 무엇보다 포기하지 않고 다음 단계로 넘어가야 함을 기억해야 합니다.

너무 부담을 갖고 무겁게 시작하기보다는 가볍고 빠르게 시작하기를 추천합니다. 그리고 시작했으면 독자의 문제 해결에만 집중하고, 현재 여러분의 수준에서 최선을 다했다면 돌아보지 말고 끝맺음을 해야 합니다. 그 후에 독자의 피드백을 받아봅시다. 그것이 사람들이 원하는 전자책을 만들고 더 좋은 결과를 만드는 가장 좋은 방법입니다.

아직 할 일이 많습니다. 시간은 금입니다. 느긋하게 '언젠가 끝나겠지' 하는 마음으로 여유를 부리다가는 전자책을 마무리하지 못할 뿐더러, 겨우 마무리했다 하더라도 저조한 성과에 실망하고 무관심한 독자만 탓하게 될 수 있습니다.

끝내기가 중요한 이유는 다음 단계로 빠르게 넘어가기 위함입니다. 지금까지는 전자책을 본격적으로 쓰기 위한 준비 단계였습니다. 이제 다음 파트부터 본격적으로 전자책을 쓰고 꾸미고 만들어봅시다.

흑상어쌤의 액션 메시지 9

데드라인을 정해봅시다

하루 중 전자책을 쓰는 데 투자할 수 있는 시간을 계산해봅니다. 하루에 한 시간을 쓸 수 있다면 그 시간 동안 작성할 수 있는 분량을 확인해봅니다. 그다음, 이렇게 계산한 분량을 기준으로 집필을 완료하기까지 얼마나 걸릴지 예측하고 완료일을 정합니다.

또는 완료일을 먼저 정하고 역순으로 작업 계획을 세울 수도 있습니다. 그러나 마감일이 정해진 원고를 의뢰받는 것이 아니라면 처음 전자책을 쓸 때는 지나치게 높은 목표가 오히려 스트레스와 포기의 원인이 될 수 있습니다. 짧은 분량의 전자책이라도 처음에는 여유를 두고 데드라인을 정하는 것이 좋습니다. 지금은 얼마나 잘 해내느냐보다 끝내보는 경험이 더 중요하기 때문입니다.

1. 하루 중 전자책을 쓰는 데 몇 시간을 투자할 수 있는가?

----

2. 그 시간 동안 작성할 수 있는 분량은 얼마인가?

----

3. 집필을 완료하기까지 얼마의 시간이 필요한가?

----

4. 예상 완료일은 언제인가?

PART 02

전자책 집필부터 디자인까지

CHAPTER 01
실전! 전자책 쓰기

CHAPTER 02
실전! 전자책 디자인하기

CHAPTER 01

실전!
전자책 쓰기

원고의 주제와 타깃 독자를 정했다면 이제 직접 원고를 써보며 전자책 만들기를 시작해봅니다. 자신이 정한 주제에 알맞게 제목과 목차를 정리해보고 원고의 형식과 패턴을 익히면서 순서대로 원고를 써봅니다.

01 LESSON 성공하는 전자책의 두 가지 핵심 전략

동영상 강의 확인하기

이번 챕터에서는 처음 전자책을 쓰고 펀딩에 성공한 사람들의 비결과 잘 팔리는 글쓰기 형식에 대해 알아봅니다. 소셜미디어에서 큰 영향력을 가지지 않았음에도 높은 성과를 이뤄낸 사례들이 있습니다. 그들에게는 어떤 공통점이 있는지, 여러분은 그것을 어떻게 적용해볼 수 있을지 살펴보겠습니다. 또한, 독자의 신뢰를 쌓고 구매를 유도하는 글쓰기의 기본 형식, 판매에 최적화된 전자책 작성 방법을 소개합니다.

첫 펀딩을 성공적으로 이끄는 사람들

처음 전자책을 쓰고 펀딩을 통해 큰 수익을 거둔 뒤, 연이어 성공적인 펀딩을 이끄는 사례들이 있습니다. 유명인도 아니고 소셜미디어에서 팔로워가 많지 않음에도 말입니다. 그런 사례를 접하면 부러움과 동시에 '나도 할 수 있겠다'라는 자신감이 생기기도 합니다.

첫 전자책으로 큰 수익을 내는 일은 누구나 할 수 있는 일인 동시에, 모두가 성공할 수 있는 것은 아닙니다. 즉, 모든 사람에게 기회는 열려 있지만, 결과는 몇 가지 조건과 상황에 따라 크게 달라질 수 있습니다. 비슷한 주제를 다루는 전자책이라도 어떤 사람은 성공을 거두고 어떤 사람은 그렇지 못하는 차이는 어디서 생길까요? 지금부터 처음 전자책 펀딩으로 높은 성과를 거둔 사람들의 세 가지 조건과 상황을 소개합니다.

다수의 팬, 팔로워 등 잠재 독자가 있는 경우

인스타그램, 블로그, 유튜브 등에서 오랜 시간 동안 전자책의 주제와 관련된 콘텐츠를 만들고 팔로워를 확보한 경우입니다. 이들은 수개월, 혹은 수년간 일관된 주제로 콘텐츠를 발행하며 사람들의 신뢰를 쌓고 인지도를 높입니다. 작가에 대한 신뢰가 높기 때문에 잠재 독자들은 불안감이 적고, 오래 고민하지 않고 전자책을 구매합니다. 전자책 판매 과정에서 가장 어려운 잠재 독자의 불안감 해소와 신뢰 쌓기 과정을 해결한 덕분에 기존의 팬과 팔로워가 믿고 사는 경우입니다.

유튜버 토게토게는 2년간의 취업 준비, 다섯 번의 인턴, 15번의 최종 탈락 경험을 토대로 취업 준비생과 사회초년생들을 위한 유튜브 채널을 운영하며 2만 명(24년 8월 기준) 이상의 구독자를 모았습니다.

구독자가 1만 명이 되지 않던 시점에 자신의 취준 노하우를 담은 전자책 〈취뽀사전〉을 소개하는 영상을 올렸고, 수천 회의 조회수를 기록하며 많은 구독자와 시청자들의 축하와 후원을 받았습니다. 이미 그의 콘텐츠를 통해 신뢰를 쌓은 구독자들이 전자책 펀딩에 자연스럽게 참여한 것입니다. 이처럼 팬과 팔로워가 신뢰를 쌓은 상황에서 진행된 펀딩은 가장 이상적인 조건입니다.

구독자들의 응원 댓글, 텀블벅 〈취뽀사전〉 펀딩   출처 : 유튜브 채널 〈토게토게〉, 텀블벅

텀블벅에서 유입된 구매자도 있었겠지만, 유튜브 구독자들의 신뢰와 참여가 펀딩 성공의 큰 원동력이 되었습니다. 그 결과 6,797%라는 높은 펀딩 달성률을 기록했으며, 해당 전자책은 종이책으로도 출간되었습니다.

완성도 높은 양질의 콘텐츠를 단계별로 보여주는 경우

해당 분야에서 오랜 시간 동안 쌓은 지식을 전자책이라는 형태로 잘 표현한 경우입니다. '잘 표현했다'라는 말은 말 그대로 콘텐츠의 퀄리티가 잠재 독자의 구매 결정에 긍정적인 영향을 미쳤다는 뜻입니다. 잠재 독자가 인지 단계에서 구매 단계에 이르기까지, 글, 이미지, 영상 등 전자책 펀딩을 소개하는 다양한 콘텐츠로 잠재 독자들의 기대감을 높이고 그들이 구매 결정의 문턱을 넘도록 이끌어낸 경우입니다. 양질의 콘텐츠를 통해 잠재 독자가 펀딩 후원을 결정하기까지 거치는 주요 네 단계를 통과하도록 만듭니다.

> **잠재 독자가 펀딩 후원을 결정하기까지 거치는 주요 네 단계**
> 1. 인지 단계 : 전자책의 존재를 인지하는 단계
> 2. 검토 단계 : 전자책이 자신이 찾는 상품인지 확인하는 단계
> 3. 고려 단계 : 구매 결정을 위해 작가, 목차, 미리보기, 펀딩 소개, 선물 내용 등을 신뢰할 수 있는지 살펴보는 단계
> 4. 구매 단계 : 실제로 후원에 참여하는 단계

첫 번째, 인지 단계에서는 전자책 펀딩의 섬네일과 타이틀이 타깃 독자의 관심을 끕니다. 두 번째, 세 번째인 검토 단계와 고려 단계에서는 프로젝트 소개를 통해 전자책의 정보를 제공합니다. 이 전자책에 당신이 원하는 문제의 해결책이 있다는 것을 어필하고, 전자책 기획 의도, 타깃 독자, 내용, 후원 혜택, 작가 프로필, SNS 등을 구체적으로 안내하며 신뢰도를 높입니다. 네 번째, 구매 단계에서는 후원자 수, 후원금, 달성률 등으로 구매 결정에 대한 불안감을 해소시켜줍니다. 더불어 후원자들에게 프로젝트 업데이트 과정을 이야기함으로써 신규 유입된 타깃 독자에게 작가와 프로젝트에 대한 신뢰감을 높여줍니다.

이렇게 잠재 독자가 펀딩에 참여하는 네 단계에서 높은 퀄리티의 정보를 제공할 때 전자책에 신뢰도가 생기고 참여율도 높아질 수 있습니다. 프로젝트에 많은 시간과 노력을 들였다는 것을 보여줌으로써 잠재 독자가 실패 확률이 적다는 것을 심리적으로 느낄 수 있습니다.

텀블벅 <창작자를 위한 전통 무속 가이드북> 출처 : 텀블벅

전자책 <창작자를 위한 전통 무속 가이드북>은 실제 무당이자 무속 관련 서적과 굿즈를 제작하는 작가 오컬티즘 메이커가 기획한 프로젝트입니다.

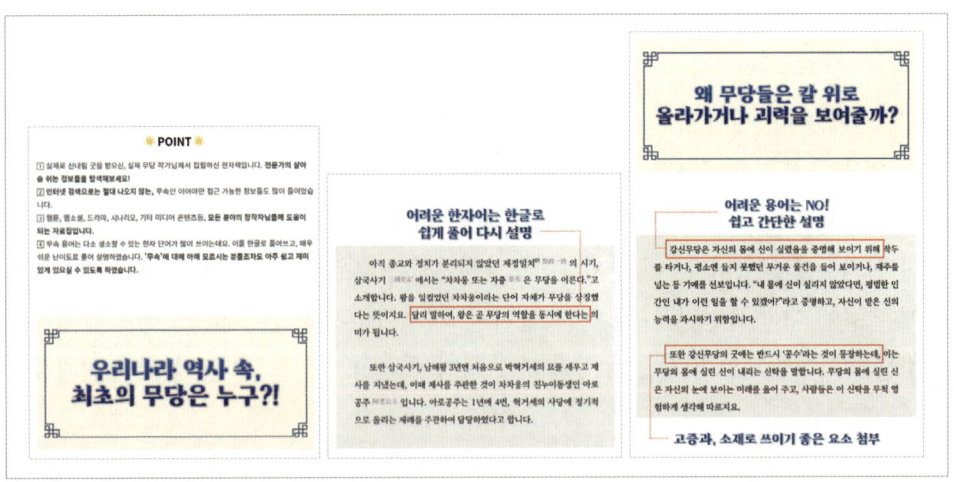

<창작자를 위한 전통 무속 가이드북> 프로젝트 소개   출처 : 텀블벅

프로젝트 소개에서부터 무속의 역사, 신의 구분과 계급, 굿과 무구 등 사람들이 궁금해 하는 전통 무속 내용을 담고 있음을 보여줍니다. 일반인이 알기 어려운 전통 무속의 역사부터 용어까지, 다양한 문헌 자료와 전문 지식을 토대로 만들어 전자책의 완성도를 높였음을 알려줍니다. 흥미로운 주제, 친절하고 구체적인 프로젝트 소개, 신뢰도 높은 작가 프로필 등 전자책을 설명하는 양질의 콘텐츠들 덕분에 무려 17,254% 펀딩 달성률을 기록했습니다. 이처럼 전자책의 가치를 잘 전달한다면 첫 펀딩에서도 충분히 높은 성과를 낼 수 있습니다.

초심자의 고민과 문제를 명확히 타기팅하는 경우

취준생들이 가장 해결하고 싶은 고민은 무엇일까요? 자기소개서 잘 쓰는 방법, 면접 준비 등 공통된 문제일 것입니다. 모든 취준생들의 고민과 문제는 대부분 비슷합니다. 이러한 문제를 해결하는 주제라면 다수의 취준생에게 꾸준히 선택받을 수 있는 전자책이 될 수 있습니다. 다른 예로 업계의 전문용어 풀이, 엑셀이나 파워포인트 활용법 등 업무 능력을 향상하는 방법, AI를 활용해서 글을 쓰거나 이미지와 영상을 제작하는 방법, 해외 여행자용 초보 필수 영어회화 등이 있습니다. 이처럼 각 분야에서 초심자를 대상으로 한 주제는 넓은 독자층을 확보할 수 있으며 지속적인 수요를 예상할 수 있습니다. 작가 본인이 초심자일 때 겪었던 문제와 고민을 이야기하면서 타깃 독자를 분명히 하고, 전자책에서 소개하는 방법을 통해 문제를 해결했음을 보여줘야 합니다.

텀블벅 〈지금 바로 써먹는 엑셀꿀팁 30가지〉 펀딩

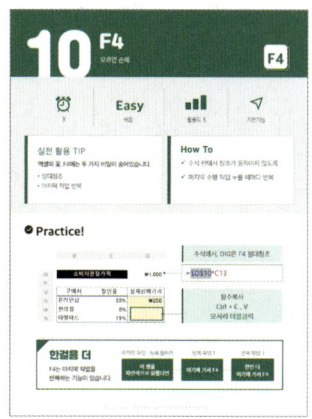

출처 : 텀블벅

전자책 〈지금 바로 써먹는 엑셀꿀팁 30가지〉[8]는 취준생, 인턴, 신입 사원을 대상으로 업무에 자주 사용하는 주요 엑셀 기능을 알기 쉽게 설명합니다. 현장에서 엑셀 기능이 어떻게 쓰이는지 예시를 보여주고 독자가 책의 내용을 바로 써먹을 수 있도록 정리했습니다. 어려운 내용을 초심자의 눈높이에 맞춰 설명했기에 6,484% 달성률을 기록할 수 있었습니다.

여러분이 알고 있는 지식과 경험이 특히 기술이나 미디어 관련 분야이고, 일반인들이 관심을 갖기 시작했다면 전자책으로 만들기에 좋은 기회입니다. 물론 IT 분야로만 한정지어서 생각하지 않아도 됩니다. 업무와 연관 있는 분야가 아니더라도 취미, 관심사와 관련된 모든 분야에 초심자는 존재하기 마련입니다. 요리, 패션, 그림, 음악, 게임, 고민상담, 진로, 외국어 등 여러분의 지식과 경험이 초심자를 돕기에 충분하다면 그것으로 시작할 수 있습니다.

잘 팔리는 글은 형식이 있다

홈쇼핑 방송을 본 적 있나요? 방송을 보면 어떤 상품을 판매하든 비슷한 흐름이 있다는 것을 알 수 있습니다. 쇼호스트가 상품의 특장점을 소개하며 직접 시연하고, 방송 중 구매하는 고객에게 추가 혜택을 강조합니다. 모델들이 상품을 시연하고, 미리 제작된 홍보 영상을 보여줍니다. 이어서 쇼호스트가 다시 등장해 매진이 임박했거나 구매 시간이 얼마 남지 않았음을 강조하며 구매를 독려합니다. 모든 방송이 같지는 않지만 일반적인 홈쇼핑은 이러한 흐름으로 진행됩니다. 여기서 궁금한 점이 생깁니다. '왜 모든 상품이 비슷한 방식으로 방송될까?'

홈쇼핑 방송은 판매를 목적으로 합니다. 즉, 정해진 시간 내에 최대한 많은 판매를 이끌어내기 위해 판매에 최적화된 요소들을 방송의 각 부분에 배치한 구성이라는 뜻입니다. 수많은 방송을 제작하며 판매에 가장 효과적인 흐름으로 발전해 온 결과가 지금의 구성인 것입니다.

홈쇼핑 방송은 마케팅과 세일즈의 다양한 기술을 배우는 데 좋은 참고 자료입니다. 소비

---

[8] 주재학 지음

자의 입장이 아닌 판매자의 시각에서 보면 평소 보이지 않던 다양한 마케팅과 세일즈 기술이 사용되고 있음을 발견할 수 있습니다. 사람의 심리를 어떻게 활용하고, 어떤 감정을 불러일으키려 하는지 알 수 있습니다.

전자책도 마찬가지입니다. 잘 팔리는 전자책에는 기본적인 형식이 있습니다. 앞서 독자의 고민을 해결해주며, 감정을 유발하는 글이 잘 팔릴 수 있다고 설명했습니다. 하지만 같은 내용이라도 어떻게 구성하느냐에 따라 설득이 될 수도 있고, 반대로 안 될 수도 있습니다. 판매 결과 또한 달라집니다.

잘 팔리는 글의 형식에는 공통점이 있습니다. 비록 형식을 표현하는 용어는 다를지라도 다섯 가지 기본 요소를 포함하며, 특히 순서가 중요합니다.

잘 팔리는 글의 구성요소 5P

구성요소	구성요소의 역할과 내용
문제 제기(Problem)	글의 도입부에서 독자의 관심을 끌고 공감을 유도합니다. 자신의 스토리 또는 독자와 같은 사연의 사례를 곁들이기도 합니다.
해결책 제안(Proposal)	해결책을 제안하고 결과를 약속합니다. 작가의 지식, 경험으로 독자가 느끼고 있는 문제를 어떻게 해결했는지 설명합니다.
제안의 증거(Proof)	해결 사례를 통해 신뢰를 쌓습니다. 결과를 보여주고 논리적인 이해와 설득을 돕습니다. 독자와 같은 상황의 사람들의 선택을 소개하거나 숫자로 표현할 수 있는 성과를 눈으로 확인할 수 있게 합니다. 타인의 사례가 없다면 작가 본인의 사례를 이야기할 수 있습니다.
미래의 모습(Picture)	독자가 기대하는 모습을 이야기하고 기분 좋은 상상을 유도합니다. 해결하지 못했을 경우의 지속적인 고통을 이야기할 수도 있습니다. 제안하는 해결책을 다시 한번 강조합니다.
행동 유도(Practice)	글을 읽고 어떤 행동을 해야 하는지 구체적으로 이야기합니다. 시간, 수량, 인원 등의 제한을 추가하거나 구매, 참여, 클릭 등을 요청합니다.

다섯 가지 구성요소에 추가적인 요소들이 포함될 수 있습니다. 예를 들어, 비슷한 해결책을 제안하는 다른 대안과의 비교우위를 설명할 수 있습니다. 시간, 노력, 비용을 절감하는 방법을 강조하거나, 가격을 논하며 가성비와 투자 가치를 부각할 수도 있습니다. 다양한 통계, 기사, 조사, 논문, 실험, 후기 등 사회적 증거를 추가하는 것도 매우 효과적입니다.

이 다섯 가지 요소를 염두에 두고, 평소 자주 이용하는 온라인 쇼핑몰의 상세페이지, 홈쇼핑 방송, 자주 보는 소셜미디어의 콘텐츠 등을 살펴보길 바랍니다. 다섯 가지 구성요소가 포함되어 있을 것이며 그 순서 또한 크게 다르지 않다는 것을 알게 될 것입니다.

결론적으로 여러분이 지금 쓰고 있는 전자책의 성과는 글쓰기의 실력보다는 독자들이 얼마나 쉽게 이해하고 공감하며 설득되느냐에 따라 달라질 수 있습니다. 이를 위해 이미 검증된 잘 팔리는 글들의 기본 형식을 따르는 것이 좋은 방법입니다.

02 LESSON 센스 있게 제목과 목차 구성하기

전자책을 구성하는 요소는 무엇일까요? 크게 세 가지로 구분할 수 있습니다. 디자인, 제목, 내용입니다. 그중 내용이 얼마나 훌륭한지는 전자책을 읽어본 후에야 알 수 있습니다. 이는 상품의 품질이 구매 후에야 드러나는 것과 비슷합니다. 전자책을 구매하기 전 단계에서 중요한 요소는 디자인과 제목입니다. 대부분의 독자는 서점에서 이미 알고 있는 책을 제외하고는 제목을 훑어본 후 책을 집어 듭니다. 전자책도 마찬가지입니다. 제목이 독자의 관심을 끌어야만 내용을 살펴볼 기회를 얻을 수 있습니다.

제목이 중요한 이유

매일 수많은 콘텐츠가 인터넷에 업로드되지만 모두가 이용자의 선택을 받는 것은 아닙니다. 콘텐츠의 내용과 품질이 훌륭해도 이용자의 선택을 받지 못하는 경우가 많습니다. 이는 그만큼 많은 콘텐츠가 존재하며 경쟁이 치열하다는 뜻입니다.

전자책도 예외는 아닙니다. 바이라인 네트워크 기사에 따르면, 2023년 상반기 와디즈 출판 분야 펀딩 프로젝트 오픈 건수는 전년 동기 대비 3.4배(338%) 늘었습니다.[9] 이처럼 수많은 콘텐츠 중에서 이용자의 선택을 좌우하는 가장 중요한 요소가 무엇일까요? 바로 '제목'입니다.

우리는 뉴스 기사를 볼 때 동일한 소식을 전하는 기사들 중 가장 끌리는 헤드라인의 기사를 선택합니다. 이와 마찬가지로 잠재 독자도 수많은 전자책들의 제목을 가장 먼저 봅니다. 제목이 눈길을 끌지 못하면 선택받을 확률이 떨어질 수밖에 없습니다. 콘텐츠의

---

[5] 출처 : 이대호 기자, "펀딩의 계절? 와디즈, 전자책 본격 띄운다…테크-가전도 100%대 성장", 바이라인, 2023년 9월 7일, https://byline.network/2023/09/7-196/

내용이나 품질과 관계없이 제목이 눈에 띄지 않으면 그 전자책은 다른 비슷한 전자책 속에 묻히는 게 현실입니다. 그리고 독자가 목차를 훑어보거나 머리말을 읽어볼 기회조차 가질 수 없게 됩니다.

특히 작가가 해당 분야에서 아직 인지도가 없거나 고정 독자가 없다면 타깃 독자와의 첫 만남에서부터 호감을 주어야 합니다. 그리고 이 첫 만남은 바로 제목에서 시작됩니다. 중요한 것은 여러분 스스로 만족하는 제목이 아닌, 타깃 독자의 관심을 끌 수 있는 제목을 만드는 것입니다.

이목을 집중시키는 전자책 제목

펀딩 달성률이 높은 전자책들은 어떤 프로젝트 문구와 제목을 사용하고 있을까요? 다음은 텀블벅에서 5,000% 이상의 달성률을 기록한 10개의 전자책 프로젝트 문구와 제목입니다. 텀블벅 기준으로 프로젝트 문구는 32자, 프로젝트 요약은 50자 이내입니다. 이 제한된 글자 수 안에서 전자책이 누구를 위한 것이며 무엇을 담고 있는지를 명확히 표현해야 합니다. 펀딩 달성률이 높은 전자책들이 어떻게 프로젝트 문구를 사용하고 제목을 쓰고 있는지 살펴보겠습니다.

달성률 5,000% 이상을 기록한 전자책 프로젝트   출처 : 텀블벅

펀딩 달성률이 높은 전자책 리스트

전자책 제목(부제)	프로젝트 문구(32자)	프로젝트 요약(50자)	달성률
인스타툰 브랜딩 : 수익화 노하우 (돈 버는 인스타툰 노하우 A to Z)	인스타툰 브랜딩을 통한 수익화 노하우	단 한 권으로 끝내는 〈인스타툰 수익화 노하우〉	5,257%
처음 만나는 마인드 코칭 연기 레슨	[혜영테라피] 처음 만나는 마인드 코칭 연기 레슨	연기학원 실제 수업 자료를 전자책 한 권에! 이제 연기도 집에서 독학해보세요!	5,880%
IT 용어사전	이것만 알아도 대화가 통한다! IT/기획/개발/마케팅 용어	"방금 뭐라고 하셨죠?" 나만 몰라서 식은땀 삐질;; 꼭 알아야 할 IT용어 165개!	5,969%
타로비책 (이야기로 배우는 타로)	세상에 없던 타로입문서, 이야기로 배우는 타로비책	5분 만에 10장의 카드가 머릿속에! 수익화 방법까지 모두 담았습니다.	6,151%
지금 바로 써먹는 30가지 엑셀 꿀팁	지금 바로 써먹는 엑셀꿀팁 30가지	엑셀 초보자도 3분 내외로 배울 수 있는 심플하고, 강력한 기능 30가지	6,484%
취뽀사전	2년간의 취준, 그 모든 노하우가 담긴 단 하나의 취뽀사전	2년 간의 취준, 5번의 인턴, 15번의 최종탈락, "당연한 이야기는 담지 않았습니다."	6,797%
사주행성	아직도 사주보러 다니시나요? 한 권이면 충분해요	사막 여우를 닮은 사주 상담가 "사호"에게 듣는, 자신만의 길을 찾아가는 당신의 이야기	7,017%
워홀영어족보 끝장판 ('진짜' 쓰는 영어를 위한 전자책)	워홀영어족보 끝장판 ('진짜' 쓰는 영어를 위한 전자책)	'실제로' 영어를 쓰고싶은 모든 분들을 위한, 인생에 꼭 한 권 있어야 할 영어회화족보	7,868%
1부 : 정말 쉽게 배우는 코딩 2부 : 비전공자가 개발자가 되는 법	비전공자가 개발자가 되는 법 + 쉽게 배우는 코딩 총 2권	6개월간 공부하여 연봉 1000만 원을 올려 개발자로 취직하게 된 과정을 담은 전자책	11,688%
창작자를 위한 전통 무속 가이드북	실제 무당이 집필한 〈창작자를 위한 전통 무속 가이드북〉	웹툰, 웹소설, 시나리오, 각본 작가님의 〈고증〉과 〈소재〉걱정 OUT! 실제 무속인 집필!	17,254%

이처럼 펀딩 달성률이 높은 전자책은 제목에 두 가지를 포함하고 있습니다. 하나는 '문제'이고, 다른 하나는 '해결책'입니다. 예를 들어, 〈인스타툰 브랜딩 : 수익화 노하우〉라는 제목은 타깃 독자들의 관심을 끄는 세 가지 요소를 포함합니다.

> 첫째, 누가 대상인가?
> 둘째, 무엇에 관한 것인가?
> 셋째, 믿을 수 있는가?

첫째, 누가 대상인가? 대상은 만화에 관심이 있으며 인스타그램에서 만화로 콘텐츠를 만들고 싶은 사람입니다. 추가적으로 인스타툰을 통한 수익화에 관심이 있는 사람들도 포함합니다.

둘째, 무엇에 관한 것인가? 인스타그램에서 만화로 콘텐츠를 만들고, 브랜딩을 통해 수익화하는 방법을 알려줍니다.

셋째, 믿을 수 있는가? 수익화에 성공한 검증된 방법이 포함되어 있으며 사례를 통해 이를 증명합니다.

이 전자책 예시처럼 제목에서 대상, 문제, 해결책, 근거를 명확히 드러냄으로써 타깃 독자들의 관심을 끌고 목차와 내용을 살펴보고 싶어지도록 유도할 수 있습니다. 전자책 제목은 '멋있게' 혹은 '예쁘게' 짓는 것이 아닙니다. 선택받을 수 있도록 지어야 합니다. 누가 대상인지, 무엇을 전달하는지가 포함되어야 합니다. 멋있게 혹은 예쁘게 라는 말은 전자책 제목 짓기와 가장 거리가 있는 표현입니다. 전자책의 콘셉트와 차별화를 위해 특이한 제목을 지어야 하는 상황이라면 부제를 통해 추가적으로 설명해주는 것이 좋습니다. 앞의 예시 중 〈타로비책(이야기로 배우는 타로)〉이라는 제목은 '비책'(아무도 모르게 숨긴 계책)이라는 표현으로 신비로움과 호기심을 유도했고, '이야기'라는 표현으로 비책을 어떻게 설명할지 예상할 수 있게 했습니다.

5단계로 배우는 전자책 제목 짓기

다음 5단계를 따라 자신이 쓰려고 하는 전자책 제목을 최소 10개 이상 뽑아봅시다. 그리고 그 제목들을 타깃 독자에 가까운 주변 사람들에게 보여준 다음, 가장 좋은 반응과 피드백을 받은 제목 세 개를 추려봅니다. 그 제목들을 토대로 마지막 수정 후에 다시 의견을 묻습니다. 그리고 최종 제목을 선정하면 됩니다.

전자책 제목 짓기 5단계

단계	내용	결과물
1단계 : 사전조사	비슷한 주제의 전자책 제목을 찾아보고 리스트 만들기	베스트셀러들의 제목 리스트
2단계 : 벤치마킹	베스트셀러 제목 분석하기	베스트셀러 제목들의 공통점
3단계 : 제목 쓰기	전자책 제목 10개 이상 쓰기	전자책 제목 리스트
4단계 : 피드백 받기	타깃 독자에게 전자책의 대상, 내용 소개와 제목 보내기	제목에 대한 피드백과 가장 공감하고 추천 받는 제목
5단계 : 제목 선정	제목 수정하고 다시 피드백 받기	피드백을 반영하여 최종 제목 선정하기

필자가 1,000% 이상 달성률로 펀딩에 성공한 전자책 〈한 권으로 끝내는 마케팅 베스트셀러 100권의 핵심 노하우〉의 경우를 예로 들어보겠습니다. 이 전자책의 타깃 독자는 바쁘지만 마케팅을 공부하고 싶은 직장인, 사업자, 현직 또는 예비 마케터였습니다. 너무 많은 마케팅 도서 중 어떤 책을 읽어야 할지 고민하는 사람들에게 도움이 되고자, 필자가 직접 읽은 100권의 마케팅, 브랜딩 도서의 핵심과 필자의 경험을 정리해 제공하는 것이 목적이었습니다.

필자는 우선 마케팅과 브랜딩 도서들의 제목을 리스트업한 후(1단계 : 사전조사), 각 도서의 제목들을 분석했습니다(2단계 : 벤치마킹). 그리고 다음과 같이 다양한 방향으로 13개의 제목안을 작성했습니다(3단계 : 제목 쓰기).

> 1안 : "너 마케팅 1도 모르잖아." 모두가 의심했다. 그러나 이 책을 읽고 나서…
> 2안 : 마케팅 전문가들과 인터넷 후기들이 선택한 마케팅 책 베스트 100권
> 3안 : 실패하지 않는 마케팅 책 고르는 법(최근 30년 베스트셀러 100권 선정)
> 4안 : 마케팅 1도 모르던 내가 이제는 마케팅 책 추천을 하고 있다니…

5안 : 마케팅 책 검색은 오늘로 끝. 마케팅 베스트셀러 100권 추천
6안 : 마케팅 책 뭐부터 읽어야 할지 몰라서 고민하는 당신에게
7안 : 최근 30년 동안 가장 인기 있는 마케팅 책 TOP 100이 궁금하면?
8안 : 마케팅 베스트셀러 100권을 하루에 읽는 방법
9안 : 마케팅이 중요하지 않다면 이 광고를 클릭하지 않으셔도 됩니다
10안 : 나만 읽기 너무 아까워 공개하는 마케팅 필독서 베스트 100
11안 : 마케팅 고수들은 어떤 책을 읽을까? 마케팅 베스트셀러 100 리스트 확인하기
12안 : 브랜딩, 마케팅, 심리학 책 100권을 pdf 전자책 한 권에 담았습니다
13안 : 전자책 한 권으로 끝내는 마케팅 베스트셀러 100권 핵심 요약집

타깃 독자에 가까운 지인들에게 제목안을 보여주고 피드백을 받았습니다. 이후에는 가장 반응이 좋았던 방향으로 제목안 여섯 개를 다시 작성했습니다(4단계 : 피드백 받기).

1안 : 한 권으로 끝내는 마케팅 베스트셀러 100권 핵심 요약집
2안 : 하루에 읽는 마케팅 베스트셀러 100권의 핵심 메시지
3안 : 한 권으로 읽는(끝내는) 마케팅 책 100권 핵심 요약과 해설
4안 : 한 권으로 끝내는 마케팅, 브랜딩, 심리학 100권 요약집
5안 : 한 권으로 끝내는 마케팅과 브랜딩 베스트셀러 100권
6안 : 마케팅부터 브랜딩까지 한 권으로 끝내기

또다시 주변의 의견을 받아 일부 수정하고, 최종적으로 〈한 권으로 끝내는 마케팅 베스트셀러 100권의 핵심 노하우〉라는 제목을 결정했습니다(5단계 : 제목 선정).

첫 펀딩 성공 이후에도 필자는 비슷한 과정을 거쳐 전자책 제목과 프로젝트 문구를 결정했습니다. 〈어차피 꼭 한 번 배워야 할 마케팅〉, 〈나도 창작자가 될 테야〉, 〈조선의 마케터 허생전〉과 같은 제목들은 모두 이 5단계를 거쳐 만들어졌습니다. 매번 다양한 대안을 만들고 주변 지인들의 피드백을 받은 덕분에 필자의 생각과 기준이 아닌 독자의 입장에서 더 나은 제목을 선택할 수 있었습니다. 그 결과 펀딩에 성공했을 뿐만 아니라 보다 더 다양한 전자책을 만들 수 있었습니다.

더불어, 전자책 제목에서 모든 정보를 제공하려 하기보다는 프로젝트의 문구와 부제에서 후킹 문구를 활용하는 것이 좋습니다. 물론 전자책의 제목이 가장 중요하지만 프로

젝트 문구와 부제를 통해 잠재 독자들의 관심을 이끌어낼 수 있습니다. 후킹[10] 문구에는 돈, 시간, 노력을 줄여준다는 내용이나 독자의 욕망과 감정을 자극하는 요소가 포함되는 것이 좋습니다.

> **전자책 제목 중 시간, 돈, 노력을 아껴주는 후킹 문구 예시**
> 지금 바로 써먹는 엑셀꿀팁 30가지
> 엑셀 초보자도 3분 내외로 배울 수 있는 심플하고, 강력한 기능 30가지
> 시간을 확 줄여주는 〈구글 스프레드시트〉 공략집과 강의
> 활용도 500%! 엑셀보다 훨씬 편한 〈구글 스프레드시트〉 꿀팁을 담은 전자책과 강의
> 웹툰 어시스트가 월 300만 원 이상 수익 꾸준히 얻는 방법

그러나 타깃 독자들의 호기심을 자극하기 위해 과장되거나 거짓이 포함된 문구를 작성해서는 안 됩니다. 아무리 후킹이 잘된 문구여도 과장, 거짓이 포함되어 있다면 오히려 부정적 반응을 초래합니다. 타깃 독자에게 많은 선택을 받은 제목과 문구는 어떤 후킹 요소를 사용하고 있는지, 여러분은 어떤 책 제목과 프로젝트 문구에 끌리는지 생각해보고 제목 짓는 연습을 해야 합니다.

> ✉ **흑상어쌤의 액션 메시지 10**
>
> **타깃 독자에게 제목 피드백을 받아보세요**
>
> 10개의 프로젝트 문구와 전자책 제목을 뽑았다면 상대방이 프로젝트에 대한 이해를 할 수 있도록 타깃 독자와 전자책의 방향과 내용 요약을 함께 제공해야 합니다. 여러분이 누구를 대상으로 어떤 전자책을 쓸 것인지 이해하고 있더라도 피드백을 요청받은 사람은 사전 정보가 없을 수 있습니다. 따라서 단순히 제목을 보내며 "어떤 게 마음에 들어?"라고 묻기보다는 가능한 한 자세히 타깃 독자와 전자책의 방향성을 설명한 후 피드백을 요청하는 것이 좋습니다.

---

[10] 후킹(Hooking) : 타깃 고객의 관심사를 파악하고 클릭 또는 구매를 유도하기 위해 섬네일이나 제목에 자극적인 문구를 사용하여 판매를 일으키는 마케팅 기법

짜임새 있게 목차 구성하기

집을 지을 때는 먼저 골격을 세우고, 이후 천장과 바닥을 만들며 벽을 세웁니다. 골격이 완성되면 내부와 외부의 필요한 작업을 이어갑니다. 전자책에서 목차는 이 골격에 해당합니다. 목차를 먼저 작성하면 전자책이 어떤 내용으로 진행될지 예상할 수 있습니다. 다시 말해, 목차를 작성해야 그에 맞춰 본문의 내용을 체계적으로 작성할 수 있다는 의미입니다.

모든 집의 모양과 구조가 다르듯 모든 전자책이 동일한 목차 구성을 따르지는 않습니다. 전자책의 내용에 따라 목차 역시 달라질 수 있습니다. 그러나 문제 해결을 목적으로 하는 전자책의 경우, 대체로 유사한 구조를 가지는 경우가 많습니다.

다섯 챕터로 구성된 전자책 목차의 구성의 예시

챕터	내용	목적
1장 : 도입부 (문제 제기)	누구를 위한 것인지, 어떤 문제 해결이 목적인지, 내가 경험한 스토리	독자의 관심 끌기와 전자책을 계속 읽어야 할 이유와 해결책에 대한 기대감 조성
2장 : 해결책 제안	앞으로 전자책에서 다룰 해결책에 대한 큰 약속, 독자들이 얻게 될 혜택	작가의 약속을 통해 구체적인 실행 방안에 대한 기대감, 사전 지식 습득
3장 : 실행 방안	해결책을 위한 구체적인 내용, 지식, 노하우	해결책을 통해 실제로 전자책으로 얻을 수 있는 혜택 제공
4장 : 사례와 근거	실제로 문제 해결된 사례, 후기, 사회적 증거 등	해결책의 신뢰를 높이고 실제 행동을 돕기 위한 근거 제시
5장 : 추가 제안	해결책 실행 독려 및 전자책을 읽고 나서 해야 할 행동, 추가 제안 및 요청	전자책을 통해 더 많은 혜택, 성과를 만들기 위한 행동을 유도, 링크 등을 통해 구매, 가입, 방문 등 유도

전자책의 목차는 말 그대로 골격입니다. 목차는 세부적인 내용 전달보다는 독자가 전자책의 구성과 주요 소주제를 이해하는 데 중점을 둬야 합니다. 대목차 아래에 소목차를 세 개 정도 배치하고 원고에서 각 소목차마다 세 개의 소주제를 다루면, 대목차 하나에 총 아홉 개의 소주제가 포함됩니다. 하지만 목차에서는 본문에 포함되는 주제까지 모두 나열할 필요는 없습니다.

목차
대목차 1
소목차 1 (원고에서는 세 개의 소주제로 구성됨)
소목차 2 (원고에서는 세 개의 소주제로 구성됨)
소목차 3 (원고에서는 세 개의 소주제로 구성됨)

예시로 살펴보는 목차의 정석

다른 전자책들은 목차를 어떻게 구성했을까요? 펀딩에 성공한 전자책의 목차 구성을 살펴보겠습니다. 어떠한 방식으로 흐름이 자연스럽게 연결되는지, 해당 목차에서 어떤 내용을 다루고 있음을 예상할 수 있을지 알아봅시다.

노션 왕초보부터 실력자를 위한 슈퍼 가이드 〈노션의 정석〉[11] 목차 분석

Chapter 1. 노션이 뭐예요?
◀ 1. 요즘 핫한 노션, 대체 뭘까?
◀ 2. 전문가가 제안하는 노션 배우는 방법
◀ 3. 노션 간단하게 시작해보기

첫 도입부에서 타깃 독자인 노션 왕초보를 위해 사전 지식을 전달합니다. 노션에 관심이 많은 타깃 독자가 사전 지식을 얻게 됨으로써 이후의 해결책에 대한 관심이 높아집니다.

---

10 저스트 그로우&저스트 노션 지음

Chapter 2. 이것만 알면 노션 완전 정복

- 4. 노션의 기본 기능
- 5. 개인 워크스페이스? 팀 워크스페이스?
- 6. 노션의 기본 블록
- 7. 노션의 고급 블록
- 8. 노션의 꽃, 데이터베이스
- 9. 데이터베이스 고급 기능
- 10. 삶이 편해지는 자동화 기능
- 11. 페이지 설정
- 12. 함께쓰는 노션, 공유하기
- 13. 휴지통, 삭제 내역 확인 및 복구
- 14. 노션 설정 어렵지 않아요
- 15. 잘 알려지지 않은 숨겨진 노션 기능들

> 타깃 독자가 고민했던 문제들의 해결책을 제안하는 챕터입니다. 이 전자책에서 구체적으로 무엇을 배울 수 있는지 알 수 있습니다. 혼자서 어려움을 겪던 문제를 해결해주는 내용을 목차에서 확인하면 전자책 구매 욕구가 높아집니다.

Chapter 3. 모든 분야에 쓰이는 노션

- 16. 개인을 위한 노션
- 17. 팀을 위한 노션
- 18. 일을 위한 노션
- 19. 학습을 위한 노션
- 20. 창작자를 위한 노션

> 타깃 독자의 상황과 조건에 따른 구분을 통해 전자책의 활용도를 높였습니다. '노션 왕초보'로 타깃 독자의 범위를 넓힘으로써 개인뿐만 아니라 그룹으로도 활용 가능하다는 점을 알립니다. 이는 매출을 높이는 전략 중 하나이기도 합니다.

Chapter 4. 템플릿을 직접 만들어봐요

- 21. [To-do 템플릿] 하루의 계획을 세워요
- 22. [포트폴리오] 나만의 포트폴리오를 만들어요
- 23. [해빗 트래커] 매일 매일의 습관을 기록해요
- 24. [비전보드] 나의 꿈과 목표를 시각화해요
- 25. [독서 템플릿] 책을 관리하고 독후감도 작성해요
- 26. [프로젝트 관리 템플릿] 프로젝트와 태스크를 깔끔히 ...

> 앞선 챕터에서 알려준 구체적인 방법을 어떻게 활용할 수 있는지 사례와 근거를 보여줍니다. 실질적으로 문제를 해결해볼 수 있고, 신뢰도를 높이며, 타깃 독자의 상상력을 자극합니다.

Chapter 5. 추가 정보

◀ 27. 업무 속도가 3배 빨라지는 노션 단축키
◀ 28. 노션을 다채롭게, 위젯 사이트 모음
◀ 29. 핸드폰에서도, 패드에서도 노션 쓰기
◀ 30. 노션이 느려졌을 때 해결 방법
◀ 31. 6개월간 노션 무료로 사용하는 법
◀ 32. 문제 발생 시 해결하기

> 작가의 경험과 노하우가 담긴 꿀팁을 추가로 전달함으로써 전자책의 유용함과 구매 가치를 높여줍니다. 타깃 독자가 어려움을 겪었을 만한 상황별 해결책을 추가로 제안합니다.

Chapter 6. 노션AI로 생산성 Up!

◀ 33. 노션 AI와 요금제
◀ 34. 노션 AI로 초안 작성하기
◀ 35. 노션 AI로 페이지 편집 및 수정하기
◀ 36. 유용한 노션 AI 블록
◀ 37. 기발한 노션 AI 활용 방법

> 노션 AI라는 부가 기능을 소개하며 작가의 시간과 노력을 강조합니다. 작가가 공들여 제작한 만큼 가치에 대한 신뢰가 생기고 가격을 합리적이라고 느낄 수 있는 챕터입니다.

목차는 전자책의 타깃 독자가 누구인지, 어떤 문제를 해결해줄 수 있는지, 그리고 그 해결의 이유와 근거는 무엇인지 등의 정보를 충분히 담아냄으로써 독자가 전자책을 읽기 전에 큰 그림을 그릴 수 있도록 도와야 합니다. 건축주가 어떤 집이 지어질지 상상할 수 있도록 설계도를 그리는 것과 같습니다. 그렇게 해야만 독자는 목차만으로도 자신이 해결하고자 하는 고민이나 문제에 대한 해결책이 전자책에 담겨 있음을 알게 되고, 관심과 구매 욕구를 느낍니다.

목차는 타깃 독자에게 전자책의 예고편과 같은 역할을 합니다. 잘 만든 예고편이 영화의 흥행을 좌우하듯 전자책의 목차도 선택과 구매에 큰 영향을 미치지요. 목차를 작성할 때는 독자가 어떤 감정을 느끼고 생각을 하게 될지 상상하며 손으로 쓰고 입으로 읽어보는 과정을 거쳐야 합니다.

> ✉ **흑상어쌤의 액션 메시지 11**
>
> **타깃 독자에게 목차 피드백을 받아보세요**
>
> 목차를 다 썼다면 타깃 독자에 해당되는 지인에게 목차를 보여줍니다. 그리고 전자책에 어떤 내용이 담겨있을지를 예상해보라고 요청합니다. 또한, 목차를 보고 나서의 느낌을 물어봅니다. 내용을 예상하라고 요청하는 이유는 논리적으로 이해가 되는지, 흐름이 자연스러운지를 파악하기 위함이며 느낌을 묻는 이유는 목차가 독자의 흥미와 관심을 끌고 있는지를 알아보기 위함입니다. 두 가지 질문을 통해 얻은 피드백으로 목차를 수정하고 다시 묻는 것을 반복하면 타깃 독자가 이해하는 방식과 흐름을 배울 수 있습니다.

내 목차 점검하기

여기서 여러분이 의도한 전자책 내용대로 목차가 작성되었는지를 체크해보는 팁을 알려드립니다. 바로, 전자책의 목차마다 "그래서 뭐?(so what?)"라고 스스로 묻고 다음 목차가 질문에 대한 답이 되는지를 알아보는 것입니다. 이 책의 챕터1의 목차를 예로 들어보겠습니다.

> **전자책 목차의 자연스러운 흐름 체크하기**
>
> CHAPTER 1 누구나 시작할 수 있는 전자책 만들기
> → "그래서 뭐? 전자책이 뭔데?"
>
> 01. 전자책이란 무엇인가요?
> → "그래서 뭐? 전자책을 쓰면 뭐가 이득인데?"
>
> 02. 전자책 쓰기가 인기인 다섯 가지 이유
> → "그래서 뭐? 누가 전자책을 쓰는데?"
>
> 03. 전자책 작가들은 누구인가요?
> → "그래서 뭐? 전자책 작가는 돈을 어디서 버는데?"

이 목차를 좀 더 자세히 풀어보겠습니다. 아직 전자책이 생소한 독자에게 전자책이 무엇인지 설명하고, 이어서 '전자책을 왜 써야 하는가?'에 대한 궁금증을 해소합니다. 다음으로는 어떤 사람이 전자책을 쓰고, 어디서 사고팔며, 어떻게 수익을 올리는지를 설명합니다. 이 챕터의 핵심 메시지는 '전자책은 누구나 만들 수 있으며, 월급 외의 추가 소득을 얻을 수 있다'는 것입니다. 이를 목차로 나누어 설명하는 것이 중요합니다.

전자책의 주제를 정하고, 전달할 지식과 경험을 목차로 나눈 뒤, 독자의 입장에서 질문하고 답하는 형식으로 점검해보세요. 자료를 먼저 모으고 정리하는 것보다 순서에 따라 전자책을 만들면 혼란을 줄이고, 자연스러운 흐름으로 메시지를 전달할 수 있습니다.

> **흑상어쌤의 액션 메시지 12**
>
> **목차를 소리 내어 읽어보세요**
>
> 목차를 작성한 다음에는 스스로 "그래서 뭐?"라고 소리 내어 묻고 답해보세요. 이 과정에서 질문과 답이 자연스럽게 연결되는지 점검할 수 있습니다. 더 좋은 방법은 다른 사람에게 이 질문을 던져달라고 부탁하는 것입니다. 스스로 질문하고 답하다 보면 자칫 자신의 답에 맞춰 질문을 하게 될 수 있습니다. 즉, 독자가 궁금해 하는 것보다 여러분 스스로가 하고 싶은 말을 하게 될 수 있다는 의미입니다. 따라서 다른 사람의 입을 통해 질문을 듣고, 그에 맞는 답이 목차에 반영되었는지를 확인하는 것이 중요합니다.

AI를 활용하여 제목과 목차 작성하기

앞으로 글쓰기 분야에서 AI를 활용하지 않는 작가는 거의 찾아보기 힘들 것입니다. 하지만 AI를 이용해 쓴 글만으로 작가가 될 수 있다는 의미는 아닙니다. 마치 보조 작가를 고용하듯 AI를 보조 도구로 활용할 것이라는 뜻입니다. 글의 소재에 대한 아이디어부터 맞춤법 검사, 다양한 표현 제안, 타깃 독자 분석, 카테고리와 주제에 따른 신선한 제목과 목차 구성 등에서 AI를 활용하는 것이지요. 이미 많은 작가들이 AI의 도움을 받고 있으며 AI의 영향력은 더욱 빠르게 확산될 것입니다. 카피라이팅 분야에서는 AI가 널리 활용되고 있습니다. 유튜브, 인스타그램, 블로그, 상세페이지 등에서 이용자와 소비자의 관심을 끌기 위한 카피라이팅에 유용하게 쓰이고 있습니다.

세계적으로 가장 유명한 AI 중 하나는 챗GPT로, 이는 오픈AI(OpenAI)가 개발한 대화형 인공지능 챗봇입니다. 챗GPT의 기본 기능은 사용자가 궁금한 점을 물으면 AI가 답변을 제공하는 것입니다. 누구나 무료로 사용할 수 있으며, 유료 버전은 더 발전된 결과물을 제공합니다.

AI를 사용할 때 꼭 기억해야 할 점은 답변은 AI가 하지만 질문은 사람이 한다는 것입니다. 즉, 누가 어떻게 질문하느냐에 따라 AI가 생성하는 결과물이 달라진다는 의미입니다. AI는 계속 발전하겠지만 이를 사용하는 사람의 질문 능력도 발전해야 AI의 다양한 기능을 충분히 활용할 수 있습니다. 질문을 잘하는 사람이 더 좋은 답을 얻을 수 있다는 뜻입니다.

AI에게 질문을 잘하기 위해서는 자신이 무엇을 물어야 할지 명확히 아는 것이 중요합니다. 전자책 펀딩에 도움이 되는 마케팅 방법을 알고 싶다고 가정해봅시다. 단순히 "전자책 마케팅 방법을 알려줘."라고 질문할 수도 있지만, 보다 구체적이고 유용한 답변을 얻기 위해서는 질문을 더 상세하게 하는 것이 좋습니다. "크라우드 펀딩으로 전자책을 판매하려고 해. 대상 독자는 글쓰기를 통해 퍼스널 브랜딩을 시작하려는 사람들이고, 전자책 내용은 글쓰기 방법과 퍼스널 브랜딩 전략이야. 주로 사용하는 소셜미디어는 인스타그램인데, 이를 활용한 마케팅 방법을 알려줘."와 같이 구체적으로 질문하는 것이 좋습니다.

AI에게 질문할 때는 다음과 같은 순서를 따르는 것이 유용합니다. AI를 사용할 때 한 번의 결과로 끝내지 말고, 첫 결과물이 의도와 다르다면 개선을 요청하거나 질문을 바꿔가며 원하는 결과를 얻을 때까지 계속 질문을 조정해보세요. AI에게 더 나은 답변을 얻기 위한 팁을 알려드립니다.

· 질문의 이유와 찾고자 하는 답을 가능한 한 구체적으로 설정하기
ex. 글쓰기로 퍼스널 브랜딩을 하려는 사람들을 위해 전자책을 만들고 펀딩을 하려고 해. 높은 달성률로 펀딩에 성공하기 위해 소셜미디어를 활용한 마케팅 방법을 알려줘.

- **첫 번째 답에 이어 부족한 부분을 추가로 질문하기**
  ex. 전자책 타깃 독자를 사회초년생, 주부, 프리랜서, 취준생으로 설정했어. 인스타그램을 이용한 마케팅 방법을 알려줘.
- **두 번째 답변의 핵심 내용을 복사하여, 참고할 수 있는 자료 물어보기**
  ex. 지금의 답변을 참고할 수 있는 사례가 필요해. 관련된 참고 자료나 책, 영상, 블로그, 인스타그램, 인터넷 사이트, 뉴스 기사 등을 찾아줘.

물론 AI를 활용한 비즈니스가 발전하면서 쉽게 질문하도록 돕는 서비스도 생겨나고 있습니다. 우리가 익숙하게 사용하는 챗봇 상담도 그중 하나입니다. 무엇을 물어야 할지 모를 때, 이미 준비된 질문을 선택하기만 하면 되는 것입니다.

그러나 자신의 지식과 경험을 바탕으로 전자책을 만드는 작가라면, 자신의 글을 독자에게 판매하는 작가라면, 스스로 질문 능력을 키워야 합니다. 질문 능력을 키우기 위해서는 꾸준한 학습과 사고 훈련이 필요합니다. 그렇지 않으면 결국 스스로 생각하고 판단하는 능력이 떨어지고 AI에게 의존하게 될 수 있습니다.

앞으로 글쓰기와 전자책 분야에서 작가의 사고 능력은 더욱 중요한 자질이 될 것입니다. AI의 등장으로 글쓰기가 쉬워진 만큼 시간이 지날수록 작가의 고유한 생각과 글쓰기 능력으로 만든 작품의 가치는 더욱 높아질 것입니다.

예시로 살펴보는 AI 활용법

이제 국내외에서 글쓰기에 활용되는 세 가지 AI를 사용해 전자책의 제목과 목차를 만들어보겠습니다. 각 AI가 어떤 결과를 내는지, 그리고 어떤 부분에 중점을 두는지를 흥미롭게 살펴보기 바랍니다. 형평성을 위해 모두 같은 질문을 사용하며, 모든 서비스는 무료 버전을 기준으로 진행합니다. 질문은 "전자책으로 월급 외 수익을 만들고 싶은 사람을 대상으로, 관심을 끌기 좋은 제목과 목차를 작성해줘."입니다.

먼저, 세계적으로 가장 잘 알려진 챗GPT에게 질문한 결과입니다.

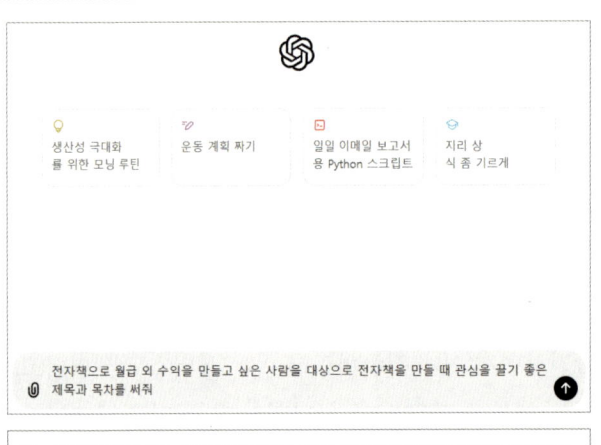

챗GPT에게 질문한 결과 출처 : chatgpt.com

다음은 가격대비 성능이 우수하다고 알려져 많은 인기를 끌고 있는 클로드(Claude)에게 질문한 결과입니다.

클로드에게 질문한 결과 출처 : claude.ai

마지막으로 국내 생성형 AI 선두라고 할 수 있는 뤼튼에게 질문한 결과입니다.

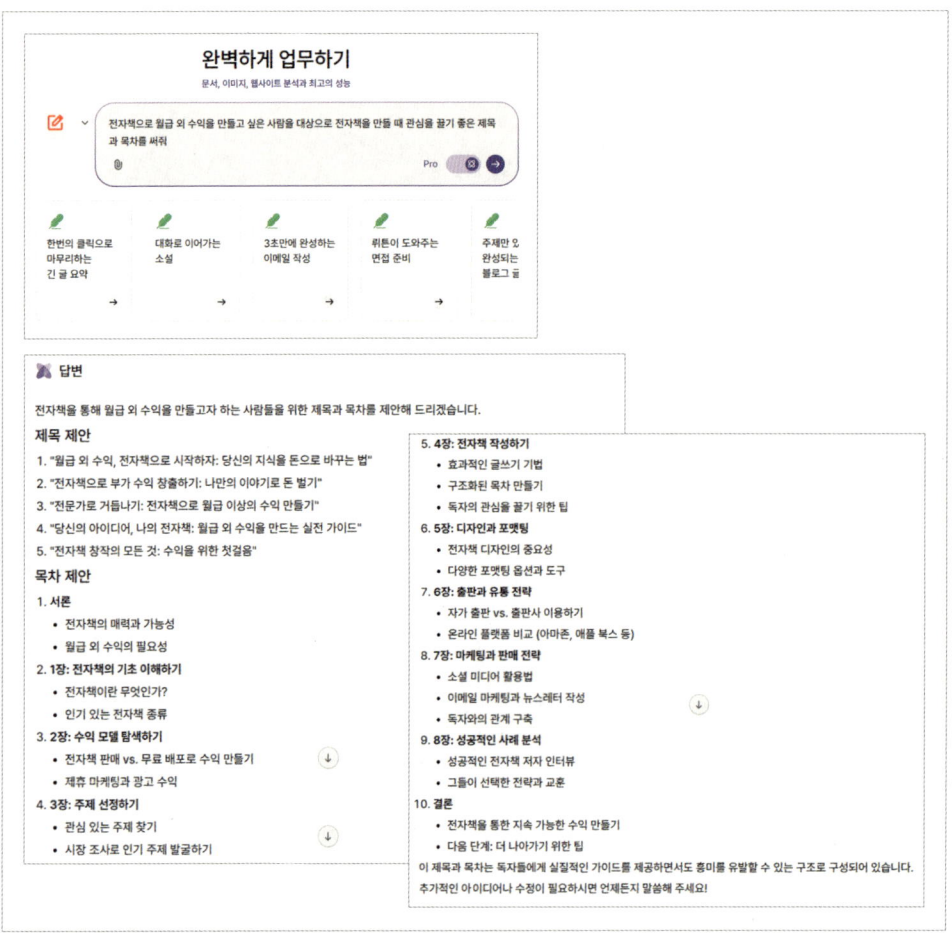

뤼튼에게 질문한 결과   출처 : wrtn.ai

세 가지 AI를 사용해 전자책 제목과 목차를 만들어보았습니다. 어떤 AI가 만든 제목과 목차가 더 마음에 드나요? 물론 한 번의 질문으로 AI 서비스의 품질을 정확히 평가할 수는 없겠지만, 뤼튼 > Claude > 챗GPT 순으로 평가할 수 있습니다. 언어를 기반으로 하는 AI의 대다수가 영어를 사용했을 때 더 나은 결과를 도출한다고 알려져 있습니다. 그러나 뤼튼은 한글 학습이 비교적 잘 이루어져 있어 다른 AI가 제목을 한 가지만 제안했을 때 뤼튼에서는 다섯 가지의 제목을 받아볼 수 있었습니다. 또한, 목차 역시 필자의 기획 의도에 가깝게 구성되었습니다.

흑상어쌤의 액션 메시지 13

글쓰기 AI를 경험해보세요

앞서 소개한 세 가지 AI 외에도 다양한 글쓰기 AI 서비스가 있습니다. 다른 AI 서비스도 사용해보며 AI 사용법을 익히고, 자신에게 가장 적합한 서비스를 선택해 직접 제목과 목차 작성에 활용해보기를 추천합니다. 여러분이 작성한 제목과 목차를 입력한 후 타깃 독자와 전자책의 목적을 알려주고, 제목과 목차의 개선을 요구할 수도 있습니다.

좋은 질문이 고퀄리티의 답변을 이끌어낸다는 것을 기억해야 합니다. 한 번의 답변에서 그치지 말고 더 나은 결과물을 얻기 위해 여러 차례 개선된 질문을 시도해보기를 권장합니다.

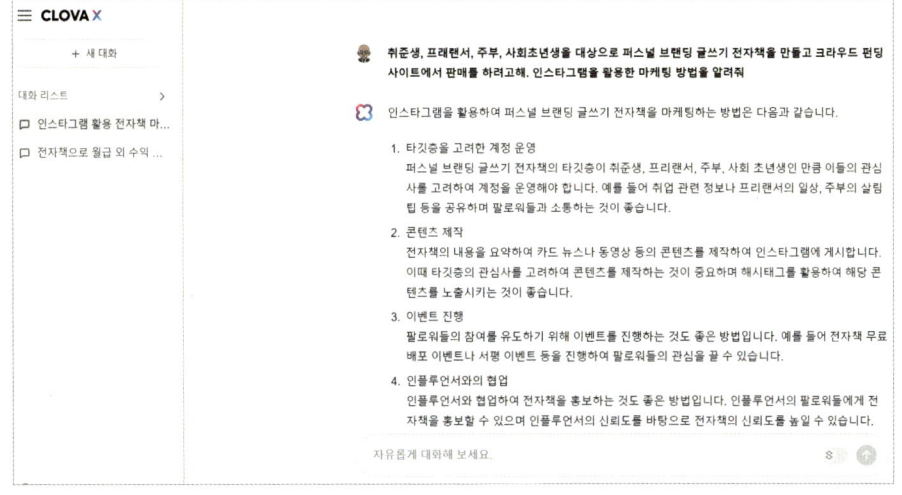

출처 : 네이버 CLOVA X

해외 서비스 사용이 어렵게 느껴진다면 뤼튼처럼 국내에서 개발된 AI 서비스를 사용하는 것도 좋은 방법입니다. 네이버에서 출시한 CLOVA X는 네이버 이용자를 대상으로 제공되는 대화형 AI 서비스입니다. 무료 버전과 유료 버전에 따라 결과물의 차이가 클 수 있으니 필요에 따라 유료 버전을 사용해보기를 추천합니다.

03 LESSON 전자책 원고 쓰는 방법과 기본 형식

이제 본격적으로 원고를 쓸 시간입니다. 타깃 독자가 누구인지, 전자책의 주제가 무엇인지 결정되었다면 이제 여러분의 지식과 경험을 글로 옮길 차례입니다. 그러나 생각을 글로 표현하는 일은 생각만큼 쉽지 않습니다. 이는 필자가 전자책 제작을 권유한 많은 분들 중 실제로 행동에 옮긴 경우가 드물었던 이유이기도 합니다. 많은 사람들이 글을 써본 적이 없다는 이유로, 다른 사람에게 도움이 될 수 있고 나아가 수익을 창출하며 새로운 기회의 문을 열 수 있는 시간을 흘려보내곤 합니다. 지금부터 자신의 지식과 경험을 전자책으로 쉽게 풀어내는 글쓰기 방법과 패턴을 배워보겠습니다.

전자책 쓰는 순서 배우기

원고를 쓰기 위해 컴퓨터 앞에 앉았습니다. 그러나 빈 화면을 마주하면 무엇부터 써야 할지 막막해집니다. 이럴 때 필요한 것이 바로 '순서'입니다. 건물을 지을 때도 설계도를 먼저 그리고, 필요한 자재를 준비한 후, 벽돌을 하나씩 쌓아올리기 시작합니다. 공사를 시작하기 전에 어떤 건물을 세울지, 무엇이 필요한지 계획하지 않고 무작정 시작하는 법은 없습니다. 마찬가지로 전자책을 만들 때도 순서가 필요합니다.

전자책을 내 지식과 경험으로 짓는 집이라고 상상해봅시다. 먼저 어떤 집을 지을지, 즉 주제를 정합니다. 그리고 누가 살 집인지, 즉 타깃 독자를 결정합니다. 그런 다음 설계도에 해당하는 목차를 작성하고, 구조를 세우는 각 챕터의 소제목을 정합니다. 이렇게 전체적인 골격을 갖춘 다음, 소제목의 내용을 하나씩 채워나갑니다.

현재까지 정리된 내용을 바탕으로 다음의 빈 칸을 채우고 전자책의 구조를 그려보는 연습을 해봅시다. 목차를 작성하면 앞으로 이야기할 내용이 정리되고 이야기의 순서가 정해집니다. 또한, 여러분이 하려는 이야기가 독자의 관심을 끌 수 있는지도 점검해볼 수 있습니다.

어떤 내용의 전자책인가?
– 주제 :

누구를 대상으로 하는가?
– 타깃 독자 :

어떻게 전달할 것인가?
– 목차 구성하기
챕터 1 :
- 소제목 1 :
- 소제목 2 :
- 소제목 3 :

챕터 2 :
- 소제목 1 :
- 소제목 2 :
- 소제목 3 :

챕터 3
- 소제목 1 :
- 소제목 2 :
- 소제목 3 :

목차를 완성하면 전자책의 큰 그림이 눈에 들어옵니다. 아직 인테리어가 끝나지 않은 건물이지만, 전체 윤곽을 보면서 무엇이 어디에 위치해야 할지 판단할 수 있습니다.

전자책의 첫인상을 결정짓는 머리말 쓰기

때로는 원고의 본문보다 머리말을 쓰는 것이 더 어려울 때가 있습니다. 머리말을 작성하려고 하다가 이 부분에서 막혀 본문조차 쓰지 못하는 경우도 있습니다. 그렇다면 머리말은 왜 중요한 것일까요? 머리말은 독자가 이 책을 계속 읽을지 말지를 결정하는 중요한 요소이기 때문입니다. 서점에서 책을 고를 때, 일반적으로 다음과 같은 순서를 따릅니다.

> 1. 표지와 제목을 본다.
> 2. 책을 전체적으로 훑어본다.
> 3. 작가가 누구인지 확인한다.
> 4. 머리말을 읽는다.
> 5. 목차를 확인한다.
> 6. 그중 관심이 가는 페이지를 펼친다.
> 7. 다시 책을 전체적으로 훑어본다.
> 8. 추가적인 정보나 후기를 찾아본다.

일부 순서의 차이는 있지만 이 책이 무엇을 담고 있는 책인지 알아보기 위해 이와 같은 과정을 거칩니다. 그중 머리말에서는 독자에게 이 책이 누구를 대상으로 무엇을 이야기하며, 그 이야기가 어떤 도움이나 혜택을 줄 것인지를 전달해야 합니다. 머리말을 쓰는 것이 어렵게 느껴지는 이유는 이 모든 것을 요약하면서도 독자의 흥미를 끌 수 있도록 써야 하기 때문입니다.

머리말을 꼭 처음에 써야 하는 것은 아닙니다. 만약 머리말을 쓰는 것이 어렵다면 이 책을 왜 쓰게 되었는지 떠올려보고 그 내용을 먼저 써보세요. 나머지 부분은 본문을 작성하면서 추가하거나 수정할 수 있습니다. 작가에 따라 머리말을 가장 마지막에 쓰는 경우도 있습니다. 책을 쓰는 순서에는 정해진 규칙이 없으므로 머리말에서 어려움을 겪는다면 과감히 넘어가고, 작성하기 쉬운 부분부터 시작해도 좋습니다.

> **머리말에 들어가야 할 내용**
> - 누가 대상인가?
> - 무엇에 대한 책인가?
> - 작가인 나는 누구이고, 이 책을 왜 쓰게 되었나?
> - 독자가 이 책을 통해 얻을 수 있는 이득이나 혜택은 무엇인가?

독자의 마음을 여는 도입부 쓰기

본문의 도입부를 시작하는 문단을 쓸 때 도움되는 몇 가지 방법을 소개합니다.

> 1. 궁금증 유발하기
> 2. 공감대 형성하기
> 3. 약속하기

첫 번째는 해당 챕터에서 다룰 내용에 대한 질문을 던져 독자의 호기심을 자극하는 것입니다. 독자는 스스로 질문의 답을 내려볼 수 있으며 전자책에서 이야기하는 답을 알아내기 위해 내용에 더욱 집중하게 됩니다.

두 번째는 독자가 공감할 만한 에피소드로 시작하는 것입니다. 공감대를 형성함으로써 다음 내용을 기대하게 만듭니다.

세 번째는 이번 챕터에서 독자들이 얻을 수 있는 혜택이나 지식을 미리 알려주는 것입니다. 이를 통해 독자들의 집중도와 신뢰도를 높일 수 있습니다. 어떤 방법을 사용하든 중요한 점은 다음 내용이 궁금하도록 만드는 것입니다.

전자책 내용에 따라 핵심적인 이야기를 요약해서 알려줄 수도 있습니다. 그러나 핵심 메시지에 집중하게 만들기 위해서라도 도입부에서 독자의 관심을 유도해야 합니다.

광고 카피라이터이자 《첫 문장에 반하게 하라》의 작가인 조셉 슈가맨은 "첫 문장의 유일한 목적은 두 번째 문장을 읽게 하는 것이다. 두 번째 문장의 목적은 세 번째 문장을 읽게 하는 것이다."라고 말했습니다. 독자가 첫 문장을 읽고 흥미를 잃는다면 전자책 내용과 작가에 대한 기대감과 신뢰도 하락할 수 있습니다. 짧은 글이든 긴 글이든 중요한 점은 독자에게 제공하고자 하는 혜택, 즉 여러분이 전달하고자 하는 가치가 독자의 관심을 끌고 그 관심이 지속되도록 써야 한다는 것입니다. 첫 문장에서부터 독자의 관심을 충분히 끌고, 다음 문장이 읽고 싶어지도록 감정을 적절히 자극해야 합니다. 각 챕터의 본문을 시작하기 전, 독자의 관심을 끌기 좋은 첫 문단을 작성하는 방법은 다음과 같습니다.

독자의 관심을 끄는 첫 문단 작성법
- 첫 문장 : 흥미, 관심 유도, 문제 제기
- 두 번째 문장 : 문제 심화, 문제가 계속될 경우의 손해
- 세 번째 문장 : 문제의 원인
- 네 번째 문장 : 본문에서 이야기할 해결책
- 다섯 번째 문장 : 해결책의 근거
- 여섯 번째 문장 : 본문 시작

한눈에 확인하는 원고의 구조

원고의 구조를 전체적으로 이해하면 현재 전자책의 어느 부분을 쓰고 있는지 파악하기 쉽습니다. 아래 전체 원고 구성을 참고하여 목차에 따라 빠르게 초고를 작성하고, 이후 수정 과정을 통해 탄탄한 구조를 만들어보기 바랍니다.

내 지식과 경험(노하우, 해결책)을 알려주는 원고의 구조

들어가는 말 : 전자책에 대한 관심 유도, 공감 형성
- 대상 독자 설정 : 구체적이고 좁은 타깃
- 해결책 소개 : 문제, 고민, 욕망 해결
- 자신의 경험과 지식 소개 : 나는 누구이며, 왜 이 전자책을 쓰는가?
- 독자가 얻을 수 있는 혜택 : 문제에 대한 공감과 해결

1장 : 문제 제기, 문제에 대한 공감, 손해와 피해
- 타깃 독자가 경험한 문제나 고민 제시
- 문제에 대한 공감과 관련된 경험 공유
- 문제의 심화나 지속 시 발생할 손해

2장 : 문제, 고민, 욕망에 대한 해결책 제시
- 내 지식과 경험을 토대로 구체적인 해결책과 방법 제시
- 내가 얻은 노하우, 독자의 조건 및 상황에 따른 해결책
- 내가 해결책으로 얻은 이득, 경험

> 3장 : 해결책을 통한 혜택, 이득, 사례 제시
> - 독자가 공감할 만한 구체적인 예시, 사례
> - 2장의 해결책에 대한 보강
> - 2장의 해결책에 대한 근거
>
> 나가는 말 : 감사 인사와 행동 유도
> - 프로젝트 후원자에 대한 감사 인사
> - 이후 행동을 유도하는 내용, 링크 삽입(카페, 블로그 등)
> - 창작자의 다음 계획 언급

성공한 전자책의 구조를 참고하여 원고를 써보길 바랍니다. 원고를 쓰면서 기억해야 할 점이 있습니다. 바로 여러분의 지식과 경험을 독자가 '쉽게' 이해하고 공감할 수 있도록 전달하는 것입니다. 또한, 각 챕터에 나만의 진솔한 이야기를 포함하면 독자의 이해와 공감을 얻는 데 큰 도움이 될 것입니다.

메시지에 힘을 실어주는 근거 자료와 예시

전자책의 분량은 주제와 내용에 따라 크게 달라질 수 있습니다. 수십 페이지에 불과한 전자책도 있고, 수백 페이지에 이르는 전자책도 있습니다. 페이지 수가 적다고 해서 나쁜 것도, 많다고 해서 좋은 것도 아닙니다. 전자책의 가치는 페이지 수에 비례하지 않으며 독자가 전자책을 통해 자신의 문제를 해결하고 욕구를 충족했느냐에 따라 평가됩니다.

일반적으로 판매 목적의 전자책 분량은 대략 100~200페이지 정도입니다. 하지만 모든 전자책이 글로만 이루어져 있지는 않으며, 주제에 따라 이미지를 다수 포함할 수 있습니다. 앞서 이야기한 전자책 페이지 분량은 최종 완성본을 기준으로 한 것입니다.

이미지가 일부 포함되더라도 기본적으로 원고는 글로 작성합니다. 처음 전자책 원고를 쓸 때, 워드 문서 기준으로 20페이지를 자신의 지식과 경험으로만 채우는 것은 쉽지 않은 일입니다. 워드 문서 20페이지 정도의 분량은 PPT로 전환하면 40~50페이지 정도의 분량이 됩니다. 하나의 대목차 아래 세 개의 소목차가 있고, 각 소목차마다 주제가 다른 세 개의 글로 구성된다고 하면 총 아홉 개의 글이 나옵니다. 각 주제별로 워드 문서 두 장 정도의 분량을 작성하고, 여기에 표지, 목차, 머리말 등을 포함하면 20페이지가 넘습니다. 20페이지 정도의 원고가 100페이지 정도의 전자책이 되기 위해서는 자신의 지식과 경험을 더욱 이해하기 쉽고 가치 있게 만드는 근거 자료와 예시가 필요합니다.

사회생활 경험이 많은 선배가 사회 초년생을 위해 '일 잘하는 법'이라는 주제로 전자책을 쓴다고 가정해보겠습니다. 이 전자책에서 전달하고자 하는 메시지가 "일을 잘하는 사람은 일의 정의부터 세운다."라면, 이 전자책에 포함되는 내용은 다음과 같을 것입니다.

- 일을 잘한다는 것은 무엇일까?
- 일을 잘하는 사람은 어떤 사람인가?
- 일의 정의란 무엇인가?
- 왜 일 잘하는 사람은 정의부터 세울까?
- 일의 정의를 세우려면 어떻게 해야 할까?

이렇게 내용이 정리되면 이야기의 순서에 따라 자신의 지식과 경험을 서술하고, 이를 더욱 설득력 있고 이해하게 쉽게 만드는 근거와 사례를 추가해야 합니다. '일을 잘한다는 것은 무엇일까?'에 대한 간단한 예를 들어보겠습니다.

30년 넘게 사회생활을 하며 일 잘하는 사람들을 많이 만났다. 그들은 자신의 분야에서 탁월한 성과를 내고 함께 일하는 사람들로부터 존경을 넘어 동경까지 받는 이들이다. 이런 사람들과 함께 일하며 그들이 일하는 방식을 가까이에서 보고 배울 수 있었다.
'일을 잘한다는 것은 무엇일까?'라는 질문에 대한 답은 내가 만난 일 잘하는 사람들의 공통점에서 찾아볼 수 있었다. 그중 하나는 자신이 하는 일의 본질을 정확히 이해하고 있다는 것이다.

예를 들어, 요식업에 종사하는 A 씨는 자신의 업의 본질을 '서비스'라고 이해하고 있다. 음식의 맛, 품질, 가격, 고객 응대, 청결까지 모두가 고객을 위한 봉사의 일환이라고 생각하는 것이다. 요식업이 단순히 맛있는 음식을 만드는 것을 넘어, 사람들과의 관계 속에서 자기실현의 욕구까지 충족하는 서비스를 제공하는 일이라고 본다.

A 씨의 음식점 직원들은 모두 자발적으로 고객 만족을 높이기 위해 노력한다. 친절한 미소와 인사부터 고객이 불편해 할 만한 상황에 발빠르게 대처한다. 음식점에 머무르는 시간뿐만 아니라 음식점을 떠난 후에도 기분 좋은 기억을 남기기 위해 노력한다. 그 결과 A 씨의 음식점은 연간 매출 100억 원을 기록했으며, 창업 후 10년간 한 번도 적자가 나지 않았다.

일 잘하는 사람은 업의 본질을 이해하고 있다는 메시지를 전달하기 위해, 이 작가는 A 씨의 사례를 들어 이야기합니다. 거기에 관련 이미지를 추가해 이야기를 더 생동감 있게 전달합니다. 브랜드 이름이나 매출 추이 같은 정보를 더하면 작가의 메시지는 더 큰 신뢰와 설득력을 갖게 될 것입니다.

이처럼 하나의 문장으로 워드 문서 한 페이지 분량의 원고를 작성할 수 있습니다. 전자책의 주제와 메시지를 뒷받침할 수 있는 자료와 근거를 보강한다면 독자의 이해를 도울 뿐만 아니라 전자책 분량에 대한 고민도 덜 수 있습니다.

자료와 근거를 찾는 쉬운 방법

그렇다면 필요한 자료와 근거는 어떻게 찾고 준비해야 할까요? 가장 좋은 방법은 자신이 직접 경험하거나 수집한 자료를 활용하는 것입니다. 여러분이 했던 일이 좋은 결과를 낳았음을 보여주는 실제 사람들의 후기나 이야기, 캡처 이미지 등이 좋은 자료가 될 수 있습니다. 온라인 기사나 칼럼에 노출된 사례도 좋은 근거 자료입니다. 공신력 있는 외부에서 검증된 결과라면 더 큰 신뢰를 얻을 수 있습니다.

만약 직접 경험하거나 수집한 자료가 없다면 통계, 설문, 논문, 뉴스 기사, 책, 잡지, 칼럼 등을 활용할 수 있습니다. '왜 일 잘하는 사람은 정의부터 세울까?'라는 주제로 이야기할 때, 일을 정의하는 것의 중요성을 먼저 설명한다고 가정하겠습니다.

먼저 작가가 생각하는 일의 정의와 중요성을 설명하고, 이를 뒷받침할 자료가 필요합니다. 이때 적절한 자료가 없다면 누구나 인정할 만한 '일 잘하는 사람'의 예시를 찾아야 합니다. 스티브 잡스, 일론 머스크, 마크 저커버그 등과 같은 성공한 기업가들의 인터뷰를 찾아 그들이 말하는 일의 정의와 중요성을 인용할 수 있습니다. 또는 관련된 책이나 글에서 필요한 문장을 찾을 수도 있습니다.

다른 예로, 매출 올리는 방법에 관한 전자책을 쓸 때는 실제 사례나 통계를 통해 높아진 매출을 증명함으로써 신뢰와 설득력을 높일 수 있습니다. 또는 전자책에서 설명하는 방법을 통해 성공한 사람이나 기업의 통계 자료를 활용할 수도 있습니다.

결론적으로 전자책 원고의 분량에 대해 미리 걱정할 필요는 없습니다. 목차와 주제를 먼저 정리하고, 여러분의 지식과 경험을 바탕으로 글을 작성한 후 신뢰성과 설득력을 높여줄 자료와 근거를 보강하면 충분히 완성도 높은 전자책을 만들 수 있습니다.

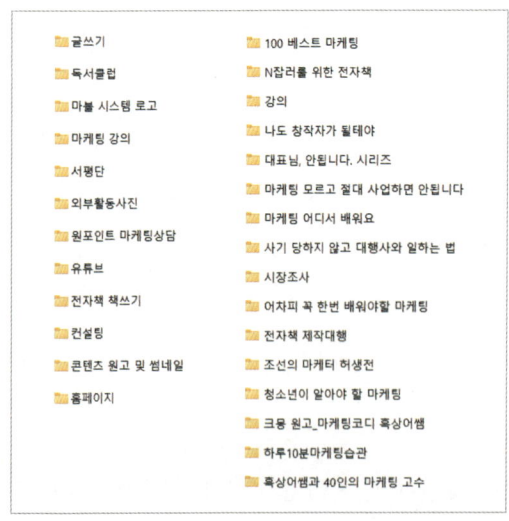

필자의 폴더 정리 예시

전자책을 쓰기로 마음먹었다면 주제와 내용에 필요한 자료를 조사하고 수집하여 컴퓨터에 폴더별로 정리하는 습관을 들이기를 추천합니다. 필자는 활동하는 분야별로 폴더를 나누고 각 관련 자료를 취합하여 관리합니다. 이렇게 모은 자료들은 원고를 작성할 때 큰 도움이 됩니다.

> ✉️ **흑상어쌤의 액션 메시지 14**
>
> **주제별로 자료를 수집하고 폴더별로 정리해보세요**
>
> 전자책 원고와 관련된 자료를 체계적으로 관리하세요. 만약 실제 물건이나 문서가 있다면 사진을 찍어 디지털 파일로 보관하는 것도 좋은 방법입니다.
>
> 가장 효율적인 방법은 목차별로 폴더를 만들어 관리하는 것입니다. 해당 목차와 관련된 사진, 글, 영상, 기사, 웹사이트 URL 등을 한 곳에 모아두면 필요할 때 쉽게 찾을 수 있습니다.
>
> 또한, 당장은 주제와 관계없는 자료라도 전자책이나 타깃 독자와 연관이 있거나 글쓰기에 도움이 될 만한 자료들은 별도의 폴더를 만들어 보관하기를 추천합니다. 원고를 작성할 때 아이디어를 떠올리는 데 큰 도움이 될 것입니다.

CHAPTER 02

실전! 전자책 디자인하기

전자책에서 디자인은 타깃 독자의 시선을 끌고, 전자책의 가치를 높이며, 작가에 대한 신뢰를 강화하는 중요한 요소입니다. 이번 챕터에서는 디자인 전문가가 아니더라도 다양한 디자인 플랫폼과 서비스를 활용해 전자책을 효과적으로 디자인하는 방법을 소개하겠습니다.

01 LESSON 전자책 디자인 쉽게 따라 하기

처음 전자책을 만들겠다고 결심할 때는 원고를 쓰는 것이 가장 큰 고민처럼 다가옵니다. 그러나 펀딩에 도전하려다 보면 오히려 디자인이 더 큰 장벽으로 느껴질 수 있습니다. 잘 쓰든 못 쓰든 글은 써본 적 있지만 디자인은 한 번도 해본 적 없는 경우가 많기 때문입니다.

하지만 포토샵, 일러스트레이터, 인디자인 같은 전문 디자인 툴 없이도 전자책 디자인과 펀딩에 필요한 디자인을 스스로 할 수 있습니다. 다양한 디자인 플랫폼이나 디자인 지원 서비스를 활용하면 됩니다. 지금부터 디자인 플랫폼과 서비스의 종류를 소개하고, 사용 예시를 알아보겠습니다. 중요한 것은 다양한 디자인을 많이 보고, 직접 여러 번 만들어보는 것입니다. 단순히 보는 것에 그치지 말고 직접 만들어본 후 타깃 독자에게 피드백을 받아 개선해나가길 권장합니다.

워드나 한글로 원고를 다 썼다면 이제 파워포인트를 활용해 내지를 제작할 차례입니다. 파워포인트를 사용하는 이유는 인디자인 같은 전문 디자인 툴 없이도 문서 작성, 이미지 편집, 디자인이 가능하기 때문입니다. 비록 전문 툴만큼의 기능은 아니지만, 처음 전자책을 만들고 펀딩하는 데 필요한 작업을 충분히 수행할 수 있다는 점이 파워포인트의 큰 장점입니다.

파워포인트로 쉽고 간단하게 내지 만들기

파워포인트에서는 이미지를 삽입하고 수정할 수 있으며, 다양한 도형과 선을 추가하거나 변경할 수 있습니다. 또한 텍스트의 종류, 크기, 색상 등을 쉽게 조정할 수 있고, 모든 요소의 위치를 간편하게 변경할 수 있습니다.

워드나 한글 같은 워드프로세서에 작성한 원고를 파워포인트로 옮긴 후, 최종 출력물을 PDF 파일과 PNG 이미지로 만들 수 있습니다. PDF 파일은 타깃 독자에게 전달할 최종 파일로, PNG 이미지는 프로젝트 소개 등에 사용할 전자책 예시로 활용할 수 있습니다.

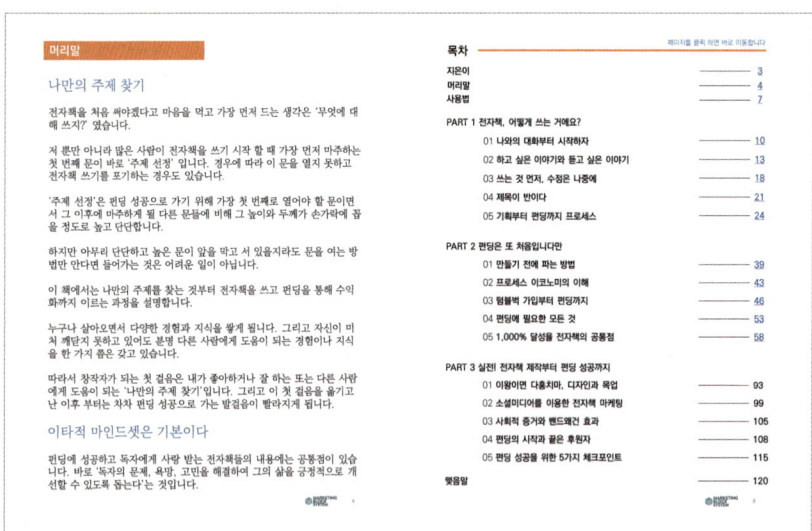

파워포인트로 만든 머리말, 목차 디자인

원고 페이지의 기본 구성

기본적인 원고 페이지의 구성은 다음과 같습니다. 각각의 구성에 알맞게 위치를 잡고 텍스트를 배치합니다.

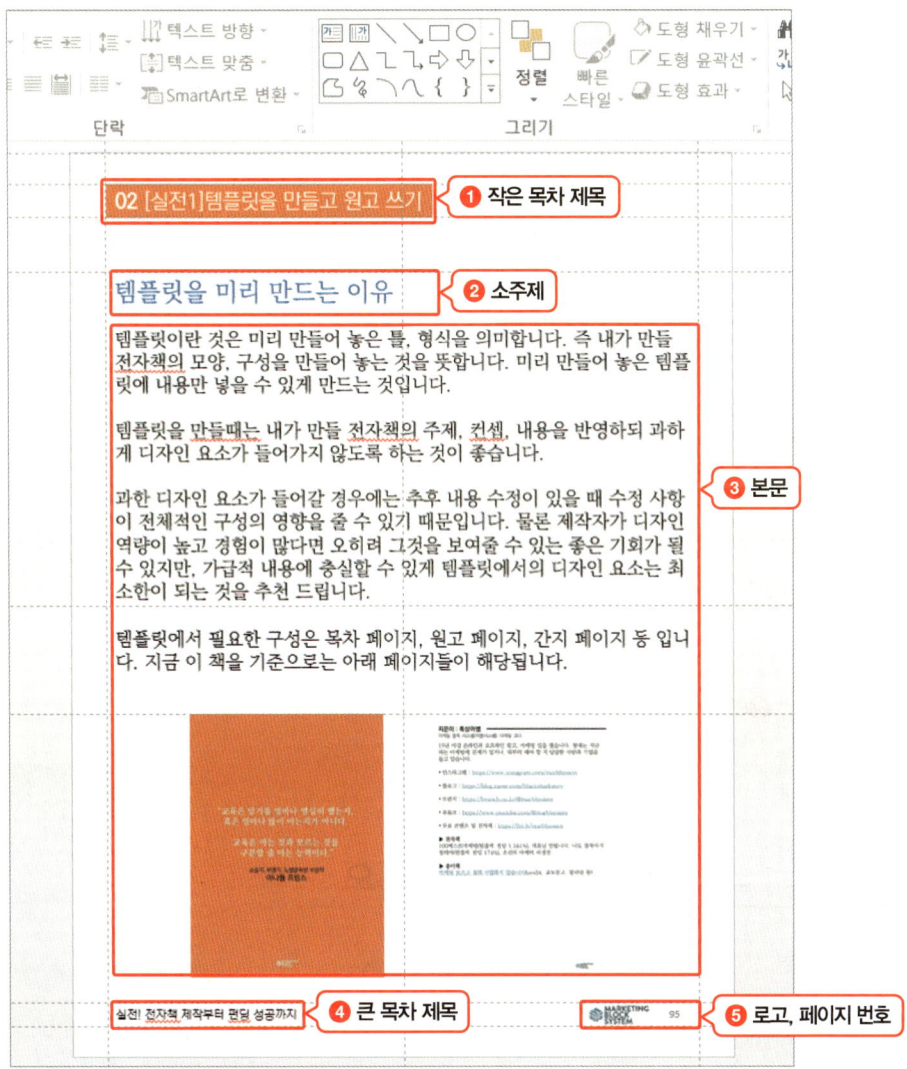

파워포인트로 만든 내지 디자인

세로형 슬라이드 만들기

파워포인트에서 [새로 만들기]를 클릭하면 가로형 슬라이드가 생깁니다. 전자책 원고 페이지에 알맞은 형태인 세로형 슬라이드로 바꿔보겠습니다.

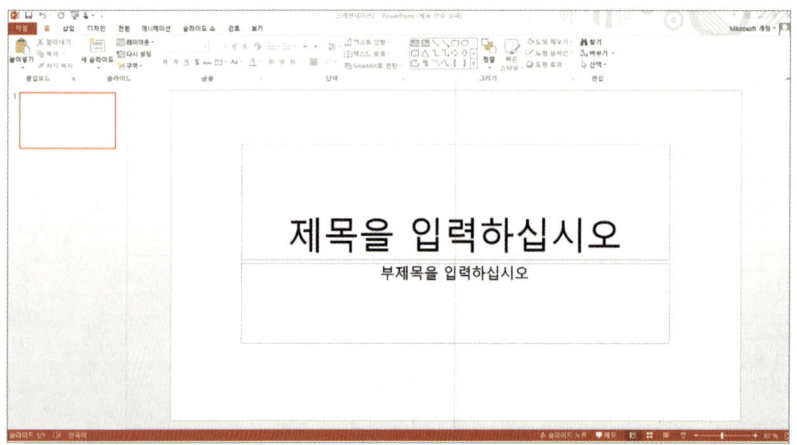

01 정렬을 편리하게 할 수 있도록 안내선을 표시해보겠습니다. ❶ 상단 메뉴의 [보기]를 클릭하고 ❷ [안내선]을 클릭하면 슬라이드 화면 중앙에 점선이 표시됩니다.

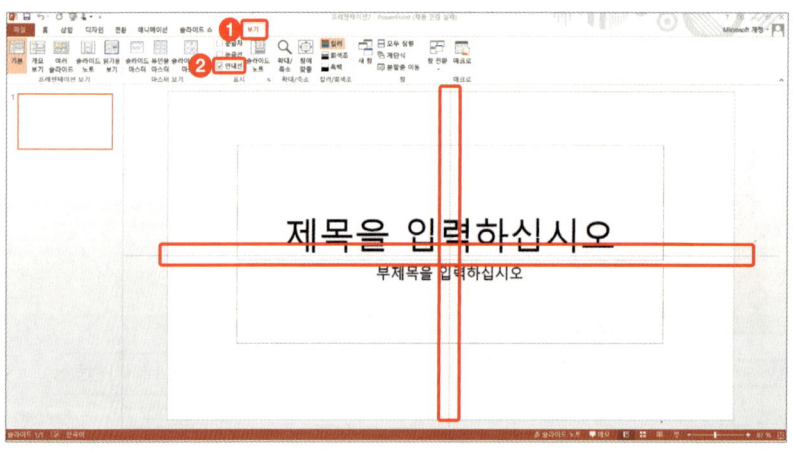

안내선은 편집하는 동안만 표시되고 저장할 때는 사라지므로 안내선을 켜두고 편집하는 것을 추천합니다.

02 ❶ 상단 메뉴의 [디자인]을 클릭하고 ❷ 우측 상단의 [슬라이드 크기]-[사용자 지정 슬라이드 크기]를 선택합니다.

03 ❶ [슬라이드 크기]는 [A4 용지(210×297mm)]를 선택하고 ❷ [방향]은 [세로]를 선택한 후 ❸ [확인]을 클릭합니다.

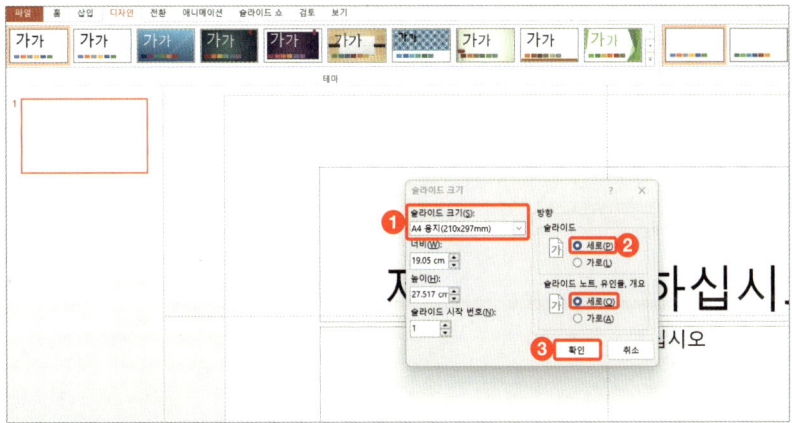

04 [맞춤 확인]을 클릭합니다.

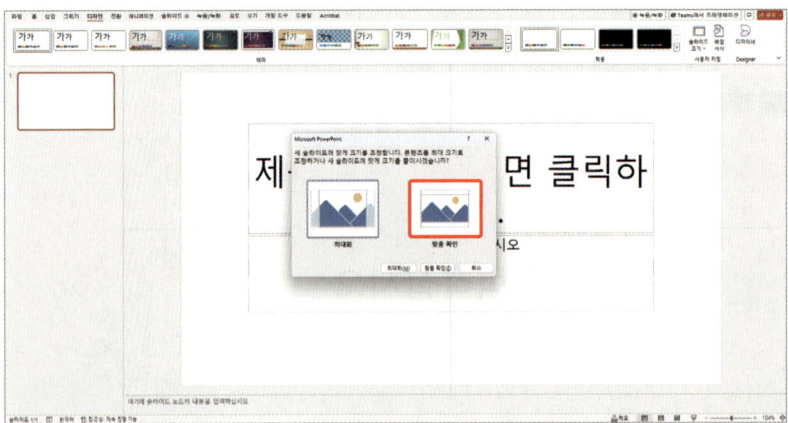

05 A4 용지 사이즈의 세로형 슬라이드가 완성되었습니다.

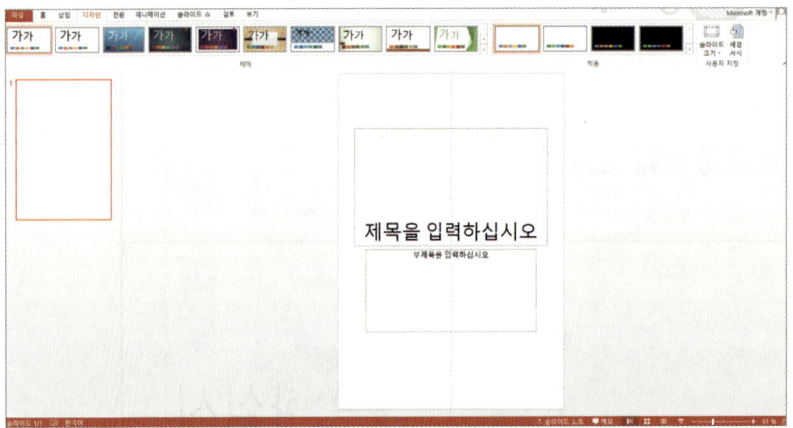

원고 옮기기

작성한 원고를 슬라이드에 옮기기 위해 [텍스트 상자]를 슬라이드에 추가해야 합니다.

01 새로 만든 슬라이드의 입력창을 삭제하여 빈 슬라이드를 만듭니다.

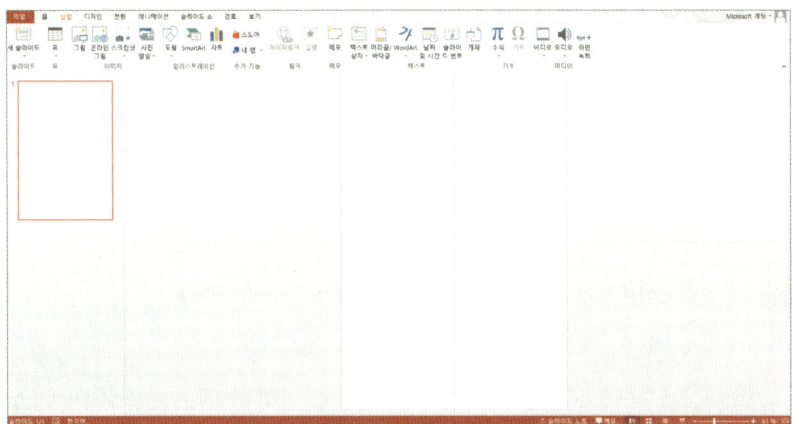

02 ❶ 상단 메뉴의 [삽입]을 클릭하고 ❷ [텍스트 상자]-[가로 텍스트 상자]를 클릭합니다.

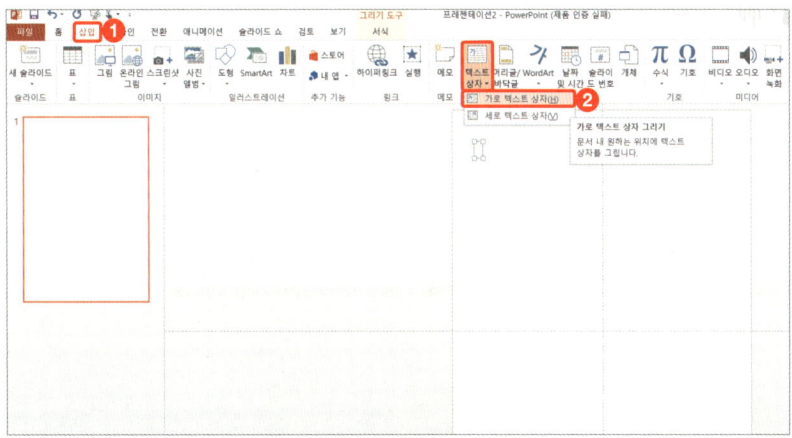

03 슬라이드 위 원하는 위치에 [텍스트 상자]를 배치하고, 워드나 한글에서 작성한 텍스트를 복사(Ctrl + C)한 뒤 텍스트 상자에 붙여 넣기(Ctrl + V)합니다.

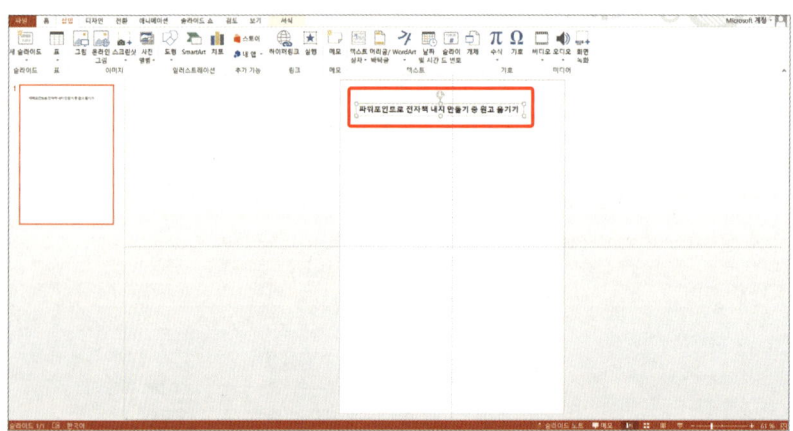

04 ❶ 상단 메뉴의 [홈]을 클릭하고 ❷ [텍스트 상자]를 클릭하면 텍스트 상자와 텍스트를 자유롭게 수정할 수 있습니다.

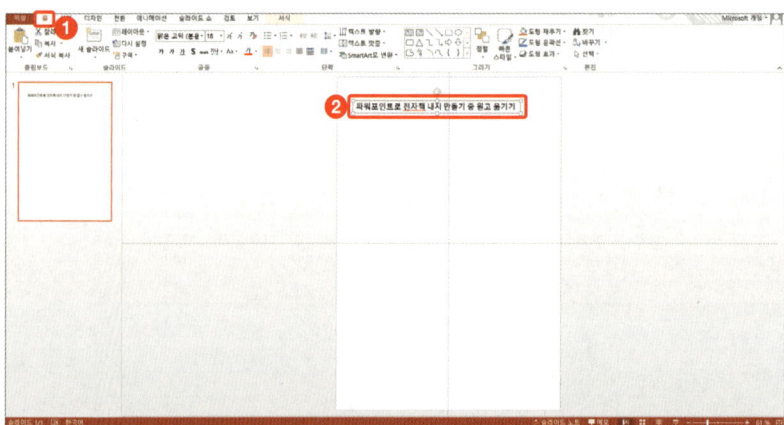

05 텍스트의 서체, 크기, 색상 등을 변경하거나 텍스트 상자의 배경에 색을 넣을 수도 있습니다. 또는 텍스트의 정렬을 왼쪽, 가운데, 오른쪽, 양쪽 방향으로 바꿀 수도 있고, 텍스트 상자를 클릭하면 위치를 옮길 수 있습니다.

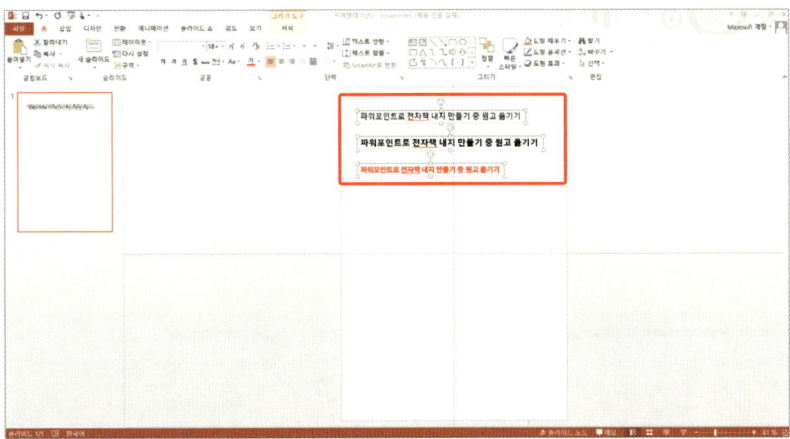

이와 같이 필요한 위치에 텍스트 상자를 추가하여 원고를 슬라이드로 옮깁니다.

선과 도형 추가하기

텍스트의 위나 아래에 선을 넣어 구분할 수 있습니다.

01 ❶ 상단 메뉴의 [삽입]을 클릭하고 ❷ [도형]을 클릭합니다.

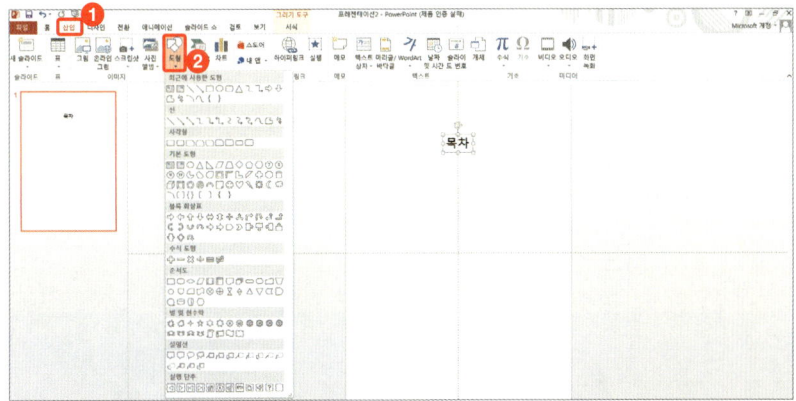

02 [선] 도형을 선택한 후 원하는 위치에 원하는 길이만큼 선 도형을 추가합니다.

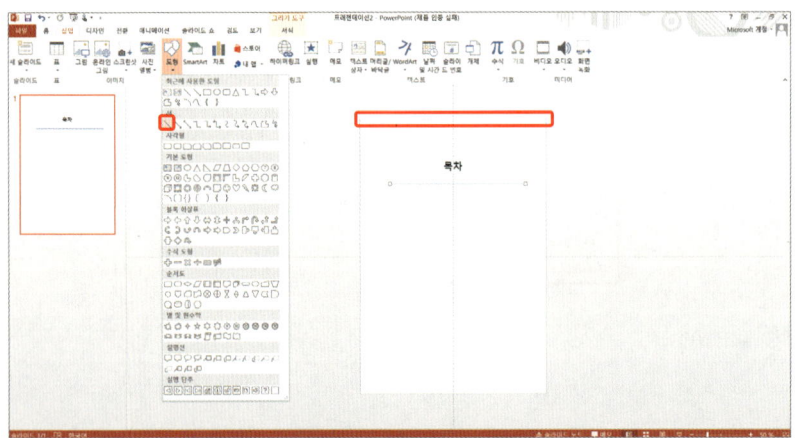

03 선 도형의 두께, 색상 등을 원하는 대로 바꿀 수 있습니다. ❶ 도형을 클릭한 다음 ❷ 상단 메뉴의 [도형 윤곽선]을 클릭합니다.

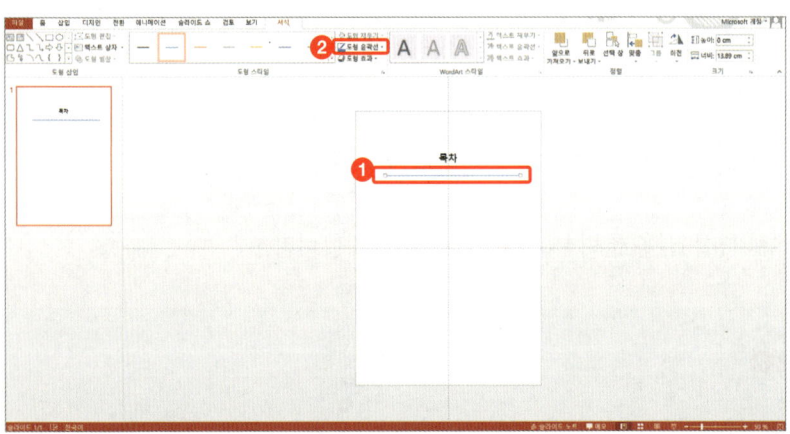

04 필요한 형태로 선의 두께, 색상, 모양을 변경합니다.

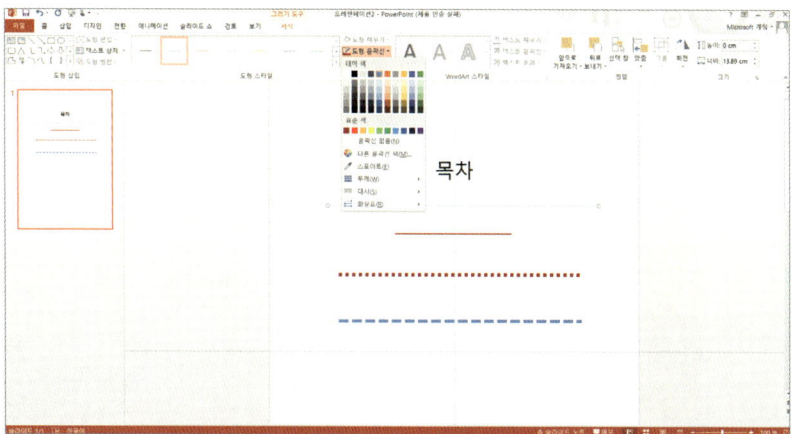

이처럼 [도형]을 활용해 다양한 선과 도형을 추가하고 색상, 두께, 모양, 위치 등을 변경하면서 원고에 필요한 요소를 직접 만들 수 있습니다.

배경색 바꾸기

주제가 다른 본문과 본문 사이를 구분하기 위해 속표지를 넣습니다. 이때 속표지의 배경색을 바꾸는 방법을 알아보겠습니다.

01 슬라이드 위에서 마우스 오른쪽 버튼을 클릭해 [배경 서식]을 선택합니다.

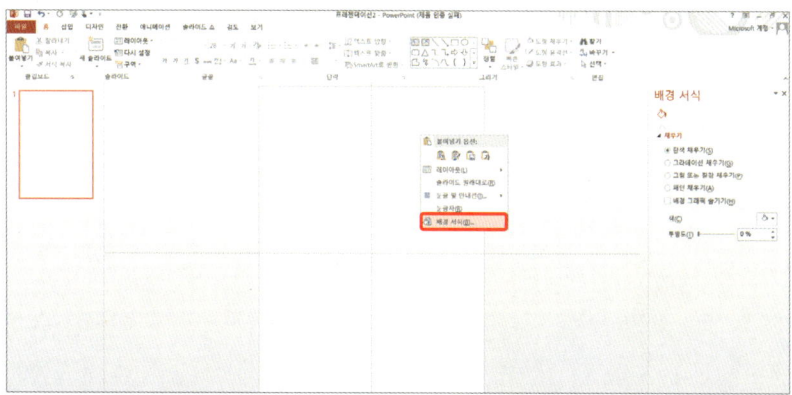

02 [배경 서식]-[채우기]-[단색 채우기]를 선택하고 원하는 색상을 클릭합니다.

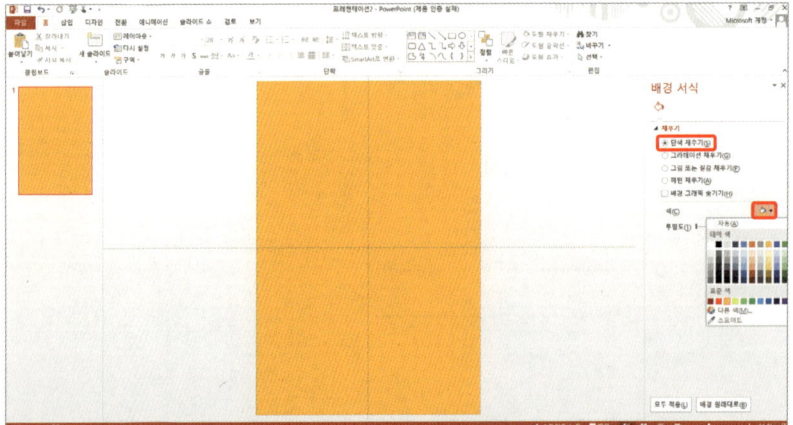

원고를 파워포인트로 옮기면서 목차, 속표지, 챕터마다 필요한 경우 슬라이드 배경색을 바꿔보세요. 배경색을 변경하면 그에 맞추어 텍스트 색상도 바꿔주어야 합니다. 예를 들어, 채도가 높은 빨간색 배경에는 검은색 텍스트가 아닌 흰색이나 노란색 텍스트가 더 가독성이 좋습니다. 배경색을 바꾸고 텍스트 색상을 알맞게 변경하면서 가독성을 높이기를 추천합니다.

이미지 삽입하기

슬라이드에 이미지를 넣을 수도 있습니다. 앞서 속표지 배경색 바꾸기에서 활용한 슬라이드에 이미지를 넣어보겠습니다.

01 ❶ 상단 메뉴의 [삽입]을 클릭하고 ❷ [그림]–[이 디바이스]를 클릭합니다.

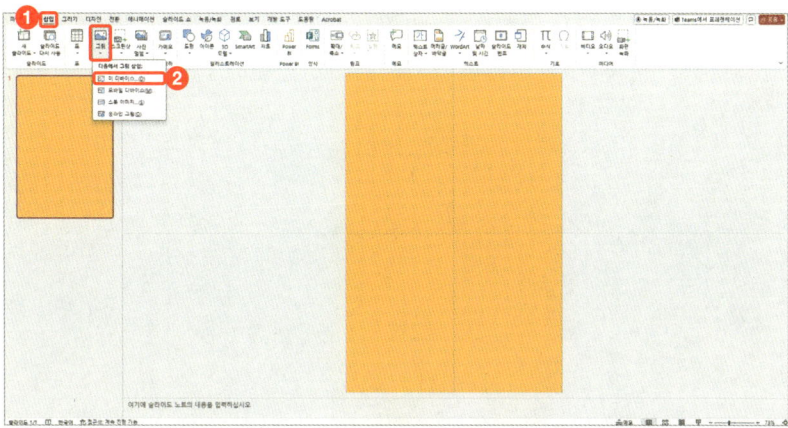

02 폴더 내 이미지를 찾아 클릭하면 슬라이드 위에 이미지가 얹어집니다. 이미지를 클릭하여 위치와 크기를 조정할 수 있습니다.

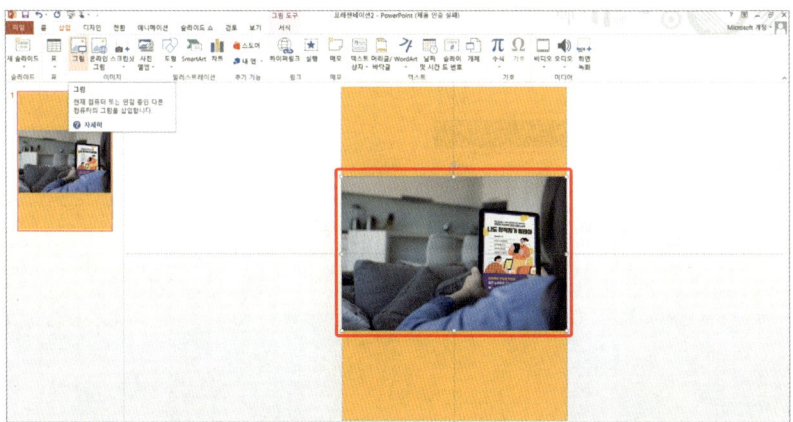

도형 안에 텍스트 넣기

파워포인트에서 원고를 편집하다 보면 도형 안에 텍스트를 넣어야 하는 경우가 있습니다. 이때, 단축키를 통해 쉽고 간단하게 해결할 수 있습니다.

01 ❶ 상단 메뉴의 [삽입]을 클릭한 후 ❷ [도형]을 클릭해 원하는 도형을 넣습니다.

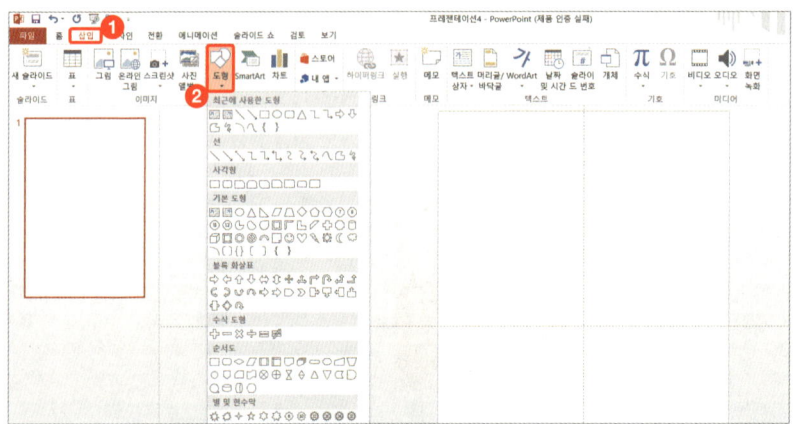

02 ❶ 슬라이드 위의 도형을 클릭한 후 ❷ F2 를 누르면 도형 안에 텍스트 커서가 생깁니다. 원하는 텍스트를 입력하면 됩니다.

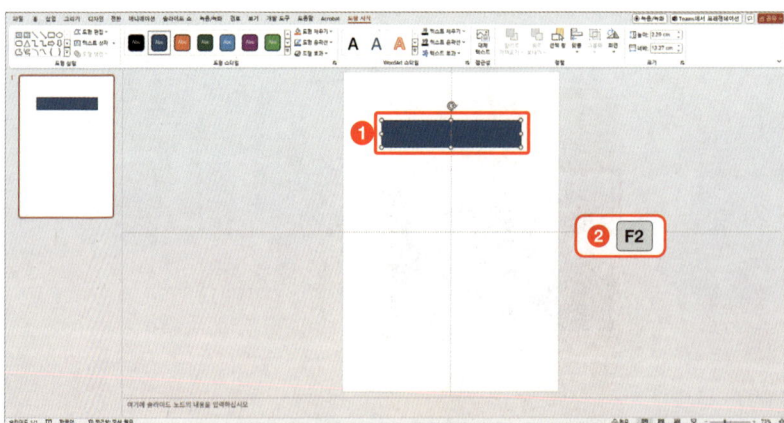

03 ❶ 도형을 클릭한 뒤 ❷ 상단 메뉴의 [도형 채우기]를 클릭하면 도형의 색상과 윤곽선 등을 원하는 대로 변경할 수 있습니다.

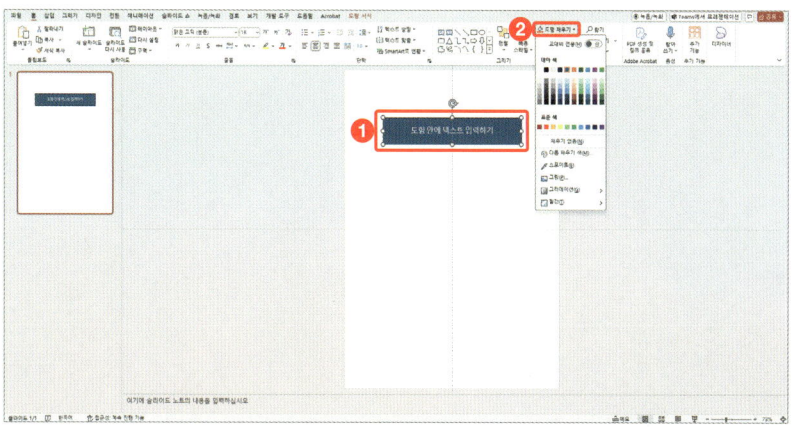

원고에 필요한 모양, 색상, 크기로 다양한 도형을 바꿔보고 도형 안에 텍스트를 입력해보세요. 마찬가지로 도형 안에 텍스트를 넣을 때는 가독성을 고려해서 도형 색상과 텍스트 색상을 선택하는 것이 좋습니다.

이미지 또는 텍스트에 하이퍼링크 넣기

전자책 PDF 파일에서 이미지나 텍스트를 클릭했을 때, 작가가 설정해놓은 특정 링크로 이동할 수 있는 기능을 '하이퍼링크'라고 합니다. 하이퍼링크를 이용하면 웹사이트로 이동할 수 있을 뿐만 아니라 전자책 PDF 파일 내 특정 페이지로 이동할 수도 있습니다. 하이퍼링크를 넣는 방법은 아주 간단합니다. 하이퍼링크를 넣고자 하는 이미지나 텍스트, 도형을 클릭한 다음 마우스 오른쪽 버튼을 클릭해 하이퍼링크를 입력해주면 됩니다.

01 하이퍼링크를 넣을 이미지나 텍스트, 도형을 클릭합니다. 마우스 오른쪽 버튼을 클릭해 [하이퍼링크]를 선택합니다.

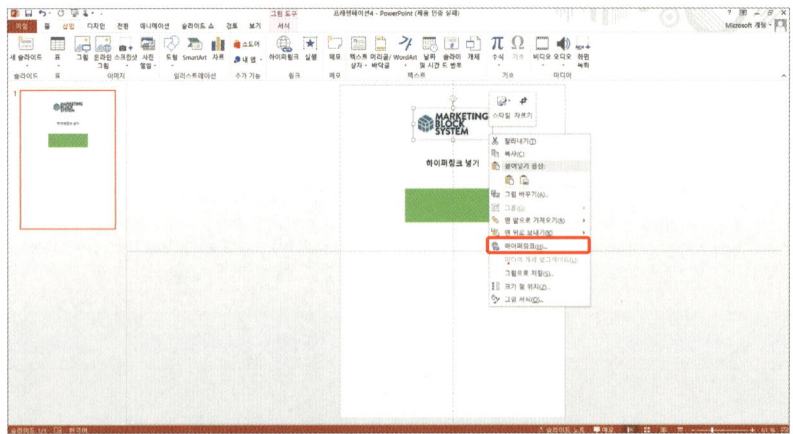

02 문서 내 원하는 페이지로 이동하고 싶다면 ❶ [현재 문서]를 클릭한 다음 ❷ 이동할 슬라이드를 선택합니다.

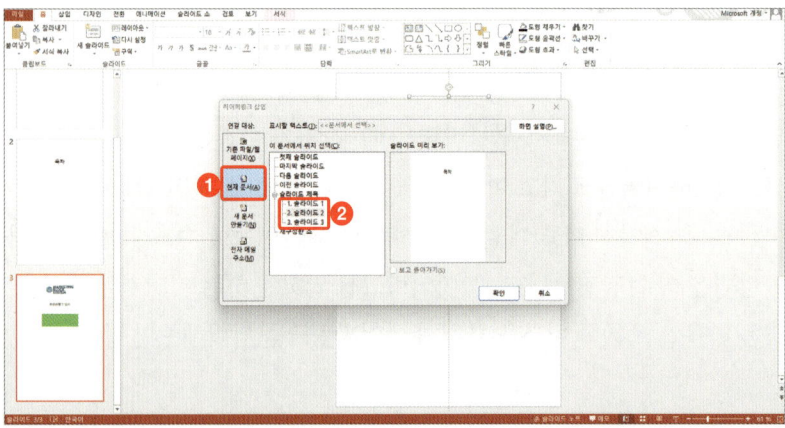

03 원하는 인터넷 웹사이트로 이동하고 싶다면 ❶ [기존 파일/웹 페이지]를 클릭한 다음 ❷ [주소]에 이동할 웹사이트 링크를 입력합니다.

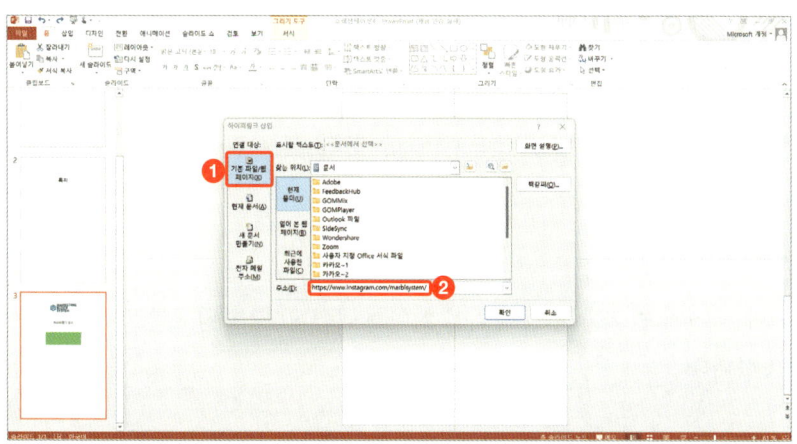

하이퍼링크는 설정하는 방법이 쉬울 뿐만 아니라 활용도가 높고, 독자들에게 전자책 보는 재미를 더해줄 수 있습니다. 예를 들어, 원고에 넣을 수는 없지만 독자가 함께 보면 좋을 유튜브 영상의 링크를 연결할 수 있습니다. 페이지 하단의 로고를 클릭하면 목차로 이동할 수 있도록 만들어 독자들의 편의성을 높여줄 수도 있습니다. 또는 작가의 소셜미디어 계정이나 홈페이지로 연결하여 작가와 독자가 직접 관계를 맺을 수도 있고, 구매나 가입 등을 유도할 수도 있습니다.

슬라이드 번호 매기기

전자책 원고 하단에 페이지 번호를 넣는 방법을 알아보겠습니다. 파워포인트에서는 [슬라이드 번호]라고 합니다.

01 ❶ 상단 메뉴의 [삽입]을 클릭하고 ❷ [슬라이드 번호]를 클릭합니다.

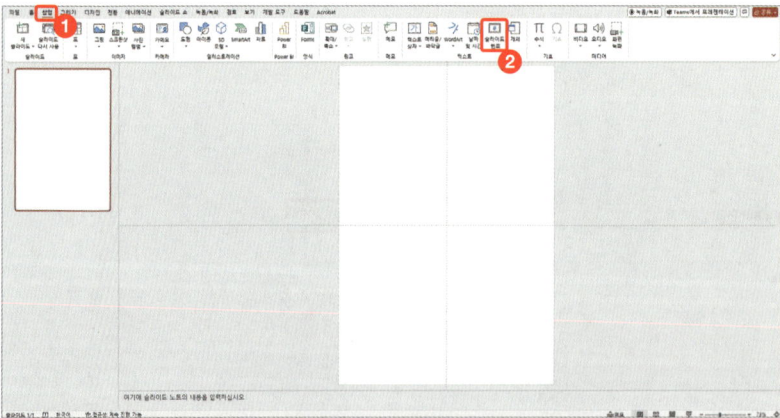

02 ❶ [슬라이드 번호]와 [제목 슬라이드에는 표시 안 함]에 체크한 후 ❷ [모두 적용]을 클릭합니다.

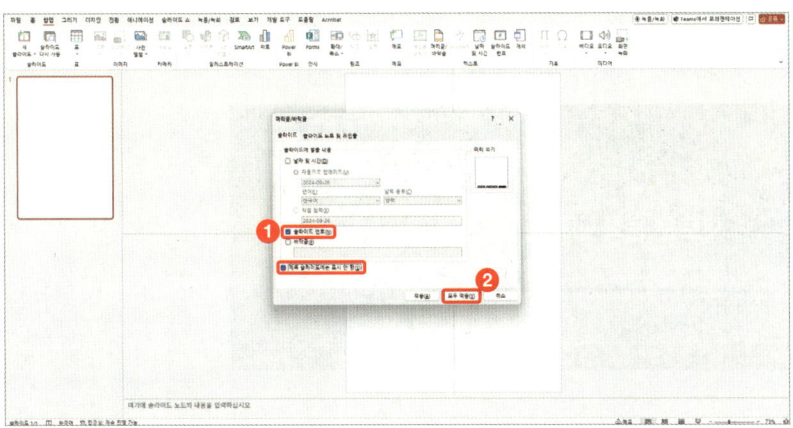

앞으로 작성하는 슬라이드의 우측 하단에 슬라이드 번호가 순서대로 자동 입력됩니다.

KoPub 서체 다운로드하기

원고를 작성할 때는 서체 사용에 주의해야 합니다. 여러분의 컴퓨터에 설치되어 있던 서체라도 전자책으로 만들고 상업적으로 사용 가능한 서체인지 확인해야 합니다. 문제를 방지하기 위해 한국출판인회의에서 출판산업뿐만 아니라 다양한 산업에서 무료로 활용할 수 있는 'KoPub 서체'를 만들어 무료로 배포하고 있습니다. 지금부터 KoPub 서체를 다운로드해보겠습니다.

01 한국출판인회의 홈페이지(kopus.org)에 접속하고 우측 상단의 [KoPub 서체]를 클릭합니다.

02 ❶ [KoPub 2.0]을 클릭한 다음 ❷ [KoPub 서체 사용 등록하기]를 클릭합니다.

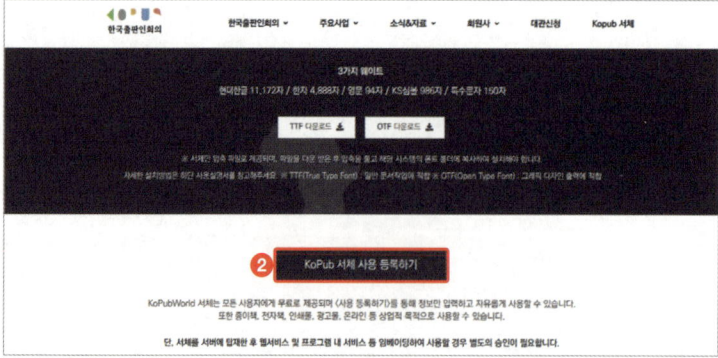

03 [개인 정보 수집 및 이용 동의] 내용을 확인한 후 ❶ [동의]와 [개인]에 체크한 후 ❷ [다음]을 클릭합니다.

04 이름과 사용 범위, 용도 등 사용자 정보를 입력한 후 [다음]을 클릭해 제출합니다.

05 [TTF 다운로드] 또는 [OTF 다운로드]를 클릭해 서체를 다운로드합니다.

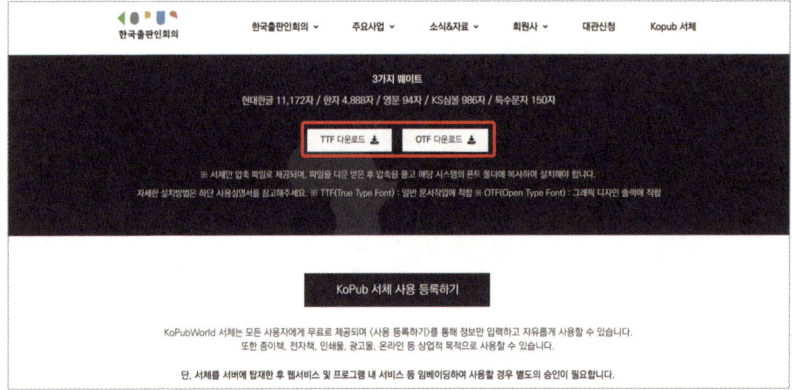

서체는 TTF(True Type Font)와 OTF(Open Type Font) 두 가지 종류를 다운로드할 수 있습니다. TTF는 한글, 워드 등을 주로 사용하는 일반적인 문서 작업에 적합합니다. OTF는 좀 더 섬세한 곡선 표현을 위한 서체이기 때문에 일러스트레이터, 인디자인 등 전문적인 디자인 작업에 적합한 서체입니다. 따라서 우리가 작업하는 전자책 서체는 두 가지 모두 사용 가능합니다.

한 번 다운로드하면 이후에도 사용할 수 있고 파일의 용량 크기도 크지 않습니다. 주로 일반적인 문서 작업이 많다면 TTF를 다운로드해 사용하면 됩니다. 만약 잡지, 책 등 고해상도의 출력물을 만드는 데 사용한다면 OTF를 다운로드하면 됩니다.

06 다운로드한 서체 파일은 [내 PC]-[다운로드] 폴더에 저장됩니다. 파일의 압축을 풀고 서체 파일을 선택한 뒤 복사(Ctrl + C)합니다.

07 [Windows]-[Fonts] 폴더에 붙여 넣기(Ctrl + V)하면 서체가 저장됩니다. 다만, 현재 사용 중인 워드나 파워포인트에는 바로 적용되지 않습니다. 사용 중인 문서를 저장한 후 다시 열었을 때부터 KoPub 서체를 사용할 수 있습니다.

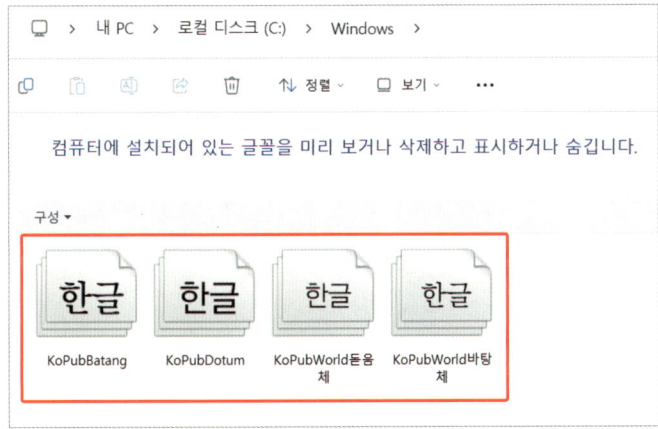

처음에는 파워포인트 사용이 어려울 수 있습니다. 그러나 외부 전문 디자이너의 도움 없이, 전문 디자인 툴을 사용하지 않고도 직접 전자책을 만들 수 있기 때문에 시간과 비용을 크게 절약할 수 있습니다. 개인이 전문 디자이너에게 작업을 맡기거나 디자인 툴을 익히는 데는 적지 않은 시간과 비용이 듭니다. 한번 알아두면 앞으로 시간과 노력을 줄일 수 있으니 이번 기회에 파워포인트의 기본 기능을 꼭 익혀두길 바랍니다.

표지 디자인 무료 플랫폼 : 미리캔버스

디자인에 익숙하지 않은 사람들을 위한 디자인 플랫폼들이 있습니다. 디자인 플랫폼 서비스는 전문적인 디자인 툴을 사용하기 어려워하는 사람들과 디자인 경험이 없는 사람들을 위해 다양한 템플릿을 만들어 제공합니다. 이 템플릿은 누구나 쉽게 수정해 사용할 수 있어, 전자책 디자인뿐만 아니라 온라인 배너 광고, 오프라인 현수막, 책 표지, 명함 등 다양한 분야에서 유용하게 활용됩니다. 이용자는 필요에 따라 템플릿을 선택한 후 이미지, 색상, 텍스트, 서체 등을 몇 번의 클릭으로 바꿔가며 자신만의 디자인을 만들 수 있습니다. 무료 서비스만을 이용할 수도, 유료로 전환하여 더 다양한 기능을 사용할 수도 있습니다.

대표적인 디자인 플랫폼으로는 미리캔버스, 망고보드, 캔바가 있습니다. 디자인 플랫폼의 사용 방법은 비슷하기 때문에 한 곳의 서비스를 익히면 다른 플랫폼을 쉽게 이용할 수 있습니다.

주요 디자인 플랫폼
1. 미리캔버스(miricanvas.com) : 국내 최다 이용 디자인 플랫폼
2. 망고보드(mangoboard.net) : 6천 개 이상의 사전 제작 AI 제공
3. 캔바(canva.com) : 세계 최다 이용 디자인 플랫폼

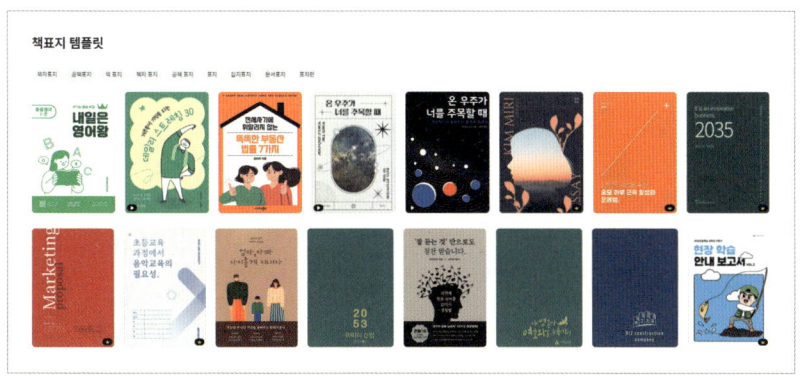

미리캔버스 '책표지' 템플릿 예시

처음 사용할 때는 모르는 점이 많을 수 있습니다. 이럴 때는 미리캔버스의 '헬프센터'를 활용해 궁금증을 해결해보길 추천합니다.

미리캔버스 헬프센터

헬프센터에서는 플랫폼 사용법뿐만 아니라 디자인 팁도 제공하므로 처음 사용할 때 헬프센터에서 궁금한 기능과 노하우를 먼저 확인해보길 권장합니다. 이미 다른 이용자들이 겪었던 고민과 해결 방법이 잘 정리되어 있어 플랫폼을 효과적으로 활용하는 데 큰 도움이 됩니다.

미리캔버스로 만든 전자책 표지 디자인 예시

필자가 만든 전자책 표지는 모두 미리캔버스의 템플릿을 활용해 디자인했습니다. 미리캔버스를 사용하기 전에는 파워포인트로 디자인을 했지만, 전문적인 디자인 경험이 부족해 만족스러운 결과물을 만들지 못했습니다. 그러나 미리캔버스를 사용한 후로는 표지 디자인에 대한 고민이 사라졌고, 디자인 퀄리티도 크게 향상되었습니다.

파워포인트로 만든 표지 디자인(좌), 미리캔버스로 만든 표지 디자인(우)

필자가 제작한 전자책은 펀딩을 진행한 것도 있고, 소셜미디어에서 직접 판매한 것도 있습니다. 또한, 외부 요청이나 강의와 함께 진행된 프로젝트를 위해 만든 전자책도 있습니다. 이 중 미리캔버스로 제작한 몇 가지 전자책을 소개하겠습니다. 전자책에 관심이 많거나 미리캔버스를 자주 이용해봤다면 필자의 전자책 표지가 익숙하게 느껴질 수 있습니다. 이는 필자가 두세 가지 템플릿을 혼합하고 서체를 변경해 만든 결과물입니다.

- **제목** : 100 베스트 마케팅

- **주제/내용** : 심리학, 뇌과학, 행동경제학, 브랜딩, 마케팅, 스토리텔링, 카피라이팅 등의 분야에서 최근 30년 동안 베스트셀러인 도서 100권 핵심 요약

- **디자인 중점** : 숫자 100과 베스트를 강조, 다양한 마케팅 분야 베스트셀러를 압축, 요약한 점을 강조

- **제목** : 대표님, (마케팅 모르고 마케팅 하면) 안 됩니다

- **주제/내용** : 마케팅을 잘 모르거나 지금 마케팅에 문제가 있어 답답한 사장님, 예비 사업자, 프리랜서를 위한 마케팅 기본기

- **디자인 중점** : 직원들이 대표님에게 강력하게 이야기하는 분위기 연출, 일러스트 캐릭터 이미지를 활용

- **제목** : 조선의 마케터 허생전 1부

- **주제/내용** : 마케팅을 처음 공부하는 취준생, 사업자, 프리랜서가 스토리를 통해 자연스러운 마케팅 기초 지식을 습득할 수 있는 도서. 연암 박지원의 소설 《허생전》을 모티브로 '조선시대에도 마케터가 있었다면?'이라는 가정을 바탕으로 만든 마케팅 소설

- **디자인 중점** : 조선시대 분위기 연출, 노트북과 전동 스쿠터를 이용하는 캐릭터 일러스트를 활용해 현대적인 느낌과 재미 추가

- 제목 : 약돌며느리와 약돌한우돼지

- 주제/내용 : '문경약돌축산물명품화협의회'의 브랜드 스토리북. 브랜딩, 마케팅 과정을 약돌며느리의 스토리텔링으로 구성. 약돌한우돼지 및 협의회의 다양한 활동 홍보와 스토어 유입 유도 목적

- 디자인 중점 : 기존에 제작되어 이미 활용하고 있는 약돌며느리 캐릭터를 강조. 약돌며느리에 대한 친근함과 궁금증 유도

- 제목 : 퍼스널 브랜딩 스토리

- 주제/내용 : 퍼스널 브랜딩 글쓰기 프로젝트에 참여한 필진들의 퍼스널 브랜딩 도전기. 각자의 퍼스널 브랜딩을 시작한 이유와 과정을 통해 퍼스널 브랜딩에 도전하는 사람들에게 노하우 전달과 동기부여

- 디자인 중점 : 희망찬 사람들의 모습을 통해 꿈을 향해 도전하는 긍정적이고 밝은 분위기 조성

텀블벅에서 펀딩에 성공한 전자책 디자인 사례도 함께 살펴보겠습니다. 전자책의 분야, 대상, 주제에 따라 다양한 디자인이 존재합니다. 여러 표지 디자인을 여러분의 전자책 표지 디자인에 어떻게 참고할 수 있을지 고민해봅시다. 물론 모든 전자책이 미리캔버스 템플릿을 이용하는 것은 아니지만, 미리캔버스를 활용하면 전문가 수준은 아니더라도 펀딩이나 판매가 가능한 수준의 표지 디자인을 충분히 만들 수 있습니다.

- **프로젝트 제목** : 원하는 기업 골라가는 나만의 '자기소개서 작성법'
- **전자책 제목** : 자기소개서 작성법
- **펀딩 달성률** : 2,027%

- **프로젝트 제목** : 노션 왕초보부터 실력자를 위한 슈퍼 가이드
- **전자책 제목** : 노션의 정석
- **펀딩 달성률** : 3,377%

- **프로젝트 제목** : 내 인생 공략집! 금단의 SLB 사주풀이 비법
- **전자책 제목** : SLB 사주풀이 비법
- **펀딩 달성률** : 1,216%

- **프로젝트 제목** : 그림 작가를 위한 〈애매한 재능으로 돈 버는 법〉
- **전자책 제목** : 프리랜서 그림 작가에 대한 모든 것(총 4권)
- **펀딩 달성률** : 5,025%

- **프로젝트 제목** : 프로N잡러의 취미로 월1000만원 노하우
- **전자책 제목** : 프로N잡러의 취미로 월1000만원 노하우
- **펀딩 달성률** : 1,875%

출처 : 텀블벅

미리캔버스에서 제공하는 템플릿에는 일러스트 디자인뿐만 아니라 실제 인물, 풍경, 사물 등의 사진을 포함한 실사 이미지 템플릿도 있습니다. 하지만 실사 이미지를 그대로 사용하면 동일한 템플릿을 이용한 다른 전자책 표지와 비슷한 느낌이 강하게 듭니다. 쉽게 말해, 같은 모델이 여러 전자책의 표지에 등장할 수 있다는 뜻입니다. 따라서 실사 이미지를 사용할 때는 자신의 이미지를 활용하거나 템플릿의 이미지를 교체하는 것이 좋습니다.

자신이 직접 촬영한 사진이나 프로필 이미지를 사용하고 싶다면 고화질 이미지의 배경을 제거한 후 템플릿의 사진과 교체하는 방법이 있습니다(배경 지우기는 다음 레슨에서 구체적으로 알아보겠습니다). 실사 이미지를 교체하지 않을 경우, 일러스트 이미지 템플릿 두세 개를 활용하는 것을 추천합니다.

미리캔버스 실사 이미지 템플릿 예시

미리캔버스로 표지 만들기 (실습)

표지 디자인을 어떻게 하면 좋을지 명확하게 구상하지 못했더라도 걱정할 필요는 없습니다. 미리캔버스에는 수십 가지 이상의 다양한 책 표지 템플릿이 준비되어 있기 때문입니다. 템플릿들을 보면서 여러분의 전자책 주제에 적합한 시안 두세 가지를 골라서 텍스트, 색상, 이미지를 교체해가며 여러분만의 표지를 쉽게 만들 수 있습니다. 템플릿을 편집한 후에는 다운로드할 수 있습니다. 무료 버전에서는 프리미엄 템플릿을 사용할 수 없지만 기본 템플릿만으로도 충분히 훌륭한 표지를 만들 수 있습니다. 사용에 익숙해지면 필요에 따라 유료 버전으로 업그레이드하여 프리미엄 템플릿을 무제한으로 활용할 수 있습니다.

미리캔버스 표지 템플릿(변경 전)   템플릿을 변경해서 만든 표지 디자인(변경 후)

이제 미리캔버스에 가입한 후 기본 템플릿을 선택하고, 자신이 원하는 이미지와 디자인 요소를 추가해 최종적으로 책 표지를 완성하는 과정을 알아보겠습니다.

> **미리캔버스로 책 표지 디자인하기 5단계**
> 1단계 : 가입하기
> 2단계 : 탐색하고 선택하기
> 3단계 : 수정하고 변경하기
> 4단계 : 저장하고 다운로드하기
> 5단계 : 검토하기

1단계 : 가입하기

01 미리캔버스 홈페이지(miricanvas.com)에 접속하고, 우측 상단의 [5초 회원가입]을 클릭합니다.

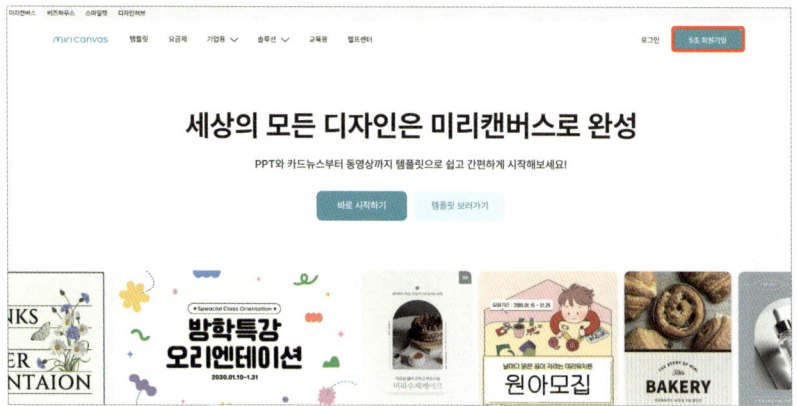

02 카카오, 네이버, 이메일 계정으로 가입하거나 다른 방법으로 가입합니다.

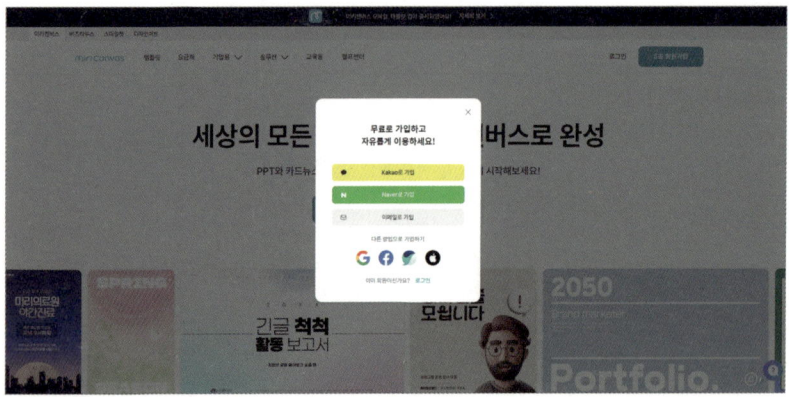

03 ❶ 좌측 메뉴에서 [템플릿]을 클릭하고 ❷ 검색창에 '책표지' 또는 '북커버'를 검색합니다.

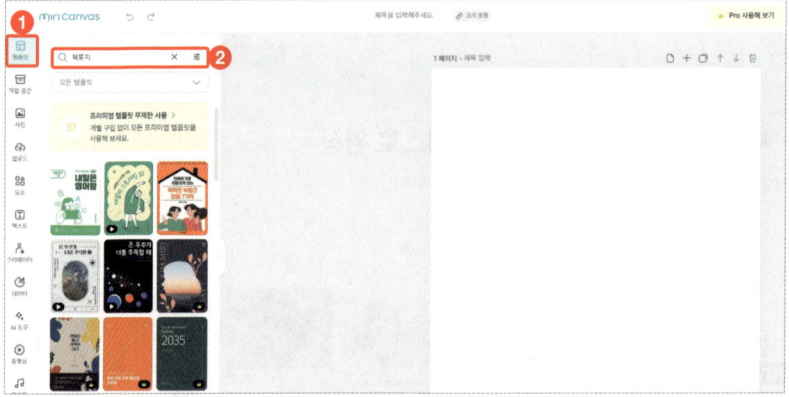

또는 좌측 상단의 미리캔버스 로고를 클릭한 후 '책표지' 등 키워드를 검색해 필요한 템플릿을 찾을 수도 있습니다.

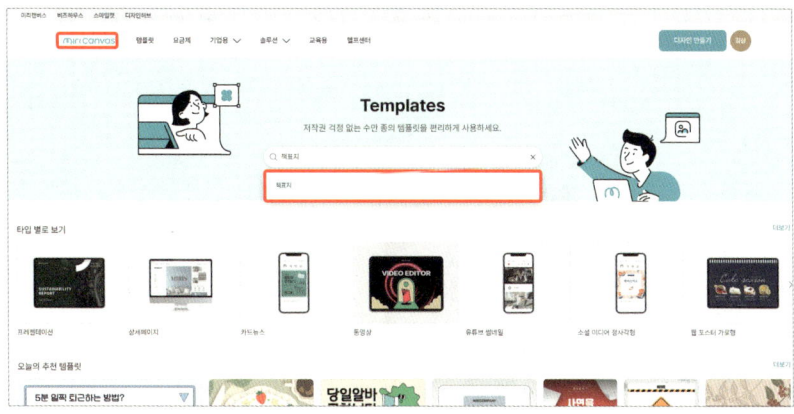

2단계 : 탐색하고 선택하기

01 전자책 주제와 타깃 독자를 고려하여 기본으로 사용할 템플릿을 선택하고 [이 템플릿 사용하기]를 클릭합니다.

02 ❶ 하단의 [+페이지 추가]를 클릭한 다음 ❷ 요소를 활용할 추가 템플릿을 선택합니다.

03 추가 템플릿을 선택할 때는 전자책 주제와 연관성이 높은 키워드로 검색하는 것이 좋습니다.

3단계 : 수정하고 변경하기

01 기본 템플릿에서 교체할 요소를 선택하고 삭제합니다.

02 ❶ 텍스트 상자를 클릭하고 제목, 부제목을 수정합니다. ❷ 좌측 메뉴에서 글자 크기, 색상, 서체를 바꿀 수 있습니다.

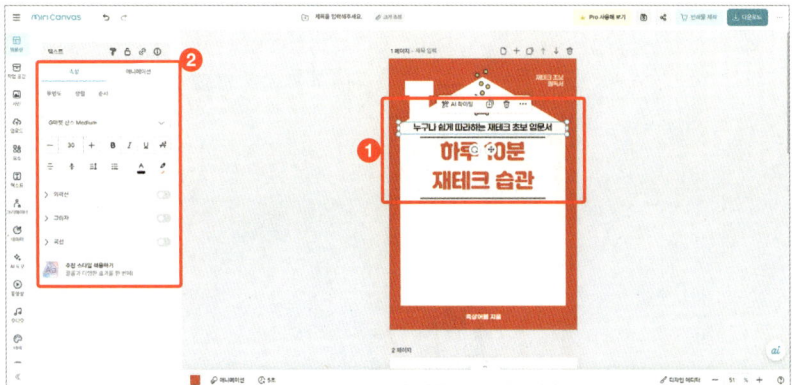

03 추가 템플릿에서 기본 템플릿으로 가져올 요소를 선택합니다. 하나의 요소를 선택할 수도 있고, 여러 개의 요소를 한번에 클릭한 다음 좌측 메뉴에서 [그룹으로 만들기]를 클릭하면 하나의 요소처럼 편리하게 이동할 수 있습니다. 요소가 선택되면 복사(Ctrl + C)합니다.

04 기본 템플릿에서 붙여 넣기(Ctrl + V)합니다. 요소의 사이즈와 위치를 조정할 수 있습니다.

05 동일한 방법으로 다른 템플릿에서도 일부 요소를 가져올 수 있습니다.

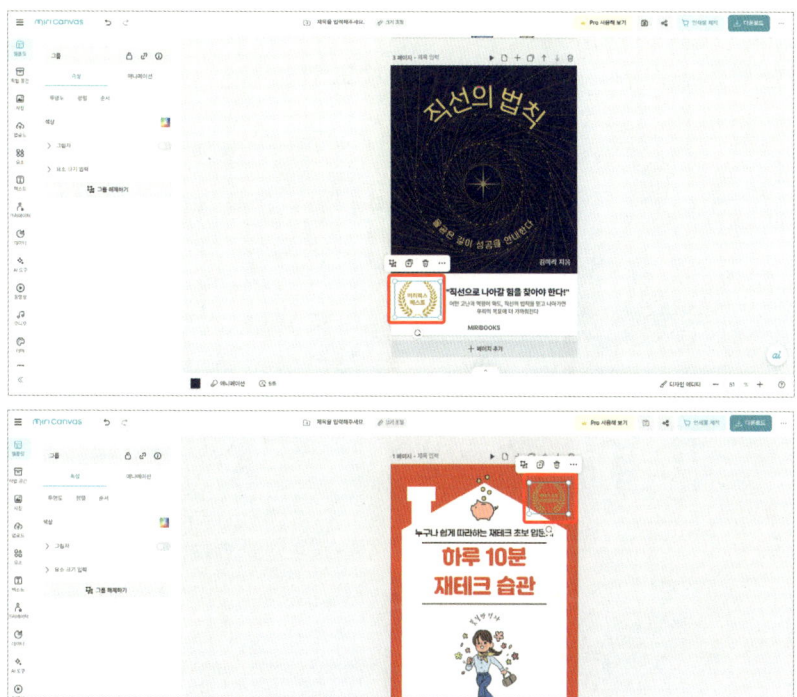

06 텍스트를 복사, 붙여 넣기 하거나 정렬을 해야 할 때는 마우스 오른쪽 버튼을 클릭해 원하는 기능을 클릭합니다. 이미지 요소도 마찬가지로 요소 클릭 후 마우스 오른쪽 버튼을 클릭해 수정할 수 있습니다.

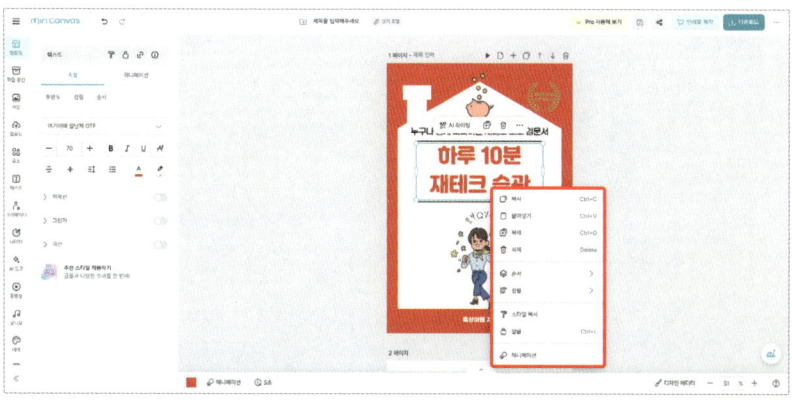

4단계 : 저장하고 다운로드하기

01 좌측 상단의 [작업 공간] 메뉴를 클릭하면 최근 작업한 디자인을 선택할 수 있습니다. 기존에 제작한 템플릿을 다시 사용하거나 수정할 수도 있습니다.

02 저장할 템플릿을 선택하고 ❶ 상단에 템플릿 제목을 입력합니다. ❷ Ctrl + S 를 눌러 파일을 저장한 다음 ❸ 우측 상단의 [다운로드]를 클릭해 파일 형식과 저장할 페이지를 선택하고 [고해상도 다운로드]를 클릭합니다.

03 다운로드가 완료되면 [내 PC]-[다운로드] 폴더에 파일이 저장됩니다.

5단계 : 검토하기

다운로드한 파일을 열어서 오탈자가 있는지 없는지, 각 요소는 알맞게 배치되었는지 등을 꼼꼼히 살피며 최종 확인합니다.

미리캔버스에서는 다양한 템플릿을 제공합니다. '책표지', '북커버' 등의 키워드를 검색해서 기본 템플릿으로 사용할 디자인을 선택한 후, 전자책 주제와 관련된 키워드를 추가로 검색해보세요. 다양한 템플릿을 직접 사용해보면서 미리캔버스 사용법을 익히고 더욱 개성 넘치고 매력 있는 표지를 만들어보기 바랍니다.

> ✉ **흑상어쌤의 액션 메시지 15**
>
> **다섯 개의 각기 다른 템플릿을 사용해보세요**
>
> 처음 디자인 플랫폼을 이용할 때는 이미 잘 만들어진 템플릿의 제목만 바꿔서 사용하는 것이 효율적이라고 생각할 수도 있습니다. 물론 그런 방법도 있지만 다른 사람들도 비슷한 생각을 할 가능성이 큽니다. 다시 말해, 내가 처음 만든 디자인이라 해도 독자는 어디선가 본 이미지에 제목만 바꾼 것임을 쉽게 알아차릴 수 있다는 뜻입니다.
>
> 하나의 템플릿을 그대로 사용하기보다는 여러 템플릿의 디자인 요소를 섞어가며, 전자책의 주제에 적합하고 타깃 독자들이 매력을 느낄 만한 디자인을 만드는 것이 중요합니다. 여러 템플릿을 활용하는 과정에서 디자인 감각도 자연스럽게 향상됩니다. 지금부터 서로 다른 템플릿 다섯 개를 골라 사용해보며 나만의 표지 디자인을 만들어보는 연습을 해봅시다.

표지 디자인을 더 빛나게 하는 목업 이미지

디자인 플랫폼에서 표지 디자인을 완성했다고 해서 모든 작업이 끝나는 것은 아닙니다. 전자책 펀딩을 위해 필요한 여러 요소들이 남아 있기 때문입니다. 예를 들어, 펀딩 프로젝트를 소개할 때 필요한 대표 이미지, 프로젝트 소개 페이지에 들어갈 목업 이미지[12]가 필요합니다.

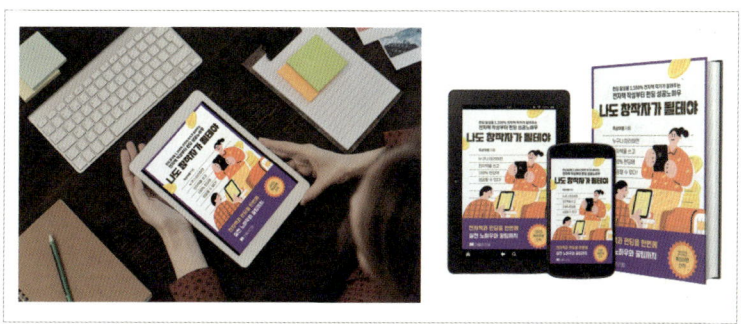

전자책 목업 이미지

앞서 살펴본 디자인 플랫폼에서도 목업 이미지를 만들 수 있지만, 이미지 종류가 다양한 웹사이트 두 곳을 소개합니다.

플레이스잇

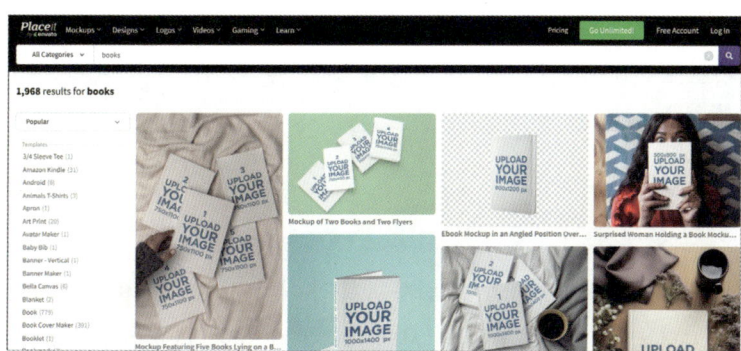

플레이스잇(placeit.net)

---

12 목업(mockup) : 실제 제작 전에 디자인을 검토하기 위해 실물과 유사하게 제작된 시제품

플레이스잇(Placeit)에서는 책 표지 디자인뿐만 아니라 티셔츠, 모자 등 다양한 상품에 나만의 디자인을 적용해볼 수 있습니다. 디자인 플랫폼에서 표지 디자인을 만든 후, 플레이스잇에서 원하는 목업 디자인을 선택하고 표지 이미지 파일을 업로드하면 몇 초 만에 고품질의 목업 이미지를 다운로드할 수 있습니다.

플레이스잇으로 만든 목업 이미지

목업 이미지는 펀딩 프로젝트에 사용하기도 하고 전자책 판매를 위한 여러 광고와 마케팅에 활용할 수도 있습니다. 목업 이미지를 작업할 때는 단지 예쁜 이미지를 찾기보다는 전자책 주제와 타깃 독자에 알맞은 이미지를 선택해야 합니다. 예를 들어, 엑셀이나 파워포인트와 같은 OA 프로그램과 관련된 전자책을 만들었다면 적합한 목업 이미지는 사무실이나 책상과 같이 업무 환경의 느낌이 나는 이미지일 것입니다. 주방이나 야외, 또는 멋진 휴양지를 배경으로 한다면 업무 능력을 향상하고자 하는 타깃 독자들에게 거리감을 느끼게 할 수 있습니다.

DIY북커버스

책 표지 디자인을 완성했다면 이제 배경이 없는 전자책 목업 이미지를 만들어야 합니다. 배경이 없는 목업 이미지도 주로 광고나 마케팅 콘텐츠에서 사용할 수 있습니다. 흰색 배경 위에 상품 사진을 배치한 후 다양한 이미지 요소나 텍스트를 추가해 꾸미는 용도로 활용하듯, 전자책 목업 이미지도 마찬가지입니다. 배경이 없는 목업 이미지는 여러 용도로 사용할 수 있기 때문에 미리 만들어놓는 것이 좋습니다.

DIY북커버스는 이처럼 배경이 없는 목업 이미지를 만들 때 유용한 사이트입니다. 여러분이 만든 표지 이미지를 3D 입체 표지 이미지로 변환할 수 있습니다.

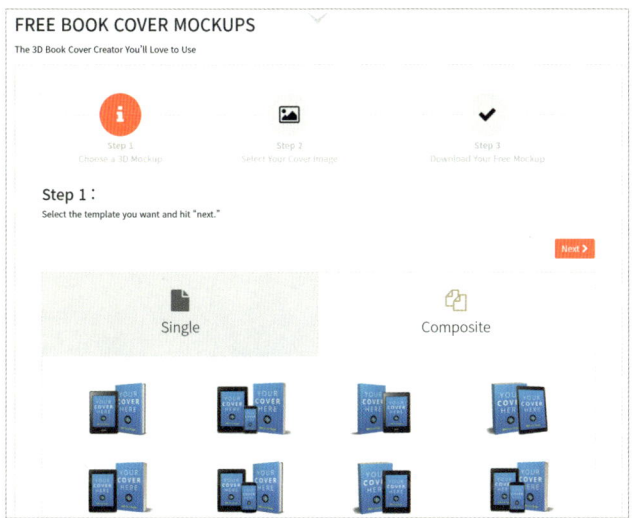

DIY북커버스(diybookcovers.com/3Dmockups)

DIY북커버스에서 3D 목업 이미지를 만드는 과정은 간단합니다. 먼저 웹사이트에 접속해 원하는 3D 목업 템플릿을 선택합니다. 이때, 단일 책 표지나 여러 권의 책을 그룹으로 묶은 다양한 스타일 중에서 선택할 수 있습니다. 다음으로, 준비된 책 표지 이미지를 JPG 또는 PNG 형식으로 업로드하고, 필요에 따라 배경 색상이나 투명도 등 세부 사항을 조정합니다. 설정이 완료되면 목업 이미지를 생성하고 최종적으로 생성된 3D 이미지를 JPG 또는 PNG 형식으로 다운로드해 사용할 수 있습니다. DIY북커버스는 별도의 복잡한 디자인 도구 없이도 전문적인 3D 목업 이미지를 제작할 수 있어 유용합니다.

깔끔하게 배경을 지워주는 서비스

전자책에 사용할 이미지를 온라인에서 무료로 다운로드하거나 직접 촬영한 사진을 사용할 때가 있습니다. 특히 본문에서 언급한 예시를 시각적으로 보여줘야 할 때 이미지가 필요합니다. 다운로드한 이미지나 촬영한 사진의 배경이 마음에 들지 않거나 불필요할 때는 배경을 지워야 합니다.

removebg

배경을 지울 때는 포토샵과 같은 전문 디자인 툴이나 AI 기반의 도구를 활용할 수 있습니다. 하지만 더 간편하게, 사진을 업로드하기만 하면 자동으로 배경을 제거해주는 '배경 제거 서비스'를 이용하는 것도 좋은 선택입니다.

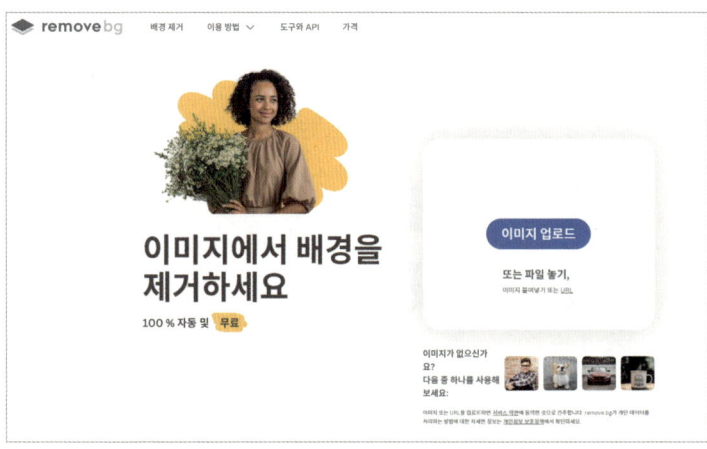

removebg(remove.bg)

removebg에서 목업 이미지의 배경을 지운 예시

removebg에서 목업 이미지의 배경을 지우는 방법은 매우 간단합니다. 먼저 웹사이트에 접속한 후, 배경을 지우고자 하는 이미지를 업로드합니다. 이미지 파일을 업로드하면 AI가 자동으로 배경을 분석해 불필요한 부분을 제거하고, 사람이나 제품 등 주요 피사체만 남깁니다. 배경이 제거된 이미지는 기본적으로 미리보기가 제공되며, 필요에 따라 수동 편집 도구를 사용해 세부적인 부분을 조정할 수도 있습니다. 작업이 완료되면 배경이 제거된 이미지를 다운로드하여 목업이나 다른 디자인 작업에 바로 활용할 수 있습니다.

매직스튜디오

이미지의 일부만 지워야 할 경우, 매직스튜디오에서 원하는 부분만 지울 수 있는 서비스를 이용하면 편리합니다.

매직스튜디오(magicstudio.com)

매직스튜디오를 이용해 표지 목업 이미지에서 일부만을 지워보겠습니다.

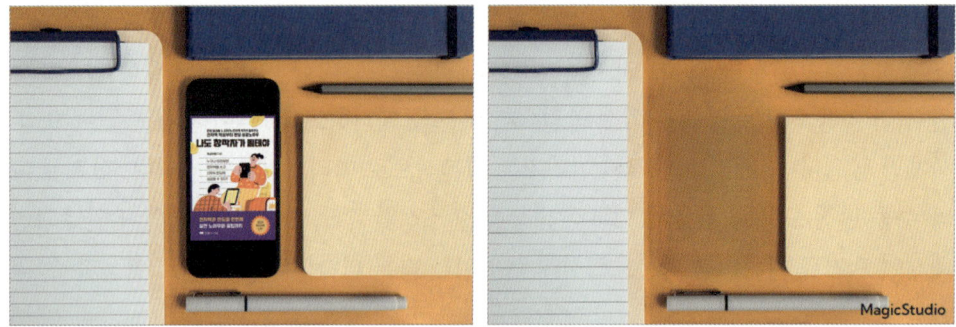

이미지 중앙에 있던 핸드폰 목업 이미지를 삭제한 경우

원본 이미지의 가운데에 있던 스마트폰 이미지가 사라졌습니다. 다만, 모든 이미지가 예시처럼 깔끔하고 완벽하게 지워지는 것은 아닙니다. 삭제하려는 이미지의 색상이 단색이거나 모양이 복잡하지 않을 때 훨씬 깔끔하게 지워집니다. 따라서 온라인에서 무료 이미지를 다운로드하거나 촬영한 이미지를 사용할 때는 일부분을 삭제할 수도 있음을 감안하여 사진을 마련하는 것이 좋습니다.

전자책에 사용할 수 있는 무료 이미지를 제공하는 사이트를 활용하는 것도 좋은 방법입니다. Pexels는 무료로 이미지를 제공할 뿐만 아니라 동영상도 다운로드할 수 있습니다.

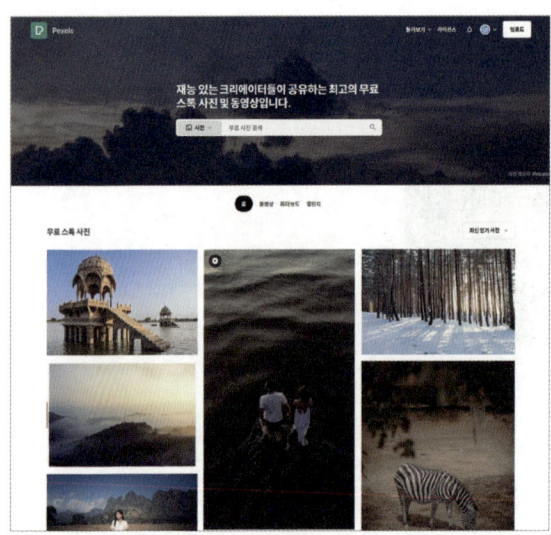

Pexels(pexels.com)

다만, 일러스트레이션 이미지는 제공하지 않으며 한국적인 느낌의 이미지나 동영상은 다소 부족할 수 있습니다. 그럼에도 불구하고 전자책 펀딩에 필요한 이미지를 무료로 이용할 수 있다는 점은 큰 장점입니다.

지금까지 전문 디자이너나 고급 디자인 툴 없이도 전자책 표지를 만들고 이미지를 수정하는 방법을 알아보았습니다. 디자인 플랫폼과 몇 가지 무료 서비스를 이용하면 전자책 디자인과 펀딩에 필요한 이미지를 충분히 만들 수 있습니다.

특히, 앞서 소개한 미리캔버스에서는 펀딩 프로젝트에 필요한 이미지들을 별도로 템플릿으로 제공해 표지 디자인을 마친 후에도 프로젝트 대표 이미지나 소개 이미지를 손쉽게 제작할 수 있습니다.

디자인은 타깃 독자의 관심을 끄는 중요한 요소입니다. 양질의 이미지를 제작해 타깃 독자에게 신뢰를 주고, 펀딩 참여율을 높일 수 있도록 많은 연습을 해보길 바랍니다.

> ✉ **흑상어쌤의 액션 메시지 16**
>
> **이미지를 다양하게 변형해보세요**
>
> 표지 이미지뿐만 아니라 펀딩 프로젝트에 사용할 이미지를 다양하게 편집해보세요. 그 과정에서 디자인 툴을 익히고, 더 나은 이미지를 만드는 연습을 할 수 있습니다. 많이 만들어볼수록 좋은 결과물을 얻을 수 있다는 점을 기억하고, 다른 사람의 디자인을 참고하며 지속적으로 다양한 시도를 해보길 추천합니다.

PART 03

전자책 펀딩부터 마케팅까지

CHAPTER 01
전자책 펀딩 성공을 위한 기본 준비

CHAPTER 02
전자책의 성공은 마케팅에 달려 있다

CHAPTER 03
전자책으로 새로운 기회 만들기

CHAPTER
01

전자책 펀딩 성공을 위한 기본 준비

전자책 원고를 쓰고 디자인을 완성했다면 이제 펀딩 과정을 배울 차례입니다. 여러분이 만든 전자책의 펀딩 프로젝트가 어떤 과정으로 진행되는지, 성공적인 펀딩을 위해서 무엇을 준비해야 하는지 알아보겠습니다.

01 LESSON 크라우드 펀딩, 이렇게 시작하자

와디즈, 텀블벅과 같은 크라우드 펀딩 플랫폼에서 전자책 펀딩 과정을 기간에 따라 구분하면 펀딩 전, 펀딩 중, 펀딩 후로 나눌 수 있습니다. 펀딩을 시작하기 전에 준비해야 할 것이 있고, 펀딩 기간 중에 진행해야 하는 광고와 마케팅이 있으며, 펀딩 후 해야 하는 고객관리와 잠재 고객 확보 활동이 있습니다. 지금부터 크라우드 펀딩 플랫폼 중 텀블벅을 기준으로 전체 펀딩 과정을 살펴보겠습니다.

전자책을 판매할 수 있는 대표적인 크라우드 펀딩 플랫폼은 와디즈와 텀블벅이 있습니다. 와디즈는 회원 수가 가장 많고 카테고리와 프로젝트가 다양합니다. 그만큼 경쟁이 치열합니다. 처음 전자책 펀딩을 진행한다면 상대적으로 경쟁이 덜 치열하고 크리에이티브한 프로젝트가 중심인 텀블벅을 추천합니다.

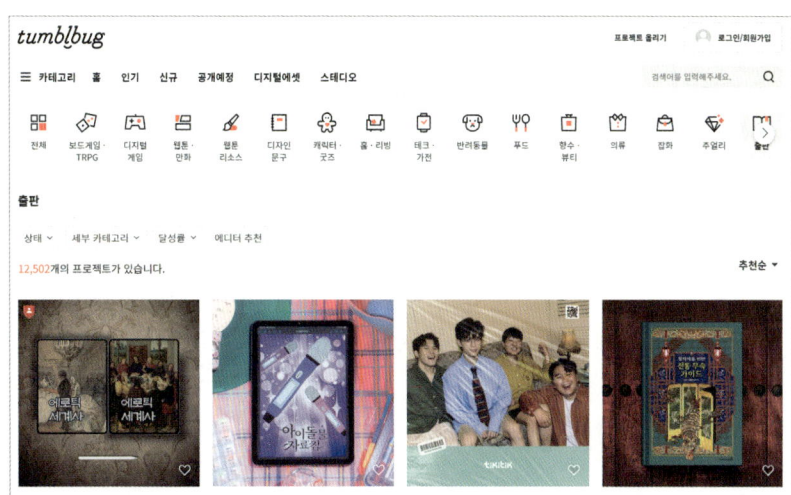

텀블벅 '출판' 카테고리

텀블벅에 가입하고 프로젝트 등록하기

텀블벅 회원가입은 카카오, 네이버, 페이스북, 애플 ID, 이메일 계정으로 간단히 할 수 있습니다. 자주 사용하면서도 아이디나 패스워드를 잘 기억하고 있는 서비스로 가입하는 것이 좋습니다.

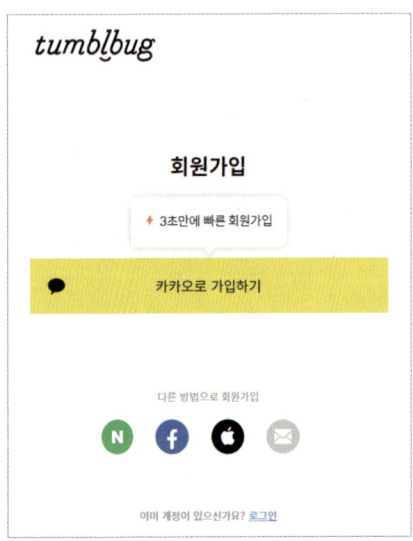

텀블벅

회원가입을 완료했다면 지금부터 프로젝트 등록하는 방법을 알아보겠습니다.

01 로그인 후 우측 상단 메뉴의 [프로젝트 올리기]를 클릭합니다.

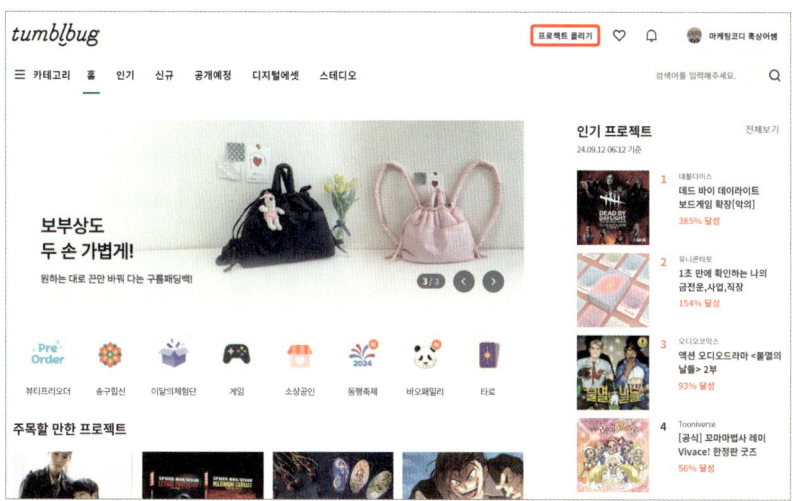

02 [지금 시작하기]를 클릭하면 펀딩 프로젝트를 만들 수 있습니다. [창작자 가이드]를 클릭하면 펀딩에 필요한 기초 가이드와 노하우를 볼 수 있습니다.

펀딩을 처음 진행한다면 [창작자 가이드]를 먼저 살펴보기를 추천합니다. 특히 [초심자를 위한 펀딩 기초가이드]에서는 처음 펀딩을 진행하는 사람이 가장 궁금해할 [프로젝트 계획]을 자세히 설명하고 있습니다.

텀블벅 [창작자 가이드]

프로젝트 소개는 어떻게 작성하는지(204쪽 참고), 예산과 일정은 어떻게 세워야 하는지, 팀 소개와 선물은 어떻게 구성하는 것이 좋은지 등을 구체적으로 알려줍니다. 따라서 [초심자를 위한 펀딩 기초가이드]를 먼저 읽어보고 펀딩을 준비하면 큰 도움이 됩니다.

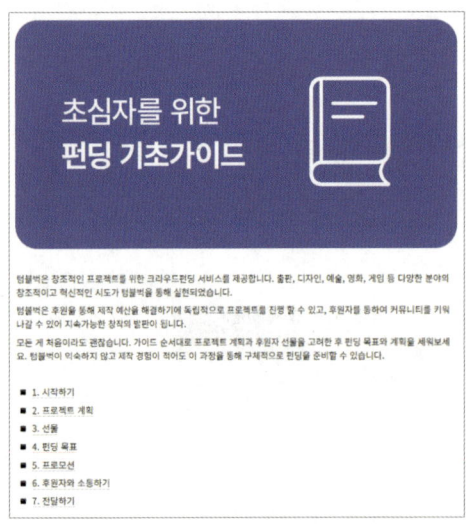

텀블벅 [초심자를 위한 펀딩 기초가이드]

03 전자책에 해당하는 [카테고리]를 먼저 선택하고 간단한 소개를 입력합니다.

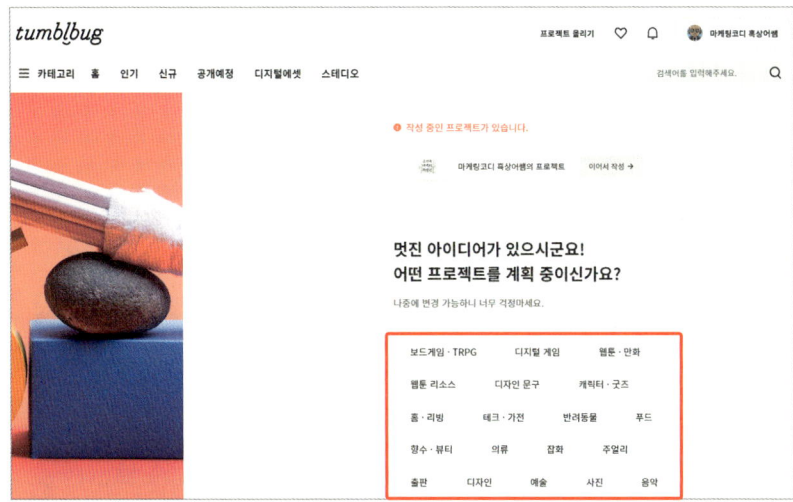

프로젝트 카테고리 선택

04 프로젝트는 [프로젝트 기획] 메뉴에서 등록할 수 있습니다. [프로젝트 기획]은 [요금제 선택], [기본 정보], [펀딩 계획], [선물 구성], [프로젝트 계획], [창작자 정보], [신뢰와 안전]으로 구성됩니다. 후원자들이 프로젝트를 선택하면 이곳에 적은 내용이 나타납니다.

[프로젝트 기획]

전자책 펀딩 성공을 위한 기본 준비 | CHAPTER 01   189

05 프로젝트 요금제는 [Basic], [Pro], [Premium] 세 가지로 구성되어 있습니다. 각 요금제는 수수료와 플랫폼에서 제공하는 서비스에 차이가 있습니다. 큰 비용의 광고비를 사용할 것이 아니라면 [Basic] 또는 [Pro] 요금제를 선택합니다.

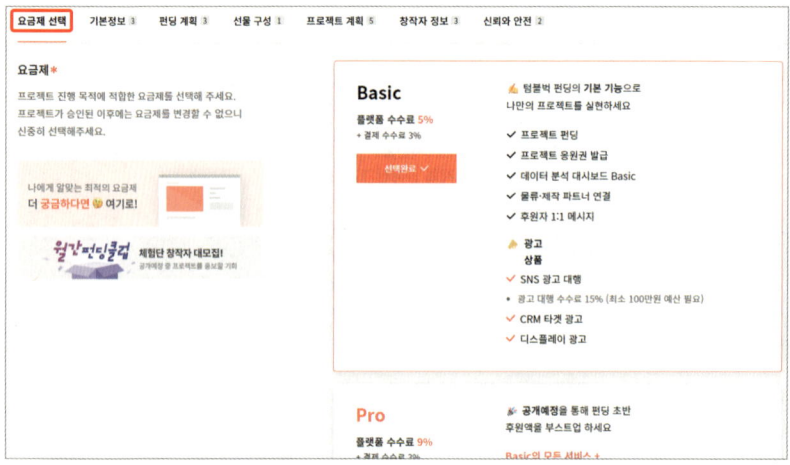

[요금제]

[Basic]과 [Pro] 요금제의 차이점은 [공개예정 기능] 사용 가능 여부에 달려 있습니다. [공개예정 기능]이란 프로젝트의 예고편이라고 할 수 있습니다. 펀딩을 시작하기 전, 미리 펀딩 예정 알림을 보내고 실제 펀딩이 시작되었을 때 잊지 않고 참여할 수 있도록 유도하는 것입니다.

텀블벅 요금제 수수료

[Pro] 요금제 사용 시에는 펀딩의 전체 기간을 고려하여 최소 1주일 정도는 공개 예정 기간을 갖는 것을 추천합니다.

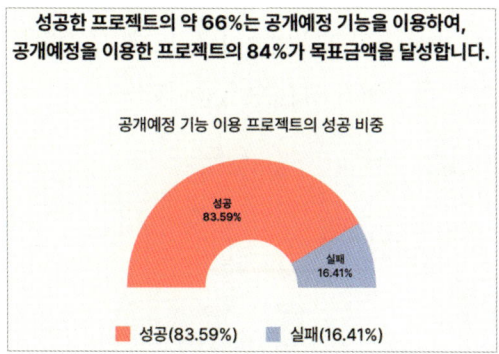

공개 예정 기능을 이용한 프로젝트의 성공 비중

06 [기본정보]에서 [프로젝트 제목]을 입력합니다. [프로젝트 제목]은 텀블벅 홈페이지에 노출되는 프로젝트의 [긴 제목]과 후원자 대상의 문자 메시지와 새소식에 노출되는 [짧은 제목] 두 가지가 있습니다. [긴 제목]은 23자 이하, [짧은 제목]은 7자 이하로 작성합니다.

[기본정보] 중 [프로젝트 제목]

07 [펀딩 계획]에서는 [목표 금액]과 [펀딩 일정]을 입력합니다. 펀딩 최소 금액은 50만 원입니다. 처음 펀딩을 진행할 때는 최소 금액을 목표 금액으로 하는 것을 추천합니다. 전자책 프로젝트는 다른 프로젝트와 달리 프로젝트 예산의 대부분이 창작자의 인건비입니다. 따라서 처음부터 목표 금액을 높게 책정할 필요는 없습니다. 또한, 목표 금액을 높게 책정하면 펀딩 성공 여부와 달성률에도 큰 차이가 생길 수 있습니다.

[펀딩 계획] 중 [목표 금액]

[펀딩 계획] 중 [펀딩 일정]

[펀딩 기간]은 요금제와 관계없이 30일을 추천합니다. 만약 [Pro] 요금제를 사용한다면 [공개예정] 기능이 제공됩니다. 펀딩 기간 내 목표금액을 초과하여 펀딩에 성공하면 펀딩 기간 종료 후 일주일 동안 후원자들의 결제 기간이 필요합니다. 후원자 결제 종료 다음 날부터 영업일 기준(주말 및 공휴일 제외) 7일째 되는 날, 수수료를 제외한 후원 금액이 창작자에게 입금됩니다.

08 [선물 구성]에서는 후원자에게 제공할 선물을 만듭니다. [아이템 먼저 만들기]를 클릭해 아이템을 만들고, 만들어진 아이템으로 선물을 구성합니다. 선물이 크리스마스 선물 박스라면 아이템은 선물 박스 안에 들어갈 장난감 등의 내용물인 것입니다. 선택하는 선물에 따라 각각 다른 아이템으로 구성할 수 있습니다.

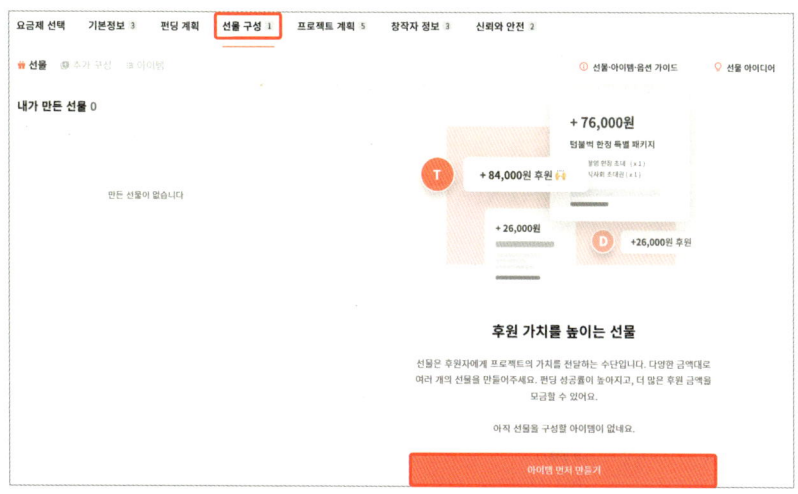

[선물 구성]

만약 PDF 전자책과 영상 강의라는 두 개의 아이템을 만들었다고 가정해보겠습니다.

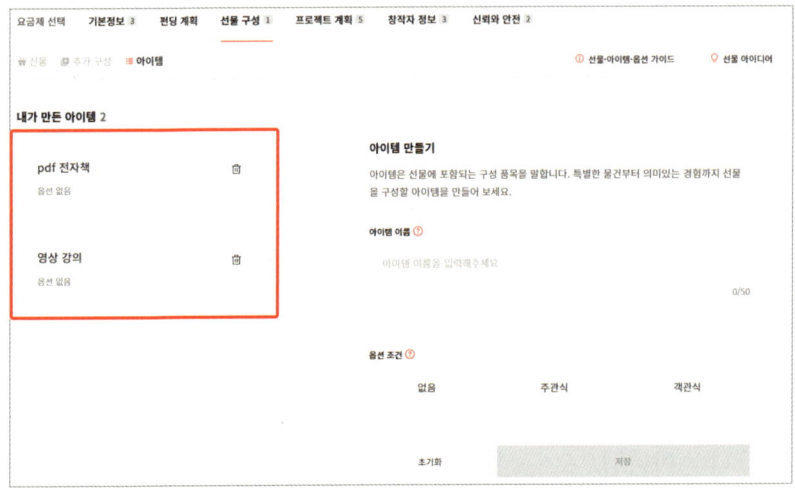

[선물 구성] 중 [아이템 만들기]

두 아이템을 만든 후에는 [선물]-[선물 만들기]에서 아이템이 들어갈 선물을 만들어야 합니다. 선물을 만들 때는 선물에 포함될 아이템을 선정하고, 선물의 이름을 입력합니다. 선물 이름은 어떤 아이템으로 구성된 선물인지, 타깃은 누구인지를 고려하여 정하면 됩니다.

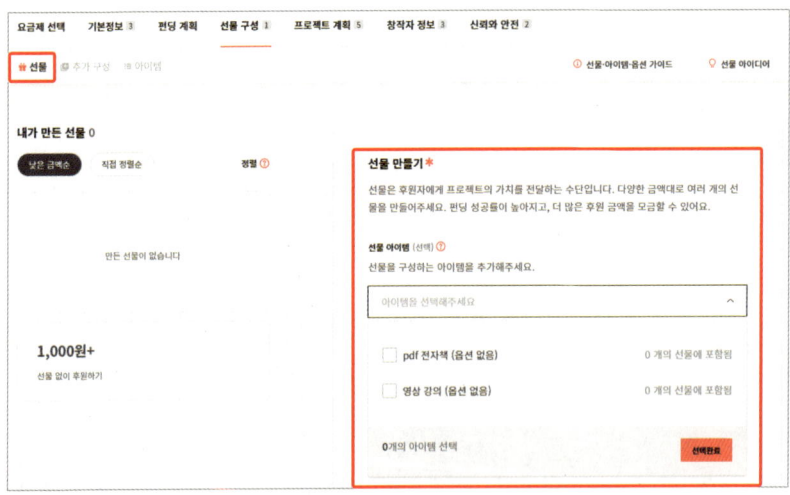

[선물 구성] 중 [선물 만들기]

선물을 구성할 때는 얼리버드[13]를 위한 선물을 만들 수도 있습니다. 얼리버드 선물은 같은 아이템이어도 가격을 할인해주거나 얼리버드만을 위한 특별한 아이템을 추가해서 구성할 수 있습니다. 얼리버드 혜택을 제공하면 펀딩 초반에 빠르게 후원자를 모을 수 있습니다.

후원자들에게 전자책 외에 추가적으로 제공할 아이템을 준비한다면 다양하면서도 차별화된 선물을 구성할 수 있습니다. 이는 후원 참여를 독려하는 요인이 됩니다. 예를 들어, 전자책 파일 외에도 전자책 내용 중 예시로 들었던 자료 모음집이나 사례들을 세트로 구성할 수도 있습니다. 전자책을 설명하는 영상을 만들어 아이템으로 구성할 수도 있습니다.

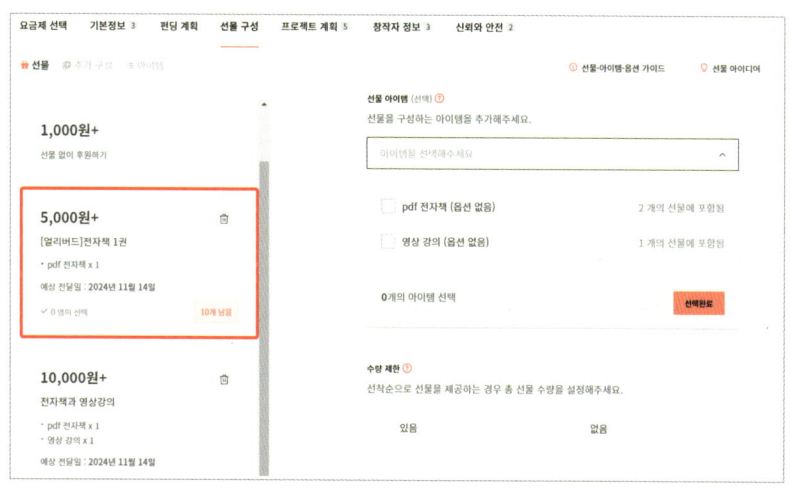

얼리버드 선물 구성 예시

텀블벅 전자책 〈워홀영어족보 끝판왕〉에서는 패키지로 선물을 구분하여 후원자가 자신의 상황과 필요에 맞는 선물을 선택할 수 있도록 구성했습니다. 또한, 인원 수를 제한한 '선착순' 선물을 추가하여 펀딩 초반에 좀 더 많은 후원자들이 참여할 수 있도록 구성하였습니다.

---

[13] 얼리버드 : 다른 후원자들보다 빠르게 펀딩에 참여하는 초기 후원자

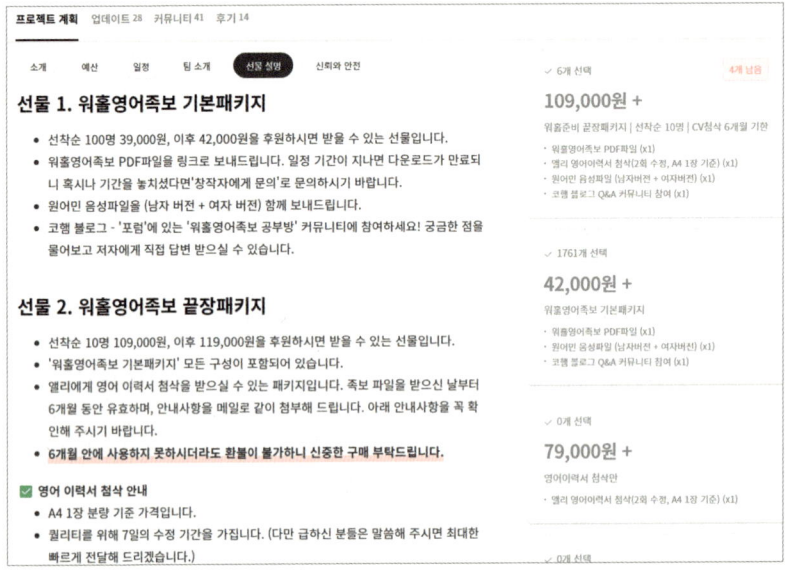

〈워홀영어족보 끝장판〉의 선물 구성 예시   출처 : 텀블벅

텀블벅 전자책 〈취뽀사전〉은 자기소개서 샘플, 취뽀사전 두 개의 아이템으로 세 가지 상품을 구성했습니다. 선물1은 자기소개서 샘플로 '미끼 상품'에 해당됩니다. 선물2는 메인 아이템인 〈취뽀사전〉으로 구성되어 있지만 자기소개서 샘플은 누락되어 있습니다. 선물3은 자기소개서 샘플과 〈취뽀사전〉으로 구성되어 있으며, 후원자들에게 가장 많은 선택을 받았습니다.

〈취뽀사전〉의 선물 구성 예시   출처 : 텀블벅

이처럼 아이템이 많지 않아도 후원자들의 선택의 폭을 넓혀줌으로써 각자의 조건과 필요에 따라 선택할 수 있도록 선물을 구성하고 가격을 책정하면 후원을 늘릴 수 있습니다. 여기에 얼리버드 선물을 추가하면 선물의 종류는 일반적으로 세 가지에서 다섯 가지 정도로 구성할 수 있습니다.

처음 전자책 펀딩에 도전하고 선물로 구성할 만한 아이템이 많지 않다면 다음과 같이 선물을 구성해보기를 추천합니다.

펀딩 선물 구성하기

선물	내용	아이템
선물 1	전자책과 함께 보면 도움이 되는 자료, 핵심 요약집, 전자책과 연관된 별도 아이템, 미끼 상품에 해당	최저가 아이템, 샘플, 자료집, 리스트 등
선물 2	가장 메인 상품이 되는 전자책	전자책, 기본 아이템 또는 선물1을 추가하여 주력 상품으로 구성
선물 2 [얼리버드, 선착순]	10명~20명 정도의 인원 한정을 두어 펀딩 초반 빠르게 후원자 확보	
선물 3	주력 상품인 선물2에 가장 많은 후원자가 모이도록 만들기 위해 가장 고가의 선물로 구성	선물1과 선물2의 세트 구성 또는 추가로 영상이나 강의, 1:1 상담 등 별도의 아이템 구성해서 고가의 상품으로 구성
선물 3 [얼리버드, 선착순]	10명 이하의 인원 한정을 두어 소수를 위한 상품으로 인식	

09 선물 구성까지 모두 끝났다면 [프로젝트 계획]을 입력합니다. 파트 2의 '전자책 프로젝트 소개 만들기'에서 미리 만들어놓은 이미지와 프로젝트 소개 텍스트를 이곳에 입력하면 됩니다. [프로젝트 계획]은 [프로젝트 소개], [프로젝트 예산], [프로젝트 일정], [프로젝트 팀 소개], [선물 설명]으로 구성되어 있습니다. 제공되는 예시에 맞춰 미리 만들어둔 내용을 입력하면 됩니다.

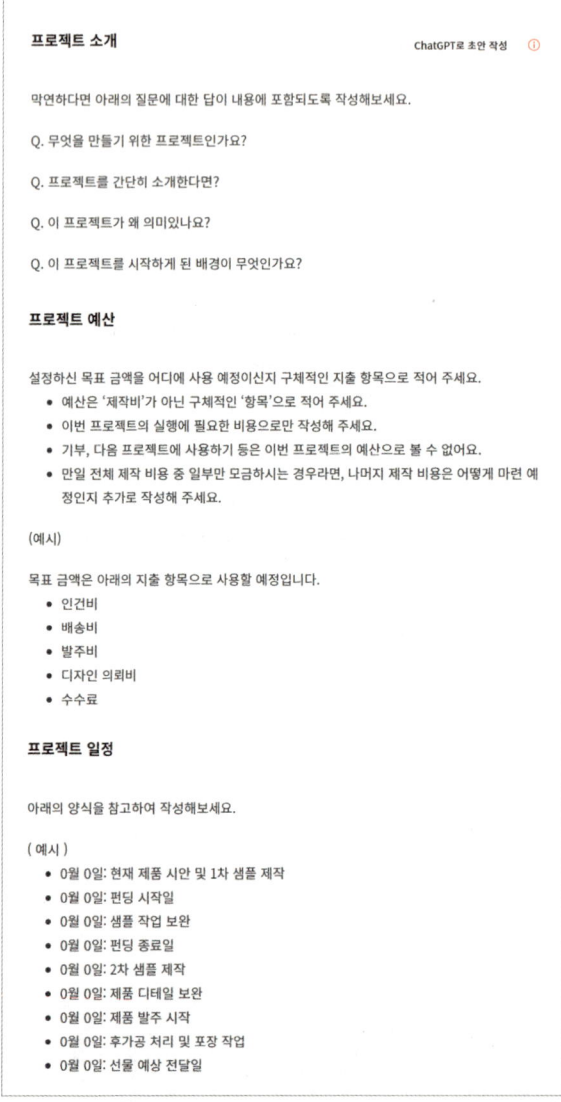

[프로젝트 소개], [프로젝트 예산], [프로젝트 일정]

10 [창작자 정보], [신뢰와 안전]을 입력합니다. [창작자 정보]에서 중심을 두어야 할 부분은 펀딩을 하는 프로젝트에 대한 경험과 전문성을 보여주는 것입니다. 관련된 직업, 업무 경력, 자격증, 학위, 포상 등 프로젝트를 진행할 능력이 충분하고 후원자들이 신뢰할 만한 창작자라는 점을 써야 합니다.

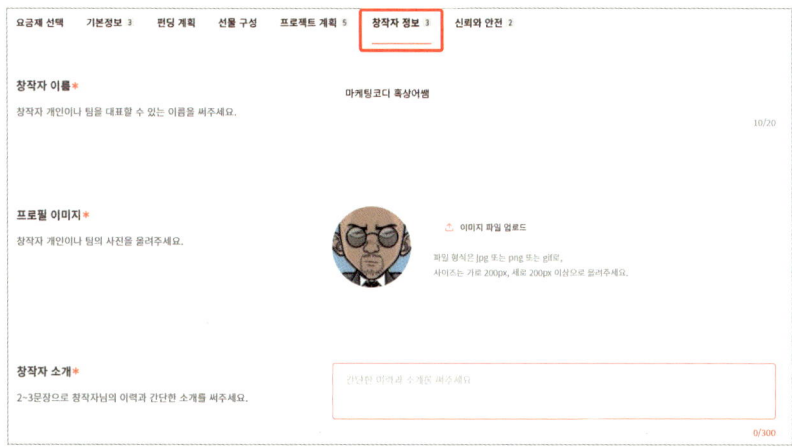

[창작자 정보]

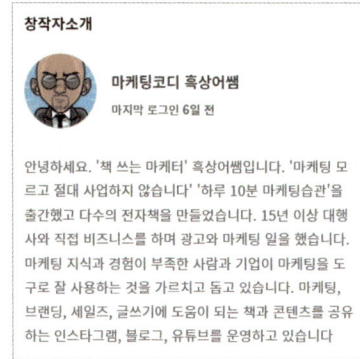

흑상어쌤 창작자 소개

[신뢰와 안전]

[신뢰와 안전]에서는 후원자와 창작자 사이의 분쟁이나 피해를 방지하기 위해 주의해야 할 내용, 자주 묻는 질문 등을 입력합니다. 전자책의 경우 디지털 상품이기 때문에 한번 발송되면 회수가 불가합니다. 따라서 후원을 신중히 선택하라는 안내와 함께 환불 정책에 대해서도 미리 안내를 해야 합니다.

전자책 상품의 수정, 공유, 판매 등이 불가하다는 내용과 함께 저작권법을 안내해도 좋습니다. 물론 이 내용은 전자책에 포함하는 것이 가장 좋고, 추가적으로 프로젝트 후원자에게 한 번 더 안내하는 것이 좋습니다. 창작자가 개인으로 진행하는 프로젝트이기 때문에 세금 계산서 발행, 현금 영수증 등을 별도로 제공할 수 없다는 내용을 안내해도 좋습니다.

이 외에도 예상되는 질문과 답변, 혹시 모를 발송 지연에 대해서도 안내하는 것이 좋습니다. 예를 들어, 질병이나 상해 등의 이유로 지연이 불가피한 경우, 후원자들에게 미리 안내를 하고 일정이 일부 연기될 수 있음을 안내하는 것도 좋습니다.

작성 완료 후 화면

모두 작성되었다면 [프로젝트 기획]의 각 항목들은 [100% 작성완료]로 표시되고 프로젝트를 진행할 준비가 되었다는 것을 알려줍니다. 일부 미흡한 내용은 다시 수정할 수 있습니다. 작성 후 다시 살펴보면 더 좋은 아이디어가 생길 수 있고 누락된 부분이 보이기도 합니다. 따라서 처음부터 완벽히 쓰려고 하기보다는 일단 각 항목을 작성해가면서 부족한 부분은 추후에 수정하는 것을 추천합니다.

펀딩 성공을 위한 3단계 : 마케팅, 발송, 소통

1단계 : 펀딩 등록 후 외부 광고, 마케팅하기

프로젝트 계획을 모두 작성했다면 외부 광고와 마케팅 활동을 해야 합니다. 이는 창작자가 직접 프로젝트를 알리고 후원자를 모집하는 활동을 말합니다. 가족과 지인에게 프로젝트 링크를 공유하고 주변 사람들에게 알리는 것이 중요합니다. 또한, 자신의 블로그나 인스타그램 등의 소셜미디어를 활용해 프로젝트를 홍보하는 일도 필수적입니다.

전자책을 만들고 펀딩을 계획중이라면 소셜미디어 마케팅은 반드시 해야 합니다. 개인 소셜미디어 계정이 없다면 프로젝트를 진행함과 동시에 네이버 블로그와 인스타그램을 개설하고 해당 채널에서 홍보하는 것을 추천합니다. 특히 인스타그램 운영은 필수입니다.

처음 블로그와 인스타그램을 운영한다면 부담스러울 수 있습니다. 어떤 내용의 콘텐츠를 업로드해야 할지 고민이 될 수도 있습니다. 그럴 때 가장 먼저 업로드하면 좋은 콘텐츠는 프로젝트 진행 과정입니다. 이를 통해 여러 사람들에게 관심을 유도하고 프로젝트를 홍보할 수 있습니다.

인스타그램에서 광고하는 전자책 프로젝트

단순히 전자책을 만들고 펀딩을 등록한다고 해서 모든 게 끝나는 것은 아닙니다. 프로젝트가 성공하려면 무엇보다 후원자를 모집하는 것이 중요합니다. 가장 빠르고 쉽게 마케팅할 수 있는 수단이 바로 블로그와 인스타그램입니다. 특히 인스타그램에서는 하루에 몇천 원에서 몇만 원의 소액으로도 효율적인 광고를 돌릴 수 있어 잠재 독자를 대상으로 광고하기에 유용합니다.

2단계 : 펀딩 기간 종료 후 발송하기

펀딩이 종료되면 후원자 리스트와 이메일 주소, 후원 내역을 확인할 수 있습니다. 각 후원자들의 후원 내역에 알맞게 이메일로 전자책 파일과 그 외 아이템을 발송해야 합니다. 이메일을 발송하며 펀딩 관련 공지사항을 전달할 수도 있습니다.

6425030		29,000원	해당 없음
6424867		29,000원	해당 없음
6424791		199,000원	해당 없음
6424789		29,000원	해당 없음
6424701		59,000원	해당 없음
6424617		29,000원	해당 없음
6424570		59,000원	해당 없음
6424362		29,000원	해당 없음
6424115		29,000원	해당 없음
6423918		29,000원	해당 없음

펀딩 후원자 리스트

3단계 : 선물 발송 후 후원자와 소통하기

전자책 발송이 완료된 후에는 후원자에게 감사 인사를 전하고 추가 안내사항이 있다면 메시지나 이메일로 소통할 수 있습니다. 또는 개인적인 코칭이나 문답 서비스를 제공하기로 했다면 후원자들을 위한 단체 채팅방을 운영하여 지속적인 관계를 유지할 수도 있습니다.

향후 추가 펀딩을 계획 중이라면 이메일이나 채팅방을 통해 지속적으로 소통하면서 소식을 전달해야 합니다. 블로그나 인스타그램을 운영 중이라면 후원자들을 대상으로 한 감사글을 게시하고 추가적인 전자책 판매 방법을 소개하는 것이 좋습니다.

펀딩이 완료된 후에는 전자책을 다른 플랫폼에서 추가로 판매할 수 있습니다. 개인이 블로그나 인스타그램을 통해 직접 판매하려면 결제 기능을 제공하는 블로그페이(blogpay.co.kr)나 리틀리(litt.ly) 같은 서비스를 활용할 수 있습니다. 네이버 스마트 스토어를 통해서도 판매가 가능합니다.

또한, 크몽(kmong.com)과 같은 전자책 판매 플랫폼에서도 판매할 수 있습니다. 각 플랫폼에서는 전자책 등록에 대한 별도의 기준을 요구하므로 이를 확인하고 전자책을 수정하거나 변경하여 등록해야 합니다. 예를 들어, 크몽에서 판매하려면 전자책 원고를 워드 파일로 작성해야 합니다. 이러한 등록 조건을 먼저 확인해야 합니다.

> ✉️ **흑상어쌤의 액션 메시지 17**
>
> **매력적인 선물을 구성해보세요**

선물 구성과 가격을 다양하게 설정한 후, 어떤 구성이 후원자들에게 가장 매력적으로 다가갈지 파악하기 위해 타깃 독자와 유사한 지인들에게 피드백을 받아보는 것이 좋습니다. 선물을 구성할 때는 동일 카테고리의 전자책 사례를 참고하는 것이 도움이 됩니다. 예를 들어, 선물 구성을 세 가지, 다섯 가지, 일곱 가지로 나누어 각각 구성해보고, 해당 구성에서 주력 상품이 무엇인지, 어떤 구성이 가장 매력적인지 비교한 후, 지인들의 피드백을 통해 개선할 수 있습니다.

02 LESSON 전자책 프로젝트 소개 만들기

텀블벅에서 전자책을 펀딩하려면 전자책 기획의도, 제작자, 타깃 독자 등을 포함한 프로젝트 소개가 필요합니다. 쉽게 말해, 온라인으로 상품을 구매할 때 확인하는 상품 상세페이지와 유사한 개념입니다. 지금부터 프로젝트 소개를 만드는 방법을 알아보겠습니다.

프로젝트 소개에는 무엇이 들어가나요?

전자책 PDF 파일과 이미지 디자인을 완성했다면 이제 본격적으로 타깃 독자에게 전자책 프로젝트를 소개할 차례입니다. 프로젝트 소개에는 필수적으로 포함되어야 할 구성 요소와 내용이 있습니다. 텀블벅과 와디즈 같은 플랫폼에서 제안하는 소개 순서가 있지만, 반드시 그 순서를 따를 필요는 없습니다. 순서보다는 내용과 구성에 집중하는 것이 더 중요합니다.

타깃 독자가 여러분의 전자책과 여러분에 대해 궁금해하거나 불안해할 수 있는 점들을 질문 형식으로 정리한 후, 그 질문에 대한 답변을 만드는 것으로 시작하기를 추천합니다. 즉, FAQ(자주 묻는 질문)를 먼저 작성한 뒤, 각 답변에 이미지나 근거 자료를 추가해 프로젝트 소개를 구성할 수 있습니다.

텀블벅, 와디즈를 포함해 대부분 웹사이트의 마지막 부분에 FAQ 게시판이 있습니다. 프로젝트 소개를 작성할 때는 이 순서를 뒤집어 FAQ를 가장 먼저 생각하는 것이 좋습니다. FAQ를 먼저 만들고 질문에 대한 답변을 콘텐츠로 만드는 것입니다. 이렇게 하면 여러분이 말하고 싶은 이야기를 일방적으로 전달하는 것이 아니라, 후원자들의 입장에서 그들이 궁금해하고 원하는 정보를 제공할 수 있습니다.

프로젝트 소개는 여러분이 누구인지, 왜 이 전자책을 만들었는지, 누구를 위한 것인지, 그리고 후원자들에게 어떤 혜택이 있는지를 설명하는 자리입니다. 마치 처음 만난 자리에서 자기 자랑만 늘어놓으면 좋은 인상을 주기 어려운 것처럼 전자책을 자랑하기보다는 타깃 독자들의 입장에서 '당신이 찾고 있는 전자책 프로젝트'임을 강조할 수 있어야 합니다.

텀블벅뿐만 아니라 와디즈도 첫 펀딩 도전자를 위해 프로젝트에 포함해야 할 내용을 구체적으로 안내해줍니다. 더불어, 프로젝트 소개 작성에 어려움을 겪는 사람들을 위해 챗GPT로 초안을 작성하는 기능도 제공하고 있습니다.

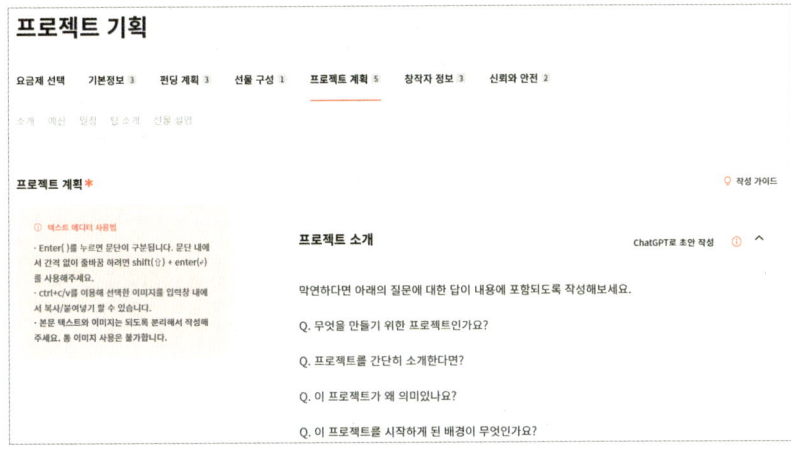

텀블벅 프로젝트 소개 예시

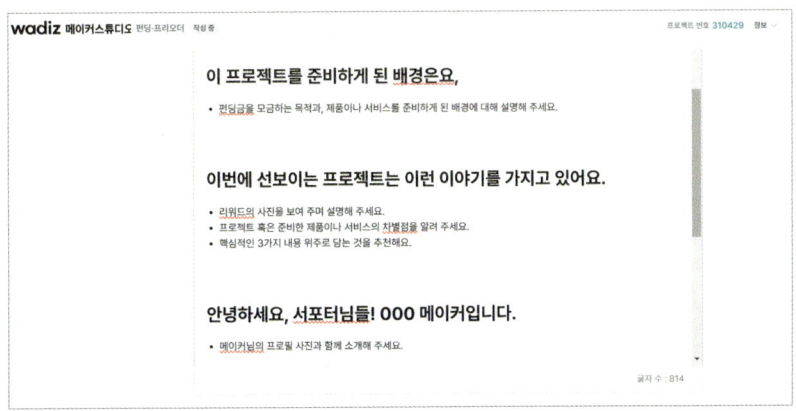

와디즈 프로젝트 스토리 예시

결국 프로젝트 소개는 '내 전자책은 누구를 위한 어떤 내용이다'를 풀어서 설명하는 과정입니다. 'PART 01 전자책 이해하고 기획하기'에서 다룬 내용을 기반으로 핵심 사항을 프로젝트 소개에 담아야 합니다. 이제 프로젝트 소개의 각 항목을 조금 더 구체적으로 살펴보겠습니다. 다음은 텀블벅에서 추천하는 프로젝트 소개의 순서입니다.

텀블벅에서 추천하는 프로젝트 소개 순서

항목	항목별 주제	들어가야 하는 내용

프로젝트 소개	간단한 전자책 소개	· 전자책의 핵심 메시지
		· 간단한 전자책 소개
		· 누구의 어떤 문제 해결을 위한 전자책인지
		· 왜 펀딩을 진행하는지
		· 작가 소개
		· 후원자들이 얻게 되는 혜택은 무엇인지
		· 전자책 사회적 증거
		  ex. 경력, 후기, 기사, 논문, 통계
		· 전자책의 구성
		  ex. 표지, 내지, 목업 이미지
		· 각 내용의 예시로 보여줄 이미지

	프로젝트 소개	
	프로젝트의 가치, 의미	
	프로젝트의 배경	
프로젝트 예산	프로젝트 진행에 투입되는 예산 항목과 내용	· 전자책 제작비는 일반적으로 인건비를 의미 (별도 비용이 추가될 수 있음) ex. 인건비, 배송비, 발주비, 디자인 의뢰비 수수료
프로젝트 일정	프로젝트 전체 일정	펀딩 시작일부터 펀딩 완료일, 배송일 등을 월과 일로 구체적으로 표시
프로젝트 팀 소개	프로젝트 참여 팀 소개	· 1인 작가라면 작가의 주요 경력 사항 · 팀이라면 팀의 주요 포트폴리오 ex. 전자책 내용과 연관성이 있는 주요 경력

선물 설명	펀딩 상품 구성	전자책뿐만 아니라 강의, 추가 선물 등을 하나씩 구체적으로 설명
		ex. 선물 1 : 전자책
		    선물 2 : 전자책+영상 강의
		    선물 3 : 전자책+종이책

이처럼 플랫폼에서 권장하는 프로젝트 소개 순서는 있지만, 반드시 지켜야 하는 것은 아닙니다. 펀딩에 성공한 프로젝트들 모두가 같은 순서를 따르는 것도 아니죠. 중요한 것은 후원자가 가질 만한 궁금증을 해소하고, 그들이 신뢰할 수 있도록 내용을 충실하게 구성하는 것입니다.

펀딩에 성공한 프로젝트 소개 뜯어보기

프로젝트 소개에 포함해야 할 내용을 알았다면 이제 실제 사례를 살펴보겠습니다. 약 6,800% 달성률을 기록한 전자책 〈취뽀사전〉과 약 6,000% 달성률을 기록한 〈IT업계 용어 사전〉의 프로젝트 소개입니다. 각 프로젝트 소개의 구체적인 구성과 내용을 알아봅시다.

〈취뽀사전〉 펀딩 프로젝트 소개

- 펀딩 기간 : 2021.01.18 ~ 2021.02.17
- 목표 금액 : 300,000원
- 모인 금액 : 20,393,400원
- 달성률 : 6,797%
- 후원자 : 1,571명
- 프로젝트 URL : link.tumblbug.com/o3bySMgY8Bb

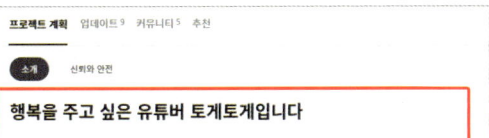

작가 소개
- 작가가 해결할 문제를 갖고 있는 후원자들과의 공감대 형성
- 문제 해결이 가능하다는 자격 입증, 신뢰도 상승
- 유튜브 유입 유도하여 근거 제시

취준생이 느끼는 조바심, 불안감, 소외감을 저도 너무나 잘 압니다. 2년간 저도 같은 터널을 지나왔으니까요. 그때마다 저는 유튜브 영상을 보며 취업에 대한 해답을 얻고자 하였어요. 뭐라도 붙잡는 심정으로 십 몇 만원짜리 컨설팅을 듣기도 했구요.

하지만 대부분 있어보이게 뜬구름 잡는 소리만 할 뿐, 저에게 실질적인 도움은 주지 못했습니다. 오히려 취준생을 돈벌이로 보는 듯 진지하지 않은 말투에 좌절감만 느끼기도 했구요.

그래서 저는 결심했습니다. 취업하면 **그 동안 인사담당자는 알려주지 않았던, 취준생들이 정말 궁금해하는 내용을 가감 없이 알려주겠다**고. 그렇게 전 구독자 6천 명을 지닌 취업 유튜버가 되었습니다.

후원자들과 공감 포인트
- 전자책 펀딩을 하게 된 이유
- 후원자들 고민하는 문제, 욕망에 대한 공감과 전자책을 통한 해결법을 제시

하지만 유튜브로만 그 내용을 전달하는 데에는 한계가 있었습니다. 취업 준비 순서대로 영상을 보는 것도 힘들고 모든 내용을 공채 시즌 전까지 모든 내용을 올리기에도 시간적인 제약이 있었기 때문입니다. 그래서 저는 2년 간의 취준으로 쌓은 저의 노하우를 응축하여 **단 하나의 취뽀사전**을 집필하기로 했습니다.

전자책 제작 이유
- 독자의 문제를 해결하기 위해 더 좋은 방법을 찾기
- 노력의 증거 보여주기를 통해 해결책에 대한 기대감과 신뢰감 주기

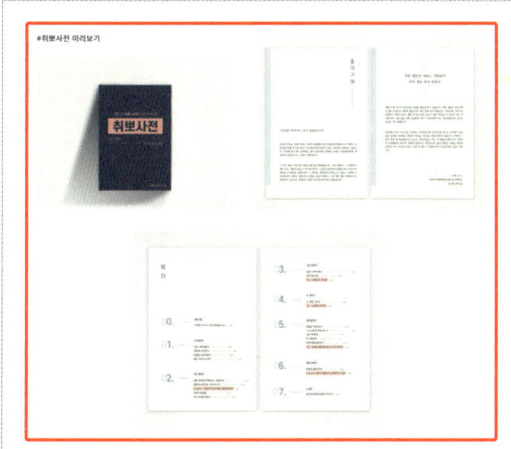

미리보기
· 목업 이미지를 통해 후원자가 전자책을 갖게 되었을 때의 상상, 기대감 주기

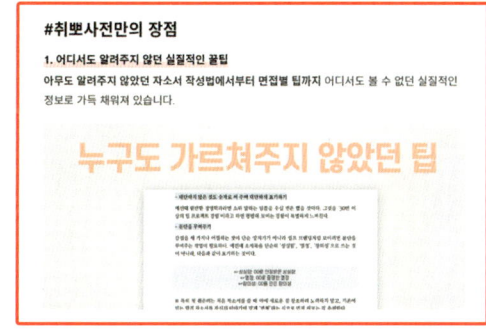

차별화 포인트
· 오직 〈취뽀사전〉에만 있는 차별화 포인트 강조
· 실질적인 문제 해결 방법을 제공함을 강조

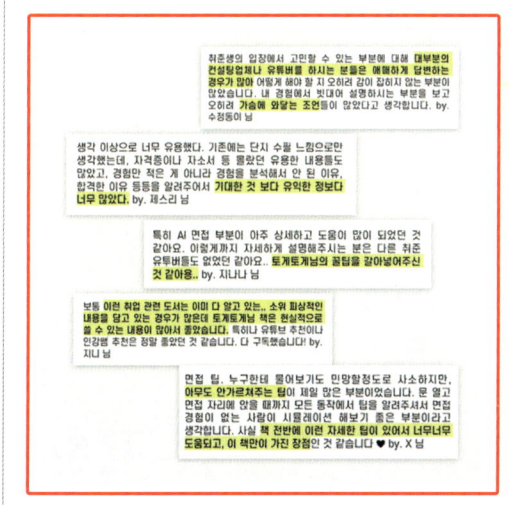

사회적 증거
· 후원자와 같은 입장의 사람들이 다수 선택했다는 증거
· 후원에 대한 거부감이나 두려움을 없애주는 효과

전자책 펀딩 성공을 위한 기본 준비 | **CHAPTER 01**   209

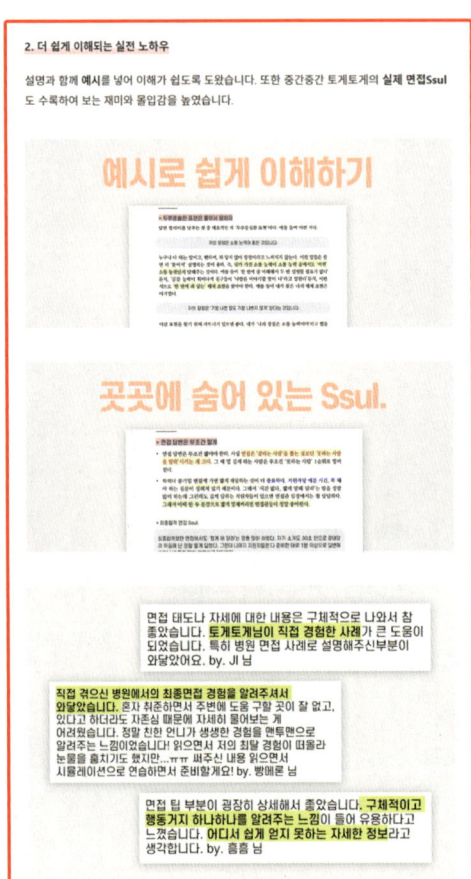

이용, 접근 편의
· 관심과 재미 요소 강조
· 경험에 대한 강조로 창작자에 대한 신뢰감 상승
· 후기를 통해 근거 제시

3. 자신감과 용기를 주는 감동 글귀

먼저 취준과 취뽀의 길을 걸었던 선배로서 **취준생들에게 해주고 싶은 말**들을 진솔하게 담았습니다.

진심을 담아 쓴 문장들

> 토게토게님의 취준영상을 보고 같이 슬퍼했던 구독자로서 6번,7번의 글이 마음을 울렸습니다. **앞으로 취준 힘이 들 때 이 내용을 꾸준히 반복해서 읽으려구용~!!** by. 앙요늄 님

> 경험하신 것 내에서 아는 건 다 알려주러고 하시는게 느껴져서 좋았습니다. 면접 꿀팁들도 앞으로 도움이 될 것 같아요! 그리고 추천사이트나 유튜브도 알려주시는 부분이 좋았습니다. 마지막으로 나가며 의 내용을 읽는데 **저 또한 뭔가 마음에 와닿고 감동?을 받았어요ㅠㅠ** 취뽀사전 공유해주셔서 감사합니다! by. 익명 님

> 저는 7. 나가며 -> 이 아웃트로로 처음에 읽고 울었어용 끄헉거헉 ㅠㅠ **진짜 누군가 내 마음을 100% 가까이 공감해주고, 위로해주고 있다는 느낌을 처음 받았어요...** 가족, 친구, 지인들, 인터넷…… 에서 해주는 말 그냥 다 허무하게 들리고 그랬어서요…결론적으로는 마지막 '할 수 있겠다'는 생각이 든 순간&당신 혼자만의 문제가 아니다 -> 이 두 부분이 가장 좋았던 것 같아요ㅎㅎ by. 동동이 님

> 인턴 구하는 것도 어렵고, 어떻게 구해야할지 몰랐는데 다양한 인턴채용 사이트를 알려주는 내용이 큰 도움이 되었고, 자소서 작성법도 저에겐 새롭게 다시 작성해볼 수 있는 계기가 되었습니다. 또한 **마지막에 취업할 수 있겠다는 글을 보고 저도 자신감을 얻었습니다.** 비록 앞이 보이지 않는 막막한 상황이지만 저에 대한 확신과 자신감을 잃지 않고 해내겠다는 의지를 다시 찾았습니다. 감사합니다. by. 익명 님

타깃 대상
- 취준생이라는 명확한 타깃
- 취준생의 감정을 이해하는 창작자의 고민과 콘텐츠

#추천사

총 50여 분의 구독자 분들이 취뽀사전에 대한 애정 어린 후기와 추천사를 보내주셨습니다.

Recommendations

♥ 전형별 공략법들이 상세히 적혀있어서 치트키를 가지고 있는 것 같습니다! 진작 알았더라면 취준기간 한시즌은 앞당겼을 것 같아요! by. 고고 님

♥ 남들이 계속 몰랐으면 하는 마음이 드네요…! by. 스리스리 님

♥ 뻔한 위로와 뻔한 취준 정보가 지겨운 분들께 추천하는 책입니다. 실제 경험이 녹아든 취준 정보부터 멘탈 챙김까지 가능한 곳이 바로 토게토게 전자책입니다! by. 익명 님

♥ 비싼 취업컨설팅안하셔도 되고 충분히 의지력과 지식이 있으신 분이라면 이 책으로도 취뽀하실 수 있을 것 같아요! 저… 토게토게님 전자책 알기전 취업컨설팅 비싼 것 신청했는데… **하… 토게토게님을 일찍 알았더라면…** by. 아나두할수있어 님

♥ 다른 책에는없는 취업 관련 핵심 꿀팁이 담겨 있고, 시중의 어떤 취업 관련 책보다 **잘이룸은책이라고 말씀드릴 수 있습니다.** 실제로 제가 초보 취준생시절 많이 해온 실수들이 많이 담겨있어서 공감도 많이 되더라구요. 제가 이 책을더 빨리 접했더라, 지금보다 빨리 취업에 성공하지않았을까…라는생각이 듭니다. by. 임수빈님

♥ 전자책 피드백에 참여했던 구독자입니다☺ 전자책 부분 중 면접에 대한 부분을 집중해서 읽어서 그런지 금융권 취업에 성공했습니다. 감사합니다ㅜㅜ **전자책 마지막 부분 진짜 마음에 많이 와닿았어요 ㅠㅠ** - 유튜브 댓글 中

권위 부여하기
- 유튜브 구독자들의 후기
- 프로젝트 소개 마지막에서 한번 더 신뢰감, 기대감 상승

※ 권위 부여하기는 관련 분야 인플루언서, 전문가의 추천사 또는 객관적 자료, 수상 내역, 인증서, 후기 등을 수록하는 방법이 있음

〈IT업계 용어사전〉 펀딩 프로젝트 소개

- 펀딩 기간 : 2022.05.10~ 2022.06.26
- 목표 금액 : 500,000원
- 모금 금액 : 29,849,600원
- 달성률 : 5,969%
- 후원자 : 1,065명
- 프로젝트 : link.tumblbug.com/HTavl41f9Bb

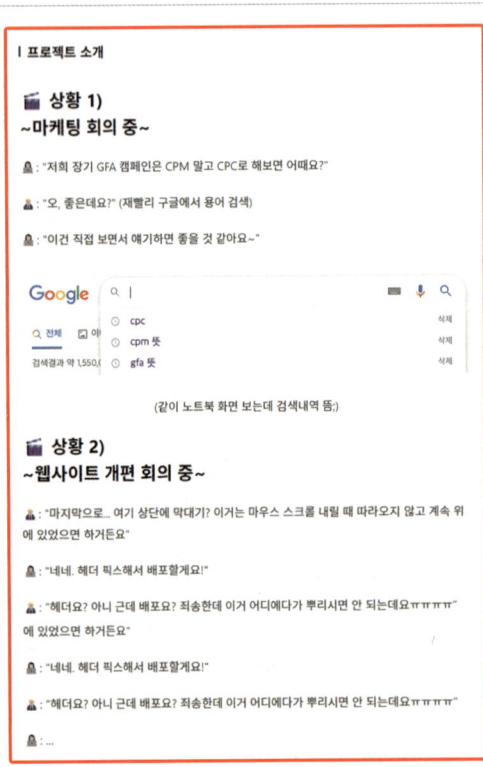

공감으로 관심 유도
- 해결책을 제시할 문제의 상황을 미리 보여줌으로써 후원자들의 공감을 유도
- 업계 전문 용어를 사용해서 문제 해결의 필요성 강조

IT 용어,
모두에게 어려워요.

PG사, 어드민, 쿠키, API, BCC, ASAP…

IT 기업에 몸담고 있다면 종종 들어볼 수 있는 용어들이죠. 그런데 아는 척도 정도껏이지, 회의 때 어물쩡 넘어가면 다음에 더 큰 문제를 가져오기도 하는데요.

나는 하나도 모르는데, 다들 알고 쓰는 거 같아요. 매번 되묻거나 구글링하기도 자존심상하는 일이잖아요.
그렇다고 따로 공부할 시간도 없고, 그렇게까지 깊이 알고 싶지도 않고요.

우선 위로의 말씀을 하나 드리자면, IT 용어들을 제대로 모르는 사람들은 생각보다 많습니다. 특히 대강의 뜻은 알더라도 정확히 어떤 뜻인지, 무엇의 약자인지는 개발자들도 잘 모르기도 해요.

업계마다 '**업계 외계어**'가 존재합니다. 아무래도 특정 업계의 종사자들끼리 소통할 때 쓰거나 자주 접하는 용어들이 따로 있으니까요. 하지만 특히나 IT 용어가 어렵게 느껴지는 이유는 크게 세 가지인 것 같아요.

1. 일단 많아도 너~무 많아서 헷갈림
2. 글로벌 환경이라 다 영어고, 심지어 약자임
3. 쉬운 단어인데 IT 업계에서 쓰이는 용도가 다름

후원자의 공감 유도
· 나뿐만 아니라 다른 사람도 비슷한 고민을 하고 해결책을 찾고 있다는 공감 포인트

실무자들이 만든
진짜 실무 용어사전

자그마한 스타트업인 저희 그로스쿨도 위의 문제에 깊이 공감하며, **어떻게 하면 IT 업계의 용어들을 더 쉽고 빠르게 익힐 수 있을까**하고 고민해왔어요. 이번 IT 용어사전에서는 이렇게 해결책을 제시해볼게요.

1. 일단 많아도 너무 많아서 헷갈림
   👉 가장 많이 쓰이는 필수 용어들을 모았어요.
2. 다 영어고, 심지어 약자임
   👉 한국어로 무슨 뜻인지, 발음도 알려드려요.
3. 쉬운 단어인데 IT 업계에서 쓰이는 용도가 다름
   👉 어떤 상황에서 쓰이는지, 예문을 준비했어요.

쉽게 말해서,
기획자, 개발자, 디자이너 등의 직군과 커뮤니케이션할 때 많이 쓰이는 용어들을 정리해서 알려드렸다! 이겁니다.

펀딩의 이유와 해결책 제시
· 전자책 펀딩의 이유와 배경 설명을 통해 해결책에 대한 관심 유도

누가 쓰냐면요,

글쓴이 🔍

- 그로스쿨 운영이사 ········· IT 비즈니스 용어
- IT 플랫폼 3년차 PO ········· 서비스 기획 용어
- 그로스쿨 공동대표 ········· 마케팅 용어
- IT 서비스 3년차 웹 개발자 ········· 개발 용어
- 그로스쿨 브랜드 리드 ········· 업무 용어

현직 IT 스타트업 PO와 개발자, 그로스쿨의 공동대표, 운영이사, 브랜드 리드가 직접 말하고 소통하면서 쓰이는 용어들만 쏙쏙 뽑아서 작성하고 있어요.

창작자 소개
· 전문성의 근거 제시
· 해결책에 대한 신뢰도 상승

그로스쿨 IT 용어사전을 읽으면,
- 커뮤니케이션할 때 비용이 들어들어 생산성이 올라갑니다.
- 맥락을 알게되면 모르는 단어가 나와도 어느정도 뜻을 유추할 수 있게 됩니다.
- 초보자 기준으로 쉽게 풀어썼기에 이해가 잘 됩니다.

아래에 해당된다면 주목!

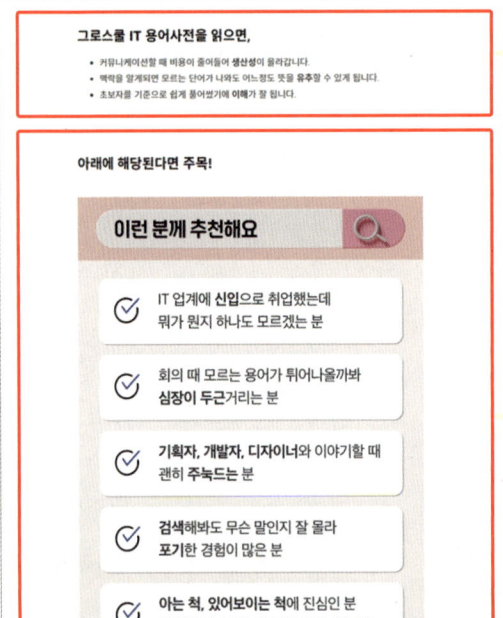

후원자 혜택
- 전자책이 후원자의 어떤 고민을 해결해줄 것인지 소개
- 후원자에게 고민 해결 이후의 모습 상상 효과

※ 소비자는 상품이 아닌 문제 해결 방법을 구매합니다.

타깃 설정
- 해결책의 대상이 누구인지 명확하게 제시
- 고민과 함께 대상을 설정하여 해결책 구매 욕구 자극

IT 용어사전
미리보기

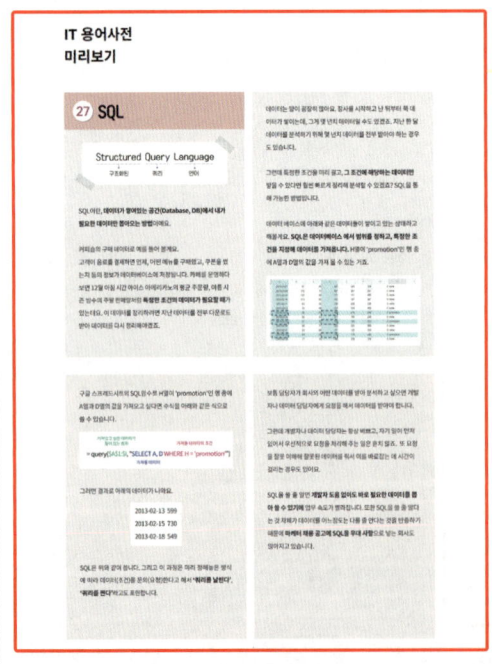

미리보기
- 전자책에 대한 신뢰감
- 전자책을 소유하게 되었을 때의 후원자 기대감

```
┌─────────────────────────────────────────────┐
│ IT 용어사전 세부사항                          │
│   • IT비즈니스 용어 33개                      │
│       ○ PG, KPI, OKR, OMTM, NFT, Platform, Cloud 등 │
│   • 서비스 기획 용어 33개                     │
│       ○ UX, IA, SB, SOW, WBS, Wireframe, 고객여정 등 │
│   • 마케팅 용어 33개                          │
│       ○ DAU, CPM, PV, UV, MVP, ROAS, DSP 등  │
│   • 개발 용어 33개                            │
│       ○ Java, Python, HTML, CSS, Clean Code, Protocol 등 │
│   • 실무 업무 용어 33개 (부록은 패키지에만 포함됩니다.) │
│       ○ ASAP, R&R, RSVP, Capa, QOQ, F/U 등   │
└─────────────────────────────────────────────┘
```

제품 설명
· 전자책에 포함되는 용어에 대한 소개로 기대감 상승
· 많은 양의 정보를 담았다는 제품에 대한 구체적 스펙

높은 달성률로 펀딩에 성공한 프로젝트 소개에는 대개 다음의 공통된 내용을 포함하고 있습니다.

높은 달성률의 전자책 펀딩 프로젝트 소개 공통점 다섯 가지

1. 후원자들의 문제와 고민에 대한 이해 : 작가도 경험했기 때문에, 잘 알고 있기 때문에
2. 문제 해결책 제시 : 고민과 문제의 원인뿐만 아니라 해결책도 알고 있기 때문에
3. 사회적 증거 : 작가, 전자책의 신뢰를 높여줄 후기, 사례, 기사, 통계, 근거
4. 구체적인 예시 : 표지, 내지 등 전자책 예시를 통해 높은 신뢰감과 후원자가 전자책을 받았을 때의 기대감
5. 펀딩 후원 참여 독려 : 후원 참여자 혜택을 강조, 일정 및 얼리버드 등 한정된 인원과 수량을 강조하며 참여 독려

텀블벅, 와디즈 등 크라우드 펀딩 플랫폼에서 제공하는 프로젝트 소개의 기본 사항을 충실히 포함해야 합니다. 후원자가 궁금해하는 내용을 파악하고 그에 대한 답변을 제공해야 하며, 무엇보다도 신뢰감과 기대감을 줄 수 있는 근거를 제시해 후원자의 불안감을 해소하는 것이 핵심입니다.

> **흑상어쌤의 액션 메시지 18**
>
> **나와 전자책에 대해 궁금한 것은 무엇일까?**

프로젝트 소개를 작성할 때는 '자주 묻는 질문(FAQ)'도 함께 입력하게 됩니다. 하지만 FAQ를 프로젝트 소개 작성 후에 고민하기보다는 타깃 독자가 여러분과 여러분의 전자책에 대해 궁금해할 만한 점을 먼저 생각해보세요. 그리고 그 질문에 대한 답변을 정리한 후, 이를 기반으로 프로젝트 소개를 작성하는 것이 더 효과적입니다. 다음 질문들에 답변을 적어보세요.

1. 타깃 독자가 나에 대해 궁금해할 만한 점은 무엇일까?

---

2. 타깃 독자가 나의 전자책에 대해 궁금해할 만한 점은 무엇인가?

---

03 LESSON 소셜미디어로 후원자를 모으는 법

전자책 펀딩 전에 준비해야 할 것 중 하나는 블로그와 인스타그램 같은 소셜미디어를 개설하는 일입니다. 전자책 펀딩을 계획하는 순간부터 전자책을 쓰기 전에 가장 먼저 시작해야 할 일입니다. 이 책에서는 블로그, 인스타그램, 유튜브 등을 모두 '소셜미디어'라고 통칭하겠습니다(소셜네트워크서비스, 소셜미디어, 블로그 등을 별도로 구분하지 않겠습니다).

오랜 시간 공들여 전자책을 만들고 크라우드 펀딩 플랫폼에 프로젝트까지 등록했습니다. 이제 후원자들이 다가오기만을 기다리면 될까요? 그렇지 않습니다. 펀딩을 시작했으니 후원자들에게 직접 참여를 요청해야 합니다. 그런데 어떻게, 어디에서 내 전자책 펀딩을 알릴 수 있을까요?

비용이 들지 않으면서도 가장 쉽고 빠르게 시작할 수 있는 홍보 수단은 바로 블로그와 인스타그램입니다. 블로그와 인스타그램은 가입만 하면 바로 사용할 수 있고, 제공되는 기능을 한 번씩 써보면 쉽게 익숙해질 수 있습니다.

필자가 블로그와 인스타그램을 추천하는 이유는 두 가지입니다. 첫째, 두 플랫폼은 개설과 콘텐츠 업로드에 비용이 들지 않습니다. 둘째, 국내에서 가장 많은 사용자가 있는 검색 포털(네이버)과 소셜미디어(인스타그램)에 콘텐츠를 노출할 수 있기 때문입니다. 물론 유튜브도 이용자가 많지만, 영상 제작에 익숙하지 않다면 블로그와 인스타그램이 더 적합합니다. 짧은 분량의 숏폼 영상을 만들어 인스타그램에 올리는 연습을 하고, 영상 제작과 편집에 익숙해지면 유튜브에서 롱폼 영상을 업로드하는 것을 추천합니다.

블로그와 인스타그램 개설하기

네이버 블로그 개설하기

2022년 10월 12일 이전에 네이버에 회원 가입했다면 이미 블로그가 개설되어 있을 것입니다.

01 네이버에 로그인한 다음, [블로그] - [내 블로그]를 클릭해 블로그로 이동합니다.

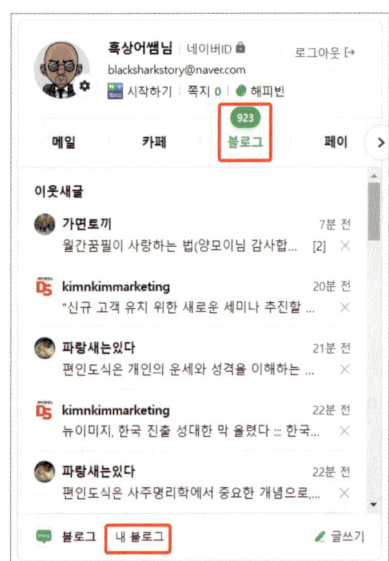

02 블로그 좌측 프로필 하단에서 [관리]를 클릭합니다.

03 [기본 설정], [꾸미기 설정] 등 다양한 메뉴를 활용해 나만의 블로그를 쉽게 꾸밀 수 있습니다.

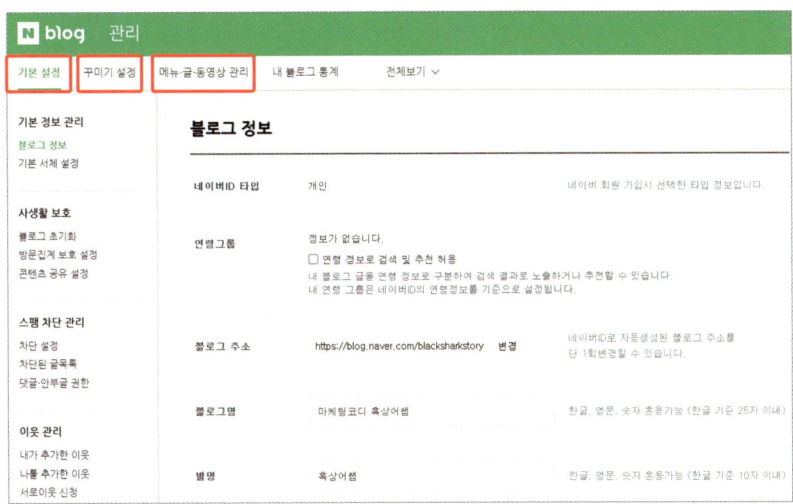

블로그를 처음 만들 때는 익숙하지 않아서 시간이 걸릴 수 있지만, 다루는 방법이 어렵지 않고 초보자를 위한 템플릿도 제공되니 꼭 시도해보기 바랍니다. 블로그 꾸미는 법은 혼자 고민하지 말고, 많은 블로거들이 작성한 블로그 꾸미기 포스팅이나 유튜브 영상을 참고해 따라 하는 것을 추천합니다.

인스타그램 개설하기

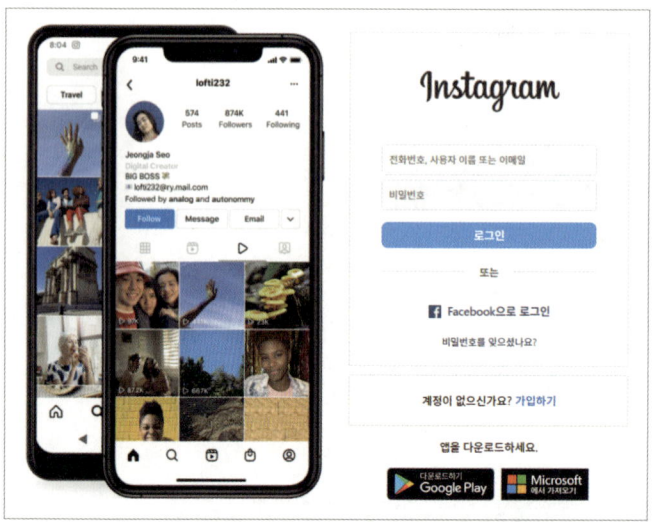

인스타그램은 블로그보다 개설 과정이 훨씬 간단합니다. 휴대폰에 인스타그램 앱을 설치한 후, 이메일 또는 전화번호만 입력하면 바로 계정을 만들 수 있습니다. 개설 후 몇 가지 개인 설정 단계를 거치면 곧바로 사진과 영상을 업로드할 수 있습니다.

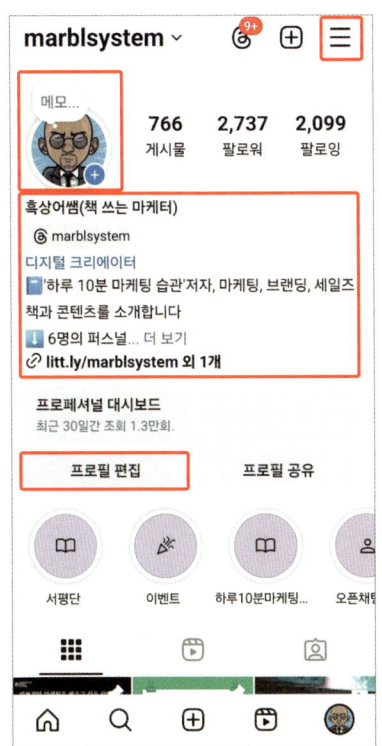

프로필 왼쪽 상단에서 프로필 이미지를 변경할 수 있고 [프로필 편집]을 클릭하면 소개 글을 입력할 수 있습니다. 우측 상단의 메뉴바를 클릭해 설정을 변경할 수도 있습니다. 프로필 소개에는 자신이 어떤 일을 하며 무엇에 관심이 있는지를 명확히 표현하는 것이 좋습니다. 또한, 펀딩 프로젝트 URL을 추가해 방문자가 펀딩 플랫폼으로 유입될 수 있도록 설정할 수 있습니다.

단순히 전자책 펀딩 프로젝트를 알리기 위해 블로그와 인스타그램을 개설하라는 것이 아닙니다. 장기적인 관점에서 소셜미디어는 개인 브랜딩을 위한 필수 도구이기 때문에 미리 개설해야 할 필요가 있습니다. 조금 서툴더라도 우선 블로그와 인스타그램을 개설하고, 전자책 펀딩 프로젝트를 타깃 독자에게 알릴 준비를 하는 것을 추천합니다.

인스타그램 소액 광고 꿀팁

펀딩을 소개하는 인스타그램 콘텐츠를 만들었다면 소액 광고를 통해 잠재 고객에게 콘텐츠를 노출시켜 펀딩 프로젝트 페이지로 유입을 유도할 수 있습니다. 인스타그램의 소액 광고는 빠르고 간단하게 진행할 수 있습니다. 그 전에 먼저 개인용 계정에서 비즈니스 계정으로 전환해야 합니다. 우측 상단의 메뉴바를 클릭하고 [크리에이터 도구 및 관리 옵션] - [계정 유형 전환]에서 비즈니스 계정으로 전환하면 됩니다.

인스타그램에서 게시물 홍보하기로 광고하는 방법 5단계
1단계 : 게시물 홍보하기
2단계 : 목표 선택하기
3단계 : 타깃 설정하기
4단계 : 예산 및 기간 설정하기
5단계 : 검토하기

1단계 : 게시물 홍보하기

광고를 진행할 게시물을 선택한 후, 하단의 [게시물 홍보하기]를 클릭합니다. 참고로 왼쪽의 [인사이트 보기]를 클릭하면 도달, 방문 등의 지표를 통해 광고 성과를 확인할 수 있습니다.

2단계 : 목표 선택하기

목표는 [프로필 방문], [웹사이트 방문], [메시지 받기] 세 가지로 나뉩니다. [프로필 방문]은 광고를 본 사람들이 여러분의 인스타그램으로 방문하도록 유도하는 것을 목표로 합니다. [웹사이트 방문]은 광고를 클릭했을 때 펀딩 프로젝트 페이지로 이동하거나 특정 웹사이트로 이동하는 것을 목표로 합니다. [메시지 받기]는 메시지 보내기, 문의하기, 더 알아보기 등 판매나 소통을 위한 행동 유도를 목표로 합니다. 펀딩 중이라면 [웹사이트 방문]을 선택해 광고 클릭 시 바로 펀딩 프로젝트 페이지로 연결되도록 하고, 펀딩 전이라면 [프로필 방문]을 선택해 팔로워, 즉 잠재 독자를 모으는 것이 좋습니다.

3단계 : 타깃 설정하기

광고 노출 대상을 설정하는 단계로, 위치, 관심사, 연령, 성별 등을 선택할 수 있습니다. [추천 타깃]을 선택하면 현재 팔로워와 비슷한 사람들에게 광고가 노출됩니다. 전자책 펀딩 광고라면 [직접 만들기]를 클릭해 [위치], [관심사], [연령 및 성별]을 설정하여 잠재 독자에게 타기팅하는 것이 효과적입니다.

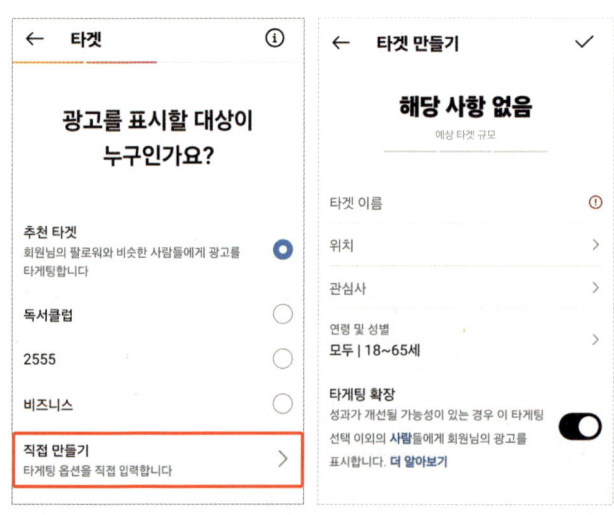

4단계 : 예산 및 기간 설정하기

예산과 기간을 설정할 때는 하루에 사용할 비용과 광고를 노출할 기간을 결정합니다. 예산과 기간을 설정하면 예산에 따라 광고가 도달할 예상 인원이 표시됩니다. 처음 광고할 때는 3일 정도 진행하고, 결과를 확인한 후 타깃과 예산을 조정하는 것을 추천합니다.

5단계 : 검토하기

광고를 시작하기 전에 목표, 타깃, 예산 및 기간을 최종 확인합니다. 광고비는 [결제 수단]에 등록된 신용카드에서 결제됩니다. 인스타그램 우측 상단 메뉴바를 클릭한 다음, [설정 및 활동] - [크리에이터 도구 및 관리 옵션] - [광고 결제] - [결제 수단]에서 광고비를 사용할 신용카드를 등록할 수 있습니다.

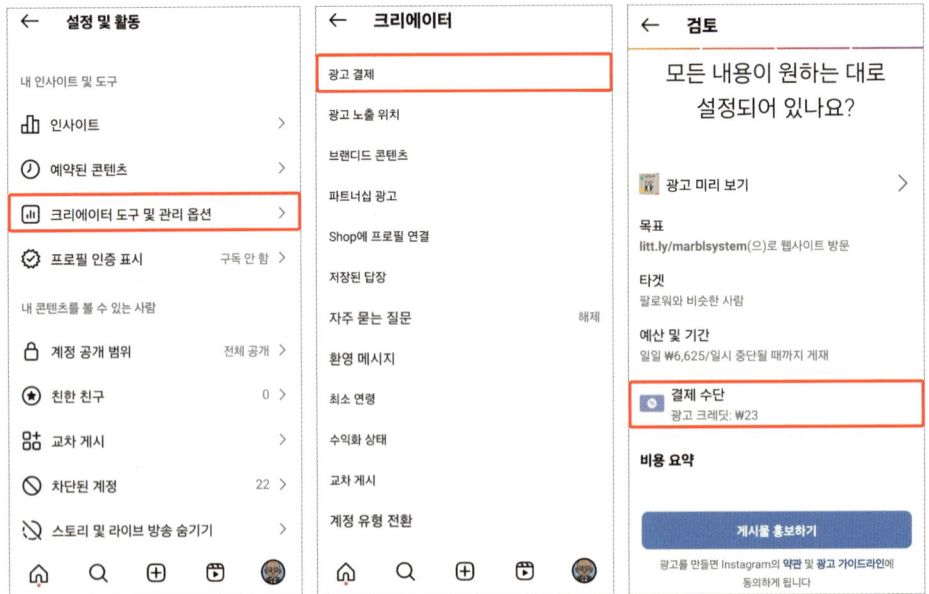

SNS 홍보 콘텐츠 제작, 더 이상 어렵지 않아요!

블로그와 인스타그램 콘텐츠를 제작할 때는 다음 세 가지 사항을 포함하는 것을 추천합니다.

> **SNS 홍보 콘텐츠 제작 시 포함해야 할 세 가지 사항**
> 1. 창작자 스토리
> 2. 나의 지식과 경험
> 3. 콜 투 액션(CTA, Call To Action)

먼저 창작자 스토리입니다. 창작자가 누구인지, 어떤 이력과 배경을 가지고 있는지, 그리고 지금 하고 있는 이야기를 왜 시작하게 되었는지를 블로그나 인스타그램을 방문하는 사람이 이해하기 쉽도록 포함해야 합니다. 상품의 스펙이나 품질을 먼저 이야기하기보다는 창작자, 즉 판매자가 누구인지에 대해 먼저 이야기함으로써 호감과 신뢰를 쌓는 것이 우선입니다.

다음으로는 나의 지식과 경험입니다. 잠재 독자가 관심을 가지고 찾고 있는 이야기, 자신이 겪었던 문제 해결 방법, 예비 후원자들이 공감할 수 있는 경험담을 공유해야 합니다. 독자들은 창작자가 어떻게 그들의 문제를 해결했는지 궁금해합니다. 창작자 역시 같은 고민과 문제를 겪었음을 충분히 이야기하며 예비 후원자의 감정에 공감하고, 그 해결책을 펀딩 프로젝트에 담았다는 것을 알려야 합니다.

마지막으로 콜 투 액션입니다. 창작자의 이야기와 경험을 통해 신뢰를 얻은 사람들이 다음에 어떤 행동을 해야 할지 구체적으로 안내해야 합니다. 예를 들어, 프로필에 펀딩 프로젝트 링크를 삽입한 다음, 콘텐츠 마지막에 펀딩 참여를 유도하는 메시지를 포함해야 합니다. 잠재 독자가 펀딩에 참여하려는 의지가 있어도 그 후에 어떻게 해야 할지 모르면 콘텐츠 제작의 노력이 무의미해질 수 있습니다.

> 이때, 여러 개의 링크를 한 군데에 모을 수 있는 방법이 있습니다. 리틀리(litt.ly/start_now)에 가입해서 다양한 글, 영상, 상품 판매 링크를 생성하면 됩니다. 그리고 해당 리틀리 주소를 인스타그램 프로필 링크에 넣어줍니다.

필자의 리틀리 링크 활용 예시

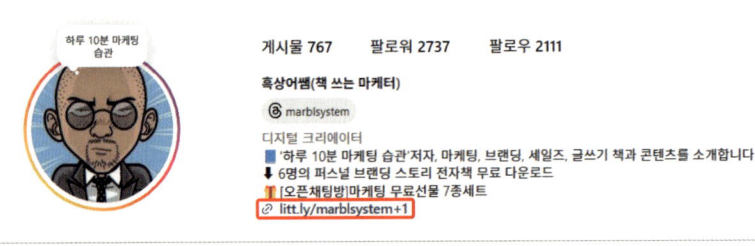

멀티 링크 추가하기

아직까지 어떻게 콘텐츠를 제작해야 할지 막막한 초보자들을 위해 필자의 콘텐츠 제작 노하우 두 가지를 소개합니다.

원 토픽 멀티 채널(One topic – Multi channel)

원 토픽 멀티 채널이란 하나의 주제를 여러 채널의 특성과 이용자 성향에 맞게 다양한 형태의 콘텐츠로 만드는 방식입니다. 필자는 인스타그램, 블로그, 유튜브를 운영하며 주로 마케팅을 주제로 한 콘텐츠를 제작합니다. 마케팅, 브랜딩, 세일즈, 글쓰기 관련 책을 소개하거나 도움이 되는 콘텐츠를 공유합니다.

같은 책을 여러 채널에서 다룬다고 할 때, 인스타그램에서는 책의 주요 메시지나 노하우를 카드 뉴스나 릴스 형식으로 제작하고, 유튜브에서는 책의 핵심 메시지의 이해를 돕기 위한 예시나 경험 등을 담아 10분 내외의 영상으로 만듭니다. 블로그에서는 저자 소개와 독서 후기를 정리하는 방식입니다. 이처럼 한 권의 책을 가지고 콘텐츠를 만들더라도 콘텐츠를 업로드하는 채널의 특성과 이용자에 따라 다채로운 콘텐츠를 만들 수 있습니다.

원 토픽 멀티 채널 콘텐츠를 제작하기 위해서 한 장짜리 원고를 미리 써보기를 추천합니다. 분량은 길지 않아도 됩니다. 원고에는 다음의 내용을 포함해야 합니다.

- 문제 제기 : 독자의 관심을 끌거나 공감을 유도할 수 있는 후킹 메시지
- 문제 해결 방법 : 내가(또는 누군가가) 그 문제를 해결한 방법, 경험, 지식
- 방법의 근거와 이유 : 문제 해결의 근거와 해결되기 전과 후의 차이점
- 콜 투 액션 : 콘텐츠를 본 독자가 취해야 할 행동(펀딩 참여 링크 등)

이 원고를 정리해서 블로그에 업로드하면 하나의 포스팅이 됩니다. 핵심 키워드와 문장을 카드 뉴스로 만들면 인스타그램용 콘텐츠가 됩니다. 원고를 영상으로 풀어내면 유튜브 콘텐츠가 됩니다.

유명인의 의견을 인용하여 콘텐츠 제작하기

두 번째 방법은 유명인의 책, 글, 말을 인용하고 자신의 의견과 경험을 더하는 방식입니다. 이 방법은 스스로의 공부에도 도움을 줄 뿐만 아니라 유명인의 신뢰도를 빌릴 수 있다는 장점이 있습니다. 해당 분야에서 성공한 사람들의 이야기나 노하우를 정리함으로써 독자들에게 좋은 반응을 얻을 수 있습니다.

다만, 유명인의 이야기만으로 콘텐츠를 구성하는 것은 추천하지 않습니다. 창작자의 이야기가 중심이 되어야 하고, 유명인의 이야기는 부가적인 역할을 해야 합니다.

유튜브, 블로그, 인스타그램 전자책 콘텐츠 예시

콘텐츠를 제작할 때는 사람들이 어떤 콘텐츠 방식을 좋아하는지 관찰하고, 이를 나의 콘텐츠 제작에 적용해야 합니다. 좋아요, 댓글, 조회수가 높은 콘텐츠와 그 이유를 분석해보기를 바랍니다. 콘텐츠의 색상, 서체, 카피라이팅, 소통 방식 등을 살펴보고, 그것을 여러분의 콘텐츠에 어떻게 활용할 수 있을지 고민하면서 여러분만의 스타일을 발전시켜나가길 바랍니다.

필자 역시 전자책 펀딩을 하면서 관련 콘텐츠를 유튜브, 블로그, 인스타그램에 업로드해 소식을 전했습니다. 처음에는 SNS를 활용하는 것이 어렵게 느껴질 수 있지만, 몇 가지 기본적인 방법을 익히고 나면 이후에는 콘텐츠 업로드가 수월해집니다.

소셜미디어 활용에서 중요한 점은 꾸준함입니다. 한번에 좋은 성과를 기대하기보다는 다양한 시도를 통해 콘텐츠의 질을 높여가야 합니다. 좋은 성과를 내기 위해 하나의 콘텐츠에 많은 비용과 시간을 투자하지 말고, 다양한 콘텐츠를 꾸준히 만들고 새로운 시도를 해보는 것이 소셜미디어를 활용하는 좋은 방법입니다.

> ✉ **흑상어쌤의 액션 메시지 19**
>
> **SNS에서 물건을 판매하는 사례를 찾아보세요**
>
> 최근에 여러분이 구매한 상품이나 구매 예정인 상품을 블로그와 인스타그램에서 검색해봅니다. 다양한 게시물 중 여러분의 마음에 드는 콘텐츠를 모니터링합니다. 해당 채널의 운영자가 평소에 어떤 콘텐츠를 올리는지, 제품을 소개할 때 어떤 내용을 포함하는지, 댓글은 어떤 반응인지 등을 꼼꼼히 살펴봅니다. 그리고 여러분의 전자책을 알릴 때는 어떻게 해야 할지 생각해봅니다. 고민을 해결하는 가장 빠른 방법은 같은 고민을 이미 해결한 사람에게 배우는 것입니다. 그들을 관찰하고 따라 하다 보면 고민을 해결할 수 있음은 물론이고 노하우를 습득할 수도 있습니다.

CHAPTER
02

전자책의 성공은 마케팅에 달려 있다

전자책 펀딩 달성률을 높이려면 어떤 마케팅 활동을 해야 할까요? 이번 챕터에서는 기본적으로 반드시 알아야 할 세 가지 마케팅 방법과 높은 달성률로 펀딩에 성공한 전자책 프로젝트 작가들이 어떤 활동을 했는지 살펴보겠습니다. 다양한 마케팅 방법을 여러분이 만들 전자책에 어떻게 적용할 수 있을지 알아봅시다.

펀딩 성공률을 높이는 세 가지 방법

어떤 문제를 해결하고 싶었는데 마침 방법을 알려준다는 전자책 펀딩 프로젝트를 발견했다고 가정해보겠습니다. 너무 반가운 마음에 펀딩에 참여했고 전자책뿐만 아니라 선물 구성도 마음에 들었습니다. 고민하던 문제도 해결되고 다른 사람들도 같은 도움을 받으면 좋겠다는 마음에 추천 댓글도 남겼습니다. 이제 이 상황을 역으로 생각해보고 여러분이 만든 전자책을 어떻게 마케팅해야 할지 살펴보겠습니다.

첫째, 밴드왜건 효과 빠르게 만들기

밴드왜건 효과(Bandwagon Effect)란 대중의 유행을 따라 특정 상품이나 서비스의 소비가 증가하는 현상을 의미합니다. 대표적으로 '허니버터칩', '포켓몬 빵', '두바이 초콜릿' 등은 유행을 타면서 품절 대란을 일으킨 상품이죠. 우리말로는 '친구 따라 강남 간다'는 말과 같은 의미입니다. 다른 사람들이 사니까, 나도 따라서 사는 행동이죠.

이 밴드왜건 효과를 마케팅에 활용하는 것은 매우 흔한 전략 중 하나입니다. 홈쇼핑 방송에서는 '매진 임박' 또는 '완판' 같은 문구를 사용하거나 구매 후기를 강조하며 이 효과를 노립니다. 여러분이 만든 전자책 펀딩에도 밴드왜건 효과를 만들려면 어떻게 해야 할까요? 세 가지 방법을 추천합니다.

첫째, 이벤트를 통해 긍정적 기대평 모으기

기대평 이벤트 사례

아직 전자책을 본 사람이 없고, 창작자에 대한 인지도나 신뢰도가 낮다면 기대평 이벤트를 통해 긍정적인 평가를 모을 수 있습니다.

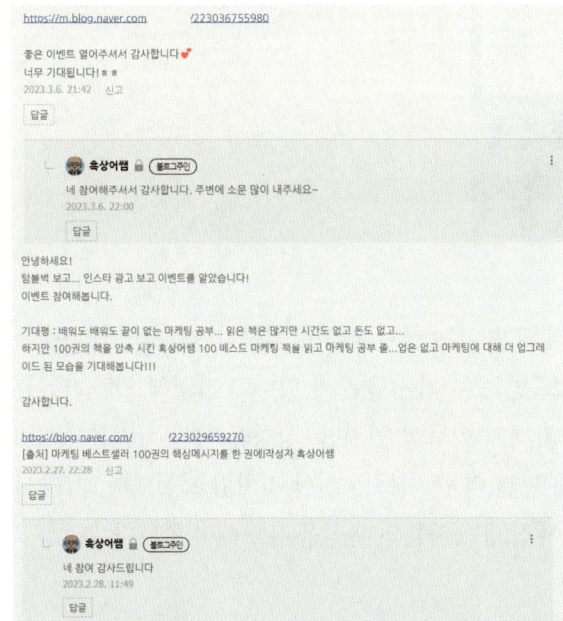

기대평 이벤트 참여 댓글

전자책 내용의 일부를 공개하고 이벤트 참여자 중 일부에게 무료로 책을 제공하는 방식입니다. 이를 통해 타깃 독자의 관심을 끌고 긍정적인 기대평을 모아 프로젝트 소개에 활용할 수 있습니다.

기대평 이벤트 참여자에게 블로그 또는 카페 등의 채널에 게시물을 공유하도록 미션을 줌으로써 노출을 좀 더 늘릴 수도 있습니다. 인스타그램에서는 리그램 또는 인스타 스토리 공유하기 등을 미션으로 제안할 수 있습니다. 기대평 이벤트 대신 전자책 관련 퀴즈 이벤트를 진행하는 것도 하나의 방법입니다.

둘째, 요약집 또는 미리보기 파일을 무료로 배포해 잠재 고객 정보 모으기

오픈 채팅방 입장 시 무료 전자책 제공

사람들이 느끼는 '무료'와 '저렴한 가격'의 차이는 큽니다. 1만 원짜리 상품을 1,000원에 사는 것과, 9,000원짜리 상품을 무료로 받는 두 가지 경우가 있다고 가정해보겠습니다. 두 경우 모두 9,000원이라는 동일한 가격의 이득이 있지만, 상품을 사는 사람은 1,000원에 사는 것보다 무료로 제공받을 때 훨씬 더 큰 이득을 취한 것처럼 느낍니다. 따라서 전자책의 일부 내용을 무료로 제공하여 잠재 독자들의 관심을 유도해야 합니다.

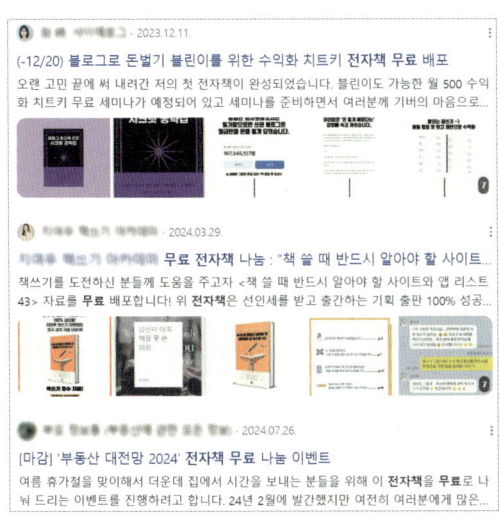

전자책 무료 배포 사례

전자책 펀딩을 진행하기 전, 타깃 독자에게 도움이 될 내용을 요약한 무료 자료를 배포하고, 그 대가로 단톡방 참여나 이메일 등록 등을 약속받을 수 있습니다. 다시 말해, 여러분이 무료로 제공하는 파일과 잠재 고객의 데이터를 교환하는 것입니다. 이를 통해 펀딩 프로젝트를 알릴 수 있으며, 잠재 독자와 지속적으로 관계를 유지할 수도 있습니다.

혹시 전자책의 일부 내용을 무료로 공개했다가 펀딩 참여자를 잃는 것은 아닐까 걱정이 될 수도 있습니다. 그러나 우려와는 반대로 전자책의 일부를 공개함으로써 잠재 독자는 더 많은 내용을 궁금해하지요. 이로써 펀딩 참여자가 늘어나는 긍정적인 효과를 얻을 수 있습니다. 이뿐만 아니라 수집된 고객 정보는 이후에도 지속적인 마케팅에 활용할 수 있어 큰 자산이 됩니다.

셋째, 지인, 가족, 친구, 동료에게 부탁하기

잠재 독자가 여러분이 진행하는 전자책 펀딩을 알게 되어 후원을 고려하고 있다고 가정해봅시다. 그런데 아직 아무도 후원에 참여하지 않았다면 잠재 독자는 어떤 생각을 할까요? 물론 일부 사람들은 후원자 수와 상관없이 참여할 수 있겠지만, 대부분은 다른 사람이 후원에 참여한 것을 보고 난 후에야 안심하고 후원하는 경향이 있습니다. 이는 자신의 선택이 잘못된 선택이 아닐까 하는 불안감을 해소하려는 심리 때문입니다.

이제 막 펀딩 프로젝트를 시작했다면 지인, 가족, 친구, 동료에게 사전 알림이나 초기 후원을 부탁하는 것이 좋습니다. 이로써 잠재 독자에게 '다른 사람도 이미 참여하고 있다'는 신호를 보여줄 수 있기 때문입니다.

여기서 중요한 점은 지인들의 도움을 통해 밴드왜건 효과를 노리되, 절대로 정보를 조작하거나 거짓된 모습을 보여서는 안 된다는 것입니다. 알림 신청은 텀블벅에 가입한 사람만 가능하며 후원 역시 가입자만 참여할 수 있습니다. 일부 소셜미디어에서 가짜 계정이나 타인의 명의를 동원하는 사례가 종종 발생하지만 이는 절대 해서는 안 될 일입니다. 우리는 정직한 방식으로 마케팅을 진행해야 합니다.

마케팅 도서 《그래서 마케팅에도 심리학이 필요합니다》[14]에서는 밴드왜건 효과를 활용하는 다섯 가지 방법을 다음과 같이 소개합니다.

> 1. 좋은 상품평, 후기, 입소문을 많이 수집하고 공유한다.
> 2. 특정 분야에서 우리 제품, 브랜드가 1등인 것을 알린다.
> 3. 타깃의 친구, 지인과 같은 소비자들이 선택했다는 것을 알린다.
> 4. 제한된 시간(수량)과 함께 지금 동참(구매)해야 한다는 것을 강조한다.
> 5. 사회적, 타깃층 사이의 유행, 트렌드를 접목한다.

이 방법들을 토대로 마케팅 계획을 세우고 효율적으로 밴드왜건 효과를 활용해보기를 추천합니다.

---

[14] 진변성, 김종선 지음, 팬덤북스, 2022년 11월

흑상어쌤의 액션 메시지 20

최근 유행에 따라 구매한 물건과 이유를 떠올려보세요

여러분이 최근에 구매한 상품 중 밴드왜건 효과에 영향을 받은 것이 무엇인지 떠올려보세요. 평소에 필요하거나 갖고 싶다고 생각하지 않았음에도 단지 유행한다는 이유만으로 구매한 상품이 있을 것입니다. 그것을 구매한 이유를 생각해보고 여러분의 전자책 펀딩 프로젝트 마케팅에 어떻게 적용할 수 있을지를 함께 고민해보기 바랍니다.

1. 최근에 유행에 따라 구매한 물건은 무엇인가?

2. 어떤 이유로 구매했는가?

3. 전자책 펀딩 프로젝트에 어떻게 접목할 수 있는가?

둘째, 마이크로 인플루언서 마케팅

내 전자책 주제와 관련된 소셜미디어를 운영하는 마이크로 인플루언서와 협업하는 방법입니다. 마이크로 인플루언서란 유명인이나 연예인 같은 셀럽은 아니지만 일반인보다는 더 많은 팔로워를 보유한 사람을 의미합니다. 인스타그램에서 팔로워 수가 수천 명에서 수만 명 정도 되는 사람들을 말합니다.

책이나 독서를 주제로 인스타그램을 운영하는 사람들을 '북스타그래머'라고 부릅니다. 이들은 자신이 읽은 책을 팔로워들에게 추천하거나 독서 클럽을 운영하기도 하고, 서평단을 모집하기도 합니다. 꾸준히 좋은 책을 추천하고 리뷰를 올리기 때문에 팔로워들은 북스타그래머가 추천하는 책을 믿고 선택합니다.

이와 같은 마이크로 인플루언서와 협업하면 낮은 인지도와 신뢰도를 극복할 수 있습니다. 예를 들어, 전자책의 일부를 미리 제공하고 펀딩 종료 후 펀딩 선물을 전달하는 조건으로 협업을 제안할 수 있습니다. 마이크로 인플루언서 입장에서는 자신의 관심 분야와 관련이 있는 전자책이라면 협업 제안을 반갑게 받아들일 가능성이 높습니다.

제안할 때는 이미 마이크로 인플루언서와 소통 중이었다면 현재 준비 중인 전자책과 펀딩에 대해 소개하고, 일부 내용을 보내며 피드백을 요청하는 것이 좋습니다. 또한, 펀딩 소개가 가능한지 여부를 묻고, 펀딩이 종료되면 선물을 보내겠다는 약속을 해야 합니다. 만약 상대방과 팔로우를 하고 있지 않다면 먼저 팔로우하고 자기소개부터 해야 합니다. 초면인 사이에 갑작스럽게 부탁이나 요청을 하면 상대방이 불쾌할 수 있고 결국 거절당할 가능성이 큽니다.

제안을 할 때는 상대방을 충분히 알아본 후 메시지를 보내야 합니다. 자신을 소개한 다음, 상대방이 운영하는 인스타그램의 주제를 꾸준히 살펴보았으며 서로에게 어떤 점에서 도움이 될 수 있는지를 일목요연하게 설명해야 합니다. 단순히 부탁이나 요청만 하기보다는 이로 인해 상대방이 얻을 수 있는 이득을 명확하게 표현해야 합니다.

만약 여러분 자신에게만 이득이고 상대방이 얻는 이점이 없다면 굳이 시간을 투자할 이유가 없다고 판단할 수 있기 때문입니다. 비록 제안의 이유는 여러분의 전자책 펀딩에 대한 피드백이나 홍보가 필요해서일지라도 펀딩 선물 제공이나 추가 혜택을 통해 상대방에게도 충분한 이득을 주는 것이 중요합니다.

필자 역시 강의 협업 제안을 받아 무료 및 유료 강의를 진행한 적이 있습니다. 그 인연으로 현재 새로운 프로젝트를 준비 중입니다. 서평단 역시 필자가 출판사에 먼저 제안하면서 시작되었습니다.

다음과 같은 순서로 마이크로 인플루언서에게 협업을 제안하고, 전자책 펀딩을 소개하며 서평단을 모집해보기를 추천합니다.

> **마이크로 인플루언서 협업 제안 순서**
> 1. 내 전자책 주제의 키워드를 검색하여 관련 주제로 블로그나 인스타그램을 운영하는 마이크로 인플루언서를 찾는다(팔로워 수는 최소 수백 명부터 수만 명까지).
> 2. 전자책 선물을 제공하거나 일부 광고비용 지급을 조건으로 협업을 제안한다.
> 3. 전자책의 일부 내용과 펀딩 프로젝트 기간, 선물 구성 등의 정보를 제공한다.
> 4. 마이크로 인플루언서가 자신의 블로그나 인스타그램에 펀딩 소식, 추천사, 기대평 등을 업로드하고 서평단을 모집하게 한다.
> 5. 마이크로 인플루언서가 모집한 서평단에게 펀딩 종료 후 전자책을 발송한다.

아직 전자책이 완성되거나 높은 수준이 아님에도 불구하고 협업을 제안하는 것이 불편하다고 느낄 수도 있습니다. 그러나 이러한 제안을 통해 생각하지 못한 기회나 아이디어가 떠오를 수 있고 만약 거절당하더라도 제안을 받아들인 다른 마이크로 인플루언서와 협업을 진행하면 되므로 적극적인 자세를 취하는 것이 좋습니다.

안녕하세요. '하루 10분 마케팅습관' 저자 흑상어쌤입니다.
좋은 하루 보내고 계신지요?

저는 마케팅 지식과 경험이 부족한 기업과 개인을 돕고 가르치기 위해 마케팅, 브랜딩, 세일즈 등 관련 분야의 책과 콘텐츠를 소개하고 직접 책을 쓰고 있습니다.

인스타그램, 유튜브, 블로그, 브런치, 오픈채팅방, 홈페이지(마케팅 블록 시스템) 등에서 마케팅 책과 콘텐츠를 소개하고 무료로 전자책을 나누고 있습니다. 그리고 '하루 10분 마케팅습관 독서클럽'을 운영 중 입니다.

출간 서적은 '마케팅 모르고 절대 사업하지 않습니다' '하루 10분 마케팅습관' 이 있고 다수의 마케팅 전자책을 만들었습니다.

저에 대한 좀 더 자세한 소개는 프로필 링크로 확인 부탁드립니다.

연락을 드린 이유는 3월 부터 제가 읽은 책을 소개하는 것 뿐만 아니라 마케팅, 브랜딩, 세일즈 등에 관심 있는 저의 팔로워 분들을 대상으로 '하루 10분 서평단'을 진행하고 있습니다. 혹시 마케팅, 브랜딩, 세일즈 등 관련 서적을 출간시에 서평단 모집을 원하신다면 연락을 부탁드립니다.

* 최근 도서 리뷰, 서평단 사례
- '매출 1등 MD는 이렇게 팝니다' 더 퀘스트
- '커뮤니티 마케팅' 디자인 하우스
- '홍보의 신' 21세기 북스
- '먼저 퇴사해보겠습니다' 미다스북스
- '보이지 않는 확신을 팔아라' 알에이치코리아
- '단단한 자소서, 탄탄한 면접 하루 완성' 다반
- '내가 읽고 싶은 걸 쓰면 된다' 인플루엔셜
- '보여주기' 생각의 힘

'하루 10분 서평단' 진행 내용은 아래를 참고 부탁드립니다.

1. 서평단 진행 분야 : 마케팅, 브랜딩(기업,개인), 세일즈, 커머스, 글쓰기 등

2. 서평단 진행 내용 :
1) 예상 독자를 서평단으로 모집 및 선정(인원 수는 협의 후)
: 흑상어쌤 인스타에서 서평단 모집
: 선정 인원 책 수령 정보 DM으로 제공 후 출판사에서 책 발송
2) 흑상어쌤 후기 작성 및 공유
: 인스타 피드, 릴스, 블로그, 브런치, 유튜브 숏츠, 오픈채팅방 등에 '한 권의 책' 소개
* 흑상어쌤 블로그 :
https://blog.naver.com/blacksharkstory
* 흑상어쌤 유튜브 :
https://www.youtube.com/@marblsystem
* 흑상어쌤 브런치 :
https://brunch.co.kr/@marblsystem
* 흑상어쌤 오픈채팅방 :
https://open.kakao.com/o/gYNVhOrf
3) 서평단 활동내용
: 출판사 가이드 제공 후 모집 글에 소개
: 서평단 활성화를 위한 이벤트 등 별도 아이디어는 협의 후

3. 흑상어쌤 서평단 협업 내용
1) 선정인원 + 1권(흑상어쌤 리뷰 용) 도서 제공
2) 별도 비용 없음, 무료 진행
* 서평단 외 별도 이벤트 등은 문의 부탁 드립니다.

모쪼록 좋은 인연으로 협업 할 수 있는 기회가 만들어지길 기대하며 끝까지 읽어 주셔서 감사드립니다.
좋은 하루 보내세요~ 감사합니다.

마케팅코디 흑상어쌤 : 네이버 블로그

필자의 서평단 제안 메시지 예시

셋째, 소셜미디어 마케팅

새로 개설했거나 이미 운영 중인 블로그와 인스타그램을 적극적으로 활용해야 합니다. 전자책을 판매하는 것보다 전자책 주제와 관련된 콘텐츠를 꾸준히 업로드하는 것이 우선입니다. 블로그나 인스타그램을 방문하는 사람들에게 여러분이 어떤 사람이며, 어떤 전문성을 갖고 있는지를 알려줄 수 있어야 합니다. 또한, 제공하는 콘텐츠가 방문자에게 도움이 되는 내용이어야 합니다.

필자의 숏츠 영상 콘텐츠 예시

비즈니스나 퍼스널 브랜딩 목적으로 소셜미디어를 운영하고 싶지만 어떤 주제로 시작해야 할지 모르는 사람들도 많습니다. 그들은 일상 사진, 맛집 사진, 자신의 일하는 모습, 판매하는 제품, 외국인의 콘텐츠 등을 무작위로 올리곤 합니다. 하지만 입장을 바꿔서 여러분이 다른 사람의 계정을 방문했을 때, 이런 식으로 콘텐츠가 뒤죽박죽 섞여 있다면 어떤 느낌이 들까요? 아마도 '이 계정은 뭘 하는 곳일까?'라는 의문이 들 것이고, 그 계정 주인에 대한 더 깊은 관심이나 호기심을 갖기는 어려울 것입니다.

반면, 한 가지 주제를 꾸준히 다루며, 자신이 팔고 있거나 관계된 제품이 아니더라도 특정한 주제에 관심 있는 사람들에게 유용한 정보를 제공하는 계정을 보면 자연스레 그 사람에 대해서도 궁금증이 생깁니다. 앞으로 올라올 콘텐츠도 놓치고 싶지 않다는 생각까지 들기도 합니다.

《1페이지 마케팅플랜》의 작가 앨런 딥은 소셜미디어 마케팅의 성공을 위한 4단계를 다음과 같이 설명합니다.

1. 플랫폼을 선택한다.
2. 매일매일 게시물을 올린다.
3. 매일의 콘텐츠는 어제보다 나은 수준이어야 한다.
4. 2~5년 동안 2단계와 3단계를 반복한다.

소셜미디어 마케팅은 시작하기는 쉽지만 꾸준히 유지하기는 어렵고 단기간에 성과를 내는 것도 쉽지 않습니다. 성과를 내기 위해서는 무엇보다 여러분의 전자책 주제와 관련된 콘텐츠를 꾸준히 올리는 것이 중요합니다. 콘텐츠가 일정 수준 쌓이고 팔로워들과 소통하면서 신뢰를 쌓는 것이 핵심입니다.

펀딩 기간이 다가오면 이 전자책이 누구를 위한 것이고 펀딩에 참여하면 어떤 혜택이 있는지를 콘텐츠로 만들어 올립니다. 그리고 프로필에 펀딩 프로젝트 페이지 링크를 연결하여 관심 있는 사람들이 블로그나 인스타그램에서 바로 펀딩 페이지로 이동할 수 있도록 해야 합니다.

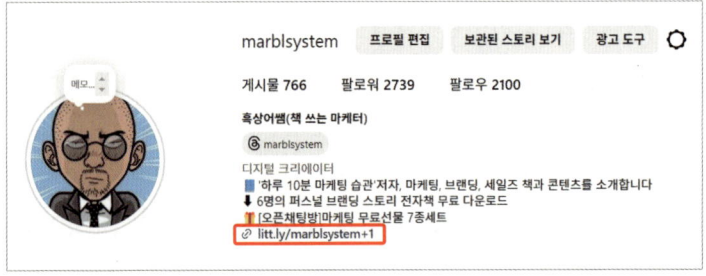

펀딩 프로젝트 링크를 기재한 필자의 프로필

필자의 유튜브 채널 프로필 예시

지금까지 큰 비용을 들이지 않고도 시도해볼 만한 전자책 마케팅 방법 세 가지를 소개했습니다. 이외에도 전자책 주제와 연관된 오픈 채팅방, 카페, 커뮤니티 운영자와 협업하거나, 광고비를 지불하고 인스타그램 광고를 함으로써 펀딩 프로젝트를 알릴 수도 있습니다. 필자가 소개한 방법 외에도 전자책이 소비되는 공간과 대상 독자가 있는 곳을 찾아보고 그들에게 어떤 방식으로 도움이 될 수 있을지 함께 고민해보기를 바랍니다.

> ✉ **흑상어쌤의 액션 메시지 21**
>
> ### 전자책 주제와 연관된 인기 블로그, 인스타그램을 찾아보세요
>
> 여러분의 전자책 주제와 관련된 콘텐츠가 꾸준히 업로드되고, 방문자와 팔로워 수가 많은 블로그와 인스타그램을 찾아보세요. 그리고 그들이 어떤 콘텐츠를 어떻게 올리고 있는지 모니터링해봅니다. 만약 그들이 전자책을 판매하거나 무료로 제공하고 있다면 그 방법을 따라 해보는 것도 좋습니다. 여러분의 관점에서 벗어나 실제로 타깃 독자들이 어떤 것에 반응하는지를 입장을 바꿔 생각해보는 연습을 해보기를 바랍니다.

02 LESSON 달성률 1,000%를 위한 펀딩 단계별 마케팅

전자책 펀딩에서 성공을 좌우하는 핵심은 단순히 좋은 콘텐츠를 만드는 것에 그치지 않고 이를 효과적으로 알리고 독자와 소통하는 마케팅 전략에 달려 있습니다. 이번에는 펀딩 전부터 펀딩 중, 펀딩 후 각 단계별로 실천할 수 있는 구체적인 마케팅 방법을 알아보겠습니다. 전자책 펀딩 달성률을 높이기 위한 전략을 살펴보고 단계별로 마케팅 계획을 세워보세요. 잠재 독자를 확보하고 신뢰를 쌓는 과정이 펀딩 성공의 열쇠가 될 것입니다.

펀딩 전 : 소셜미디어를 개설하고 잠재 독자 모으기

펀딩 전에는 블로그와 인스타그램을 개설하고 전자책 주제와 연관된 콘텐츠를 꾸준히 업로드해야 합니다. 최소 3개월 전부터 시작하는 것을 권장하지만, 펀딩 일정이 촉박하다면 1개월 전에라도 시작하는 것이 좋습니다.

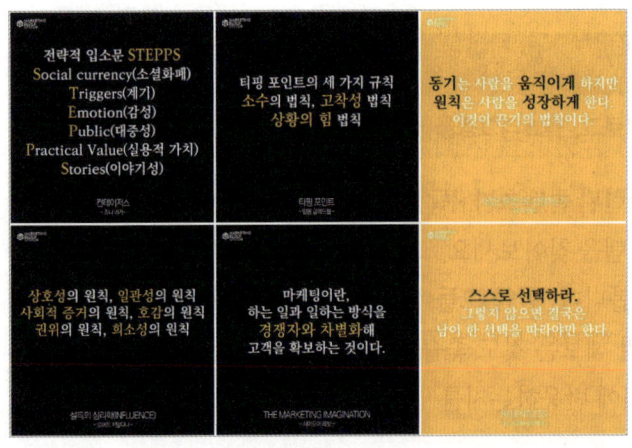

필자의 전자책 펀딩 전 인스타그램 게시물

필자는 펀딩 3개월 전에 첫 인스타그램 게시물을 올렸고 펀딩 시작까지 약 150개의 콘텐츠를 업로드했습니다. 이 콘텐츠는 전자책의 내용과 연관된 마케팅, 브랜딩, 세일즈, 글쓰기 책의 핵심 메시지로 구성되었습니다. 타깃 독자가 마케팅 경험이나 지식이 부족한 대표자나 담당자였기 때문에 그들에게 도움이 될 만한 내용을 발췌하여 제공했습니다.

〈머니어리〉 작가 돈실먼지 인스타그램

재테크툰을 그리는 돈실먼지 작가는 웹툰이라는 형식에 '돈', '재테크'라는 주제를 담아 꾸준히 콘텐츠를 제작했습니다. 덕분에 재테크에 관심 있는 여러 팔로워를 확보했으며 가계부 〈머니어리〉를 만들어 3,731%라는 높은 달성률로 펀딩에 성공했습니다. 이후에는 같은 이름으로 종이책도 출간되었습니다.

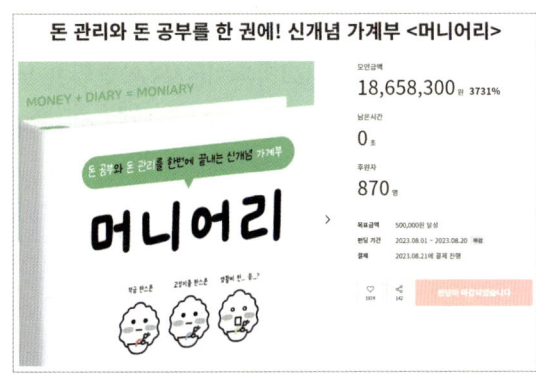

〈머니어리〉 펀딩 프로젝트

이 사례에서 우리가 배울 수 있는 것은 전자책을 판매하기 전에 잠재 독자에게 유용한 정보나 재미있는 콘텐츠를 제공해야 한다는 점입니다. 펀딩 전 마케팅의 핵심은 여러분이 만들 전자책과 연관성이 있는 콘텐츠를 꾸준히 업로드해 잠재 독자를 만드는 것입니다.

확고한 팬층이 있다면 어떤 비즈니스도 쉽게 흔들리지 않습니다. 전자책 펀딩 프로젝트도 마찬가지로 한 번의 이벤트로 생각하기보다는 장기적인 비전을 가지고 접근하는 것이 좋습니다.

펀딩 중 : 사회적 증거 모으기

여러분은 온라인에서 상품을 구매할 때 후기를 보지 않고 구매한 적이 있나요? 아마 그런 경우는 거의 없을 것입니다. 그렇다면 왜 우리는 물건을 구매하기 전에 다른 사람들의 후기를 먼저 찾아보는 걸까요?

애리조나대학교 심리마케팅학과 교수인 로버트 치알디니는 그의 저서 《설득의 심리학》에서 '사회적 증거의 원칙'을 소개했습니다.

> 우리는 특정 상황에서 특정 행동의 옳고 그름을 판단할 때,
> 얼마나 많은 사람들이 같은 행동을 하는지 살펴본다.

전자책 펀딩도 마찬가지입니다. 잠재 독자는 얼마나 많은 사람들이 펀딩에 참여했는지(사전 알림 신청, 후기 이벤트), 다수의 사람들이 창작자를 신뢰하는지(SNS 팔로워 또는 구독자 수, 댓글) 등을 보고 참여 여부를 결정합니다. 나와 비슷한 상황의 사람들이 먼저 구매했다는 것은 구매 여부를 판단할 때 중요한 기준이 됩니다.

사회적 증거는 후기뿐만이 아닙니다. 관련 분야 전문가나 인플루언서의 추천, 기사 등이 포함됩니다. 전자책과 연관성이 있는 사회적 증거를 최대한 많이 모아서 프로젝트 소개에 적극적으로 활용하는 것이 좋습니다.

필자의 전자책 펀딩 오픈 기념 기대평 이벤트

펀딩이 시작되면 소셜미디어에서 기대평 이벤트를 진행해 사회적 증거를 강화할 수 있습니다. 이벤트 참여자를 선정해 펀딩 선물을 제공하고 참여자의 후기를 프로젝트 소개에 업데이트하여 더 많은 잠재 독자를 유도하는 것입니다. 인스타그램에서 소액의 광고를 집행해 더 많은 사람에게 펀딩 소식을 알리는 것도 좋은 방법입니다. 또한 이벤트 게시물의 댓글을 캡처해 프로젝트 소개에 추가하여 잠재 독자들이 신뢰할 수 있도록 만들 수도 있습니다.

전자책 〈데일리 리포트 패키지〉 펀딩 달성률 및 진행상황 업데이트

만약 펀딩 초기에 100% 달성률을 기록한다면 그것을 다시 사회적 증거로 활용할 수 있습니다. 2,268%의 달성률로 펀딩에 성공한 노션남매의 〈데일리 리포트 패키지〉는 펀딩 초반 성공적인 달성률을 기록하자 발빠르게 감사 인사 내용을 프로젝트에 업데이트했고, 이는 사회적 증거의 선순환 고리를 형성했습니다. 덕분에 해당 펀딩 이후에도 두 차례 더 성공적으로 펀딩을 진행할 수 있었습니다.

펀딩 후 : 후원자와 관계 맺기

펀딩이 끝났다고 마케팅이 끝나는 것은 아닙니다. 펀딩 후에도 후원자들과 지속적으로 연락하며 신뢰를 쌓아야 합니다. 후원자들에게 감사의 인사를 전하고 추가적인 정보를 제공하면 이들이 더 많은 잠재 독자에게 입소문을 내거나 추천을 해줄 기회를 만들 수 있습니다.

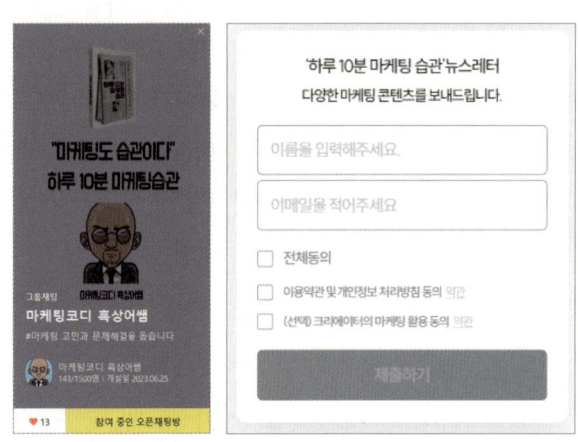

필자가 운영하는 그룹 채팅방, 뉴스레터 구독 화면

필자는 후원자들과의 그룹 채팅방을 개설해 전자책을 무료로 제공하고, 마케팅, 브랜딩, 세일즈 관련 콘텐츠를 공유하고 있습니다. 후원자뿐만 아니라 필자의 뉴스레터 구독자들에게도 주기적으로 뉴스레터를 발송하며 계속해서 콘텐츠를 공유하고 있습니다.

> 안녕하세요. '하루 10분 마케팅습관' 흑상어쌤입니다.
>
> 좋은 아침 시작하셨는지요?
>
> 오늘 하루의 시작을 글쓰기로 시작하는 분들이 많으실텐데요.
> 이메일을 쓰거나 광고와 마케팅 콘텐츠를 만들거나 사소하게는 카톡이나 메시지를 쓰는 경우도 있을 것입니다.
>
> 결국 누구나 무언가(스스로, 제품, 서비스 등)를 팔기 위해 매일 글을 쓰고 있습니다. 그 중에서도 어떤 사람은 잘 팔고 어떤 사람은 그렇지 않습니다.
>
> 마케팅, 브랜딩, 세일즈를 잘 하기 위해 갖추어야 할 능력 중 하나는 '글쓰기(카피)'입니다.
> 기본적인 지식과 경험을 갖춘 후에는 글쓰기 실력을 높여야합니다. 잘 파는 사람은 잘 씁니다.
> 우리가 상품을 구매하거나 서비스를 이용할 때를 떠올려 보면 글쓰기(카피)의 중요성을 쉽게 이해 할 수 있습니다.
>
> 그래서 이번에 모집 중인 하루 10분 마케팅 독서클럽 9기는 '팔리는 글쓰기 특집'으로 진행합니다. 다이렉트 마케팅에 사용되는 카피라이팅의 개념, 기본기를 배우고 미션을 통해 직접 카피를 써보는 시간을 마련했습니다.
>
> 그동안 팔리는 글쓰기에 대해 고민하셨던 분들이라면 팔리는 글쓰기의 기본기를 배우고 앞으로 글쓰기의 방향을 잡고 실력을 향상할 수 있는 기회를 만들어 보시기 바랍니다.

필자의 뉴스레터 예시

3,377%의 높은 달성률로 펀딩에 성공한 〈노션의 정석〉은 펀딩 종료 후에도 후기 이벤트를 진행하여 후원자들과 지속적으로 관계를 이어갔습니다.

전자책 〈노션의 정석〉 후기 이벤트

해당 전자책 작가인 저스트 그로우 & 저스트 노션은 인스타그램에서 노션 템플릿 패키지 7종을 무료로 받는 방법을 알리고, 이를 원하는 사람은 홈페이지를 방문하도록 유도하는 등 펀딩 이후에도 신뢰를 쌓아가고 있습니다.

노션 템플릿 무료 배포 콘텐츠, 홈페이지 상품 리스트

전자책 펀딩 프로젝트의 마케팅은 펀딩 기간 중에만 하는 것이 아님을 기억하세요. 펀딩 계획 단계에서부터 시작해서 펀딩 이후에도 잠재 독자와 지속적으로 관계를 맺으며, 2차 펀딩 프로젝트나 새로운 비즈니스의 기반을 다져야 합니다.

매장 앞에 대기 줄이 길게 늘어서 있는 모습을 보면 사람들은 자연스럽게 그 매장에 관심을 가집니다. 온라인에서도 마찬가지로 여러분의 전자책을 기다리는 사람들이 많다는 것을 시각적으로 보여준다면 그보다 믿음직한 증거는 없습니다.

마케팅이란 단순히 잘 파는 과정에 그치지 않습니다. 시장을 만들어가면서 잠재 고객과의 신뢰를 쌓아가는 과정입니다. 펀딩 시작 전부터 끝난 후까지 지속적으로 소통하고 관계를 맺는다면 고객들이 자발적으로 마케팅에 참여해줄 것입니다. 이미 구매한 사람들의 입소문은 광고보다 더 신뢰도가 높기 때문입니다.

> ✉ 흑상어쌤의 액션 메시지 22
>
> **펀딩 단계별로 마케팅 방법을 계획해보세요**

펀딩 전에는 어떤 SNS 채널을 개설하고 어떤 콘텐츠를 공유할 것인지, 누구에게 사전 알림 신청이나 프로젝트 공유를 부탁할지 고민해야 합니다. 펀딩 중에는 어떤 이벤트와 광고를 진행할지를 생각해야 합니다. 펀딩 후에는 어떻게 후원자들과 소통하는 것이 좋을지를 결정해야 합니다. 이처럼 펀딩 전, 펀딩 중, 펀딩 후에 여러분이 진행할 마케팅 방법을 계획해보기 바랍니다.

CHAPTER
03

전자책으로
새로운 기회 만들기

전자책을 만들고 펀딩을 통해 얻는 가장 큰 이익은 바로 '퍼스널 브랜딩'의 기회를 창출할 수 있다는 것입니다. 이번에는 전자책 제작과 펀딩을 통해 필자가 어떻게 새로운 기회를 발견하고 개인 브랜드를 형성하게 되었는지 이야기를 나누고자 합니다.

01 LESSON 퍼스널 브랜딩 이렇게 시작하자

최근 직장인, 프리랜서, 학생, 주부 등 다양한 사람들이 퍼스널 브랜딩에 관심을 가지고 있습니다. 이 책에서 소개한 여러 전자책 작가들 중 일부는 전자책 주제를 통해 퍼스널 브랜딩을 확립하고 이를 바탕으로 새로운 비즈니스를 전개하고 있습니다. 이번에는 퍼스널 브랜딩이란 무엇이며 왜 중요한지 알아보고, 전자책 펀딩 프로젝트가 어떻게 퍼스널 브랜딩으로 확장되며 새로운 기회를 창출할 수 있는지 알아보겠습니다.

브랜드란 무엇일까요?

퍼스널 브랜딩을 제대로 이해하려면 우선 브랜드와 브랜딩의 의미를 알아야 합니다. 브랜드의 사전적 의미는 '어떤 경제적인 생산자를 구별하는 지각된 이미지와 경험의 집합'이며, 좁게는 '상품이나 회사를 나타내는 상표나 표지'를 의미합니다. 흔히 말하는 로고는 브랜드를 표현하는 방법 중 하나입니다.

나이키 '스우시' 로고   출처 : 나이키 코퍼레이션 BI

예를 들어, 나이키의 '스우시' 로고는 나이키라는 브랜드를 다른 브랜드와 구분하기 위한 하나의 방법일 뿐입니다. 나이키를 볼 때 연상되는 이미지, 느낌, 경험, 메시지 등이 종합적으로 합쳐진 것이 브랜드라고 할 수 있습니다.

나이키는 브랜드의 목적을 다음과 같이 설명합니다.

나이키의 목적은 스포츠의 힘을 통해 세상을 더 나은 곳으로 만드는 것입니다. 우리는 공정한 경쟁의 장을 만들고, 삶의 터전을 보호하기 위해 우리가 할 수 있는 역할을 하며, 모든 사람이 스포츠에 참여할 수 있는 기회를 확대하고 있습니다.

나이키는 광고와 마케팅 등 다양한 활동을 통해 브랜드 메시지와 이미지를 전달하는 브랜딩을 실행하고 있습니다. 그 결과 나이키를 떠올리면 포기하지 않고 도전하는 선수들의 모습이나 팀과 공동체, 국가의 성취를 위해 노력하는 사람들의 이미지가 자연스럽게 떠오릅니다.

그렇다면 어떤 것이 브랜드가 될 수 있을까요? 《무엇이 브랜딩인가》의 작가 매튜 힐리는 "제품, 서비스, 조직, 장소 그리고 사람, 심지어 당신까지도 한 마디로 말하자면 무엇이든 다 될 수 있다."라고 합니다. 그만큼 모든 것이 브랜드가 될 수 있으며 이는 개인이 브랜드가 되는 퍼스널 브랜딩도 가능하다는 의미입니다.

브랜딩이란 무엇일까요?

브랜드의 의미를 알았다면 이제 브랜딩에 대해 알아보겠습니다. 브랜딩은 무엇일까요? 마케팅이라는 단어가 Market(시장)+ing의 의미를 가지고 있는 것처럼 브랜딩은 Brand(브랜드)+ing로, 브랜드를 만들어가는 과정이라고 할 수 있습니다.

마케팅과 브랜딩을 영문으로 풀이했지만 실제 진행 과정은 그리 간단하지 않습니다. 또한, 브랜딩 전문가들조차 브랜딩에 대해 서로 다른 정의를 내리기도 합니다. 《모든 비즈니스는 브랜딩이다》의 작가 홍성태는 "브랜드의 좋은 품질을 소비자에게 제대로 전달하기 위해 이미지를 만들어가는 과정"이라고 설명했습니다. 《우리는 왜 본질을 잊는가

: 브랜드의 기술》의 작가 세키노 요시키는 "외부로부터 좋은 평가를 얻기 위해 자신들이 소중하게 여기는 생각이나 사고방식을 상대방(고객)에게 전달하고 좋은 이미지를 얻기 위해 노력하는 활동"이라고 말합니다.

브랜딩의 정의는 다소 차이가 있더라도 소비자의 인식 속에 브랜드의 긍정적인 이미지를 심어주려는 활동이라는 공통점이 있습니다. 그렇다면 브랜딩이 필요한 이유는 무엇일까요? 바로 브랜드 파워가 커지면 가격 경쟁에서 자유로워질 수 있기 때문입니다. 경쟁사와의 가격 경쟁에서 벗어날수록 더 많은 이익을 창출할 수 있습니다. 또한, 실력 있는 인재를 확보하기도 쉬워지며, 이는 브랜드 파워를 더욱 강화하는 선순환을 이끌어냅니다.

퍼스널 브랜딩이란 무엇일까요?

퍼스널 브랜딩의 정의 역시 다양합니다. 《내 생각과 관점을 수익화하는 퍼스널 브랜딩》의 작가 촉촉한 마케터는 "퍼스널 브랜딩은 정답을 말하는 것이 아니라 내 생각을 말하는 과정"이라고 정의했습니다. 《그래서 브랜딩이 필요합니다》의 작가 전우성은 "나의 이름과 심벌을 사람들에게 알리기 위한 모든 과정"이라고 정의합니다. 이러한 정의들을 한마디로 표현하자면 남들과 구별되는 '나'라는 사람을 좋은 이미지로 인식될 수 있게 만드는 모든 활동이라고 할 수 있습니다.

여기에 더해 필자는 퍼스널 브랜딩이란 '꿈을 향한 끝없는 일관성의 과정'이라고 정의하고 있습니다. 필자가 퍼스널 브랜딩을 위해 하는 모든 활동은 다른 사람들과는 다른 자신만의 꿈을 이루기 위한 과정입니다. 필자의 비전은 누구나 쉽게 마케팅을 시작하고 이를 도구로 사용할 수 있게 돕고 영감을 주는 사람이 되는 것입니다. 이를 위해 필자가 할 수 있는 다음과 같은 일을 꾸준히 실행하고 있습니다.

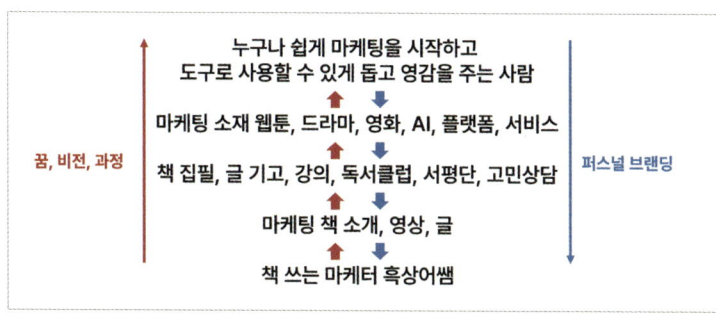

흑상어쌤의 퍼스널 브랜딩 로드맵

퍼스널 브랜딩은 한순간에 이루어지는 결과가 아니라 지속적이고 일관성 있는 과정임을 기억해야 합니다. 현재 여러분이 하는 활동이 어떤 방향을 향해 있는지 점검하고, 나만의 로드맵을 그려보기를 바랍니다.

여러분은 퍼스널 브랜딩이라는 단어를 들었을 때 어떤 사람이 떠오르나요? 스티브 잡스, 오프라 윈프리 등 세계적으로 유명한 사람들도 많지만, 필자는 '더 본 코리아'의 백종원 대표가 가장 먼저 떠오릅니다.

'백종원'이라는 이름만 들어도 대한민국 사람들 대부분은 그가 누구인지, 무엇을 하는 사람인지 바로 떠올릴 수 있습니다. 백종원은 우리나라에서 저명한 요리 연구가이자 사업가로서 강력한 퍼스널 브랜딩을 통해 대중에게 깊은 인상을 남겼습니다. 그는 단순한 셰프나 사업가 이미지를 넘어서 대중과 소통하는 멘토이자 요리 전문가로서 자리매김 했습니다.

더 본 코리아 백종원 대표이사   출처 : 더 본 코리아

백종원은 더 본 코리아에서 자신을 음식에 대한 끊임없는 관심과 탐구를 목표로 삼는 사람, 음식에 있어서만큼은 누구보다도 더 많은 걸 알고 싶은 사람으로 정의합니다. 그 말처럼 백종원은 음식과 요리를 끊임없이 탐구했습니다. 그리고 누구나 따라 할 수 있는 실용적인 레시피를 개발해 방송과 유튜브 채널 등에서 소개하며, '일반인도 할 수 있다'는 메시지를 전달했습니다. 더불어 친근함과 신뢰감을 지속적으로 쌓아 나갔습니다.

그의 성공 비결은 단순히 요리 기술이나 경영 능력에 있지 않고, 대중과의 소통 방식에 있었습니다. '백종원'이라는 이름은 이제 단순한 사람 이름을 넘어서 신뢰할 수 있는 맛과 요리의 상징이 되었지요. 자신의 전문성과 개성을 잘 결합하여 성공적으로 퍼스널 브랜딩을 구축한 대표적인 사례입니다.

퍼스널 브랜딩에 필요한 전자책

음식이라는 카테고리를 생각했을 때 백종원이 떠오르듯 특정한 카테고리에서 '나'라는 브랜드를 사람들이 떠올릴 수 있다면 성공적으로 퍼스널 브랜딩이 진행되고 있다는 의미입니다. 백종원의 예시를 통해 살펴보았듯이 퍼스널 브랜딩을 위해서는 우선 여러분 자신이 어떤 사람인지를 명확히 정의해야 합니다. 그리고 정의에 따라 일관성 있게 행동하며 꾸준히 콘텐츠를 업로드하고 자신을 알려야 합니다.

필자는 비전을 이루기 위해 마케팅을 주제로 한 책을 집필하고 인스타그램과 블로그에 마케팅, 브랜딩 관련 콘텐츠를 꾸준히 업로드했습니다. 이를 계기로 북토크 전문 문화 공간 더 나은 책방에서 북토크를 진행했고 한옥북스테이 브랜드 '고요별서'의 네이밍과 브랜딩을 진행하였습니다.

만약 필자가 책을 쓰지 않았거나 SNS에 사적인 게시물만 업로드했다면 이러한 기회가 생길 수 있었을까요? 마케팅을 알고 싶고 필요로 하는 사람들에게 도움을 주는 전문가라는 이미지를 스스로 만들어놓지 않았다면 어땠을까요? 아마도 지금까지 필자가 경험한 많은 기회들은 찾아오지 않았을 것입니다.

꾸준한 퍼스널 브랜딩으로 인연이 된 사례

기업의 브랜딩 목적은 장기적으로 더 큰 이익을 창출하는 것입니다. 마찬가지로 개인의 퍼스널 브랜딩 목적은 장기적으로 자신의 꿈을 이루기 위함이라고 할 수 있습니다. 퍼스널 브랜딩을 통해 다양한 기회를 잡을 수 있고 수익을 창출할 수도 있습니다. 다만 이는 목적이라기보다는 과정에서 발생하는 결과물에 가깝습니다.

전자책은 퍼스널 브랜딩을 위한 강력한 도구입니다. 전자책을 통해 여러분이 가진 지식과 경험을 자연스럽게 나누고 이를 바탕으로 독자들과의 신뢰를 쌓을 수 있기 때문입니다. 더불어 여러분이 전하고자 하는 메시지가 다양한 사람들에게 전파되면서 예상치 못한 협업 기회나 새로운 도전의 문이 열릴 수도 있습니다. 퍼스널 브랜딩은 선택이 아닌 필수이며, 전자책은 이를 실현하는 유용한 플랫폼이 되어줄 것입니다. 꾸준히 전자책을 제작하고 발행하는 과정에서 여러분만의 퍼스널 브랜딩을 완성해나가기를 바랍니다.

02 LESSON 전자책으로 여는 새로운 세상의 문

필자는 여러 권의 전자책을 만들고 두 권의 종이책을 출간했습니다. 이 책은 필자의 세 번째 종이책이며, 출간 계약을 마친 다음 책의 원고도 집필하고 있습니다. 만약 필자가 처음 전자책 쓰기를 도전하지 않았다면 지금의 필자는 없었으리라 생각합니다. 아마도 매일 같은 일상에 지쳐 하늘에서 뭐라도 떨어지기를 바라며 살았을지도 모릅니다. 전자책 한 권이 복권에 당첨되는 것처럼 큰돈이나 변화를 만들어주지는 않겠지만, 장담하건대 그것은 조금 먼 미래에 아주 큰 꿈을 이룰 수 있는 시작점이 되어줄 것입니다.

월급 외 소득과 플러스 알파

달성률 5,000% 이상 전자책 프로젝트

텀블벅에서 펀딩에 성공해 후원금을 받은 전자책 프로젝트는 얼마나 될까요? 2024년 9월 13일 기준으로 총 9,271개가 있습니다. 같은 창작자가 여러 차례 프로젝트를 진행한 경우도 있지만 대략 9천 명 정도의 창작자가 전자책 펀딩에 성공했다고 볼 수 있습니다.

하지만 펀딩에 성공했다고 해서 전자책으로 바로 수익을 얻었다고 할 수는 없습니다. 대부분의 프로젝트가 최소 금액인 50만 원으로 시작되다 보니, 100% 달성률이라도 수수료를 제외하면 50만 원을 채 얻지 못할 때도 많습니다. 전자책을 만들고 펀딩을 준비하는 과정에서의 노력과 시간을 생각하면 100%의 달성률은 월급 외 소득을 만들기에는 부족한 수치입니다.

대한민국 직장인들의 월 평균 부업 수입   출처 : MoneyS

일자리 앱 벼룩시장이 근로자 1,327명을 대상으로 조사한 결과에 따르면 대한민국 직장인들의 월평균 부업 수입은 62만 3천 원입니다. 부업을 시작한 이유로는 '월급만으로는 생활이 어려워서'라는 응답이 55.1%로 가장 컸습니다.

그렇다면 전자책 펀딩으로 100만 원 이상의 수익을 올린 프로젝트는 몇 개나 될까요? 텀블벅 기준으로 406개입니다. 최소 목표 금액을 50만 원으로 했을 때, 200% 이상의 달성률을 기록한 프로젝트 기준입니다. 이는 전체 전자책 프로젝트의 44%에 해당합니다. 전자책 펀딩에 도전한 10명 중 4명은 100만 원 이상의 수익을 올린 셈입니다.

대한민국 직장인 평균 소득   출처 : 이코노미퀸

국세청 자료에 따르면 2022년 기준 대한민국 직장인의 평균 연 소득은 4,214만 원, 월 평균으로는 약 351만 원입니다. 만약 펀딩 달성률이 700% 이상이라면 최소 350만 원 이상의 수익을 얻었다고 예상할 수 있습니다. 이는 대한민국 직장인의 월평균 소득과 비슷하며, 전체 전자책 프로젝트 중 18%에 해당합니다. 즉, 10명 중 약 두 명은 전자책 펀딩으로 직장인의 월급에 상응하는 수익을 올렸다고 할 수 있습니다.

전자책 펀딩의 장점은 펀딩 한 번에 그치지 않는다는 점입니다. 펀딩이 종료되면 다른 전자책 판매 플랫폼이나 여러분의 소셜미디어에서도 직접 판매할 수 있습니다. 펀딩 기간 동안 좋은 반응을 얻었다면 상시 판매를 통해 더 큰 수익을 만들 수 있지요. 18%라는 수치가 낮다고 생각할 수 있지만 이 안에는 1억 원이 넘는 수익을 거둔 전자책도 포함되어 있습니다. 와디즈의 경우는 텀블벅보다 더 큰 수익을 만든 사례도 있습니다.

추후에 전자책이 종이책으로 출간되면 출간 작가라는 타이틀과 함께 인세라는 수익이 생깁니다. 더불어 전자책은 여러분을 해당 분야의 전문가로 브랜딩할 좋은 기회입니다. 단기적으로는 수익을 낼 수 있다는 데서 의미가 있지만 장기적으로도 지속적인 수익 창출과 함께 성장 기회를 만들어낼 수 있는 효과적이고 실질적인 투자입니다.

직업의 변화와 확장된 기회

필자가 전자책 펀딩에 성공한 이후 후원자들은 지속적인 관심과 응원을 보내줬습니다. 오픈 채팅방과 뉴스 레터를 통해 관계를 이어갔고 그 과정에서 마케팅 독서클럽을 시작했습니다. 독서클럽은 어느덧 10기에 이르렀습니다.

처음 전자책을 쓰던 2년 전과 비교하면 필자의 삶은 많이 달라졌습니다. 강의와 컨설팅 요청이 오고, 프로젝트를 맡기도 하면서 일상에서 큰 변화가 있었습니다. 성공적인 전자책 펀딩은 강의뿐만 아니라 종이책 출간으로도 이어졌습니다. 과거에 혼자 알고 있던 지식과 경험이 다른 사람을 돕기도 했으며 그로 인해 '선생님'이라는 호칭을 듣기도 합니다. 심지어 대학 강단에 서기도 하고 기업의 대표들을 대상으로 지식을 나눌 기회가 생기기도 합니다. 전자책 펀딩을 시작하지 않았다면 상상도 못했을 일들입니다.

'소담 소담 북 콘서트'에서 강의하는 필자의 모습

전자책으로 얻은 기회는 물질적 가치뿐 아니라 내적 성장을 이끌어냅니다. 사람들의 존중과 기대 속에서 더 큰 책임감이 생기고 자기 관리를 철저히 해야겠다는 의지가 생기기 때문입니다. 물론 외부 활동이 부담으로 다가올 수 있습니다. 새로운 기회를 잡는 것은 어디까지나 개인의 선택입니다. 다만 여러분이 만든 전자책을 통해 여러분의 위치가 지금과는 다르게 변화할 수 있습니다. 자신을 브랜드화함으로써 꿈에 다가설 수 있습니다.

필자가 운영하는 유튜브 채널에서는 주로 마케팅, 브랜딩, 글쓰기 책을 리뷰하고 독서에 도움이 되는 영상을 올리고 있습니다. 전자책을 만들기 전에는 인스타그램에서 책을 리뷰하고 콘텐츠를 제작했고 전자책 펀딩 이후 유튜브로도 영역을 확장했습니다. 시간이 지나면서 다양한 사람들과 연결된 덕분에 과거에는 대화하기 어려웠던 사람들과도 소통할 기회가 생겨났습니다.

이 역시 전자책을 쓰고 펀딩을 진행하지 않았다면 주어지지 않았을 기회입니다. 새로운 인연은 더 많은 기회를 가져다줍니다. 전자책을 처음 쓸 때는 전혀 생각하지 못했던 일들이 계속해서 일어납니다.

"운은 준비된 사람에게 찾아온다."라는 말이 있습니다. 새로운 기회가 우연처럼 찾아오길 기다리지 않고 적극적으로 찾아나서면 운도 따라온다는 이야기입니다.

이 책을 그대로 덮어두기보다는 이타적인 마음을 가지고 책에서 소개한 액션 메시지를 다시 한번 하나씩 실천해나가길 바랍니다. 전자책의 성공적 펀딩과 월급 외 소득 그리고 새로운 기회가 여러분에게 다가올 것입니다.

흑상어쌤의 액션 메시지 23

자신의 퍼스널 브랜딩 로드맵을 그려보세요

퍼스널 브랜딩 로드맵을 그릴 때는 먼저 자신의 비전을 설정해야 합니다. 자신이 되고 싶은 모습, 바라는 미래를 떠올리고, 이를 이루기 위한 미션을 정리합니다. 그리고 당장 할 수 있는 일부터 하나씩 계획합니다. 예를 들어, 누군가는 성공한 사업가가 되어 다른 사람을 돕는 것이 비전일 수 있습니다. 그렇다면 누구를 돕고 싶은지, 어떤 사업을 할 것인지, 필요한 것은 무엇인지, 당장 어떤 일을 해야 하는지를 적어보는 것입니다.

자신의 비전을 실행하기 위해서는 가장 먼저 '자기 객관화'가 필요합니다. 자신의 강점과 약점을 명확히 파악하고 이를 토대로 현실적인 계획을 세워야 합니다. 메타 인지를 높여 자신을 객관적으로 바라보는 능력을 키우세요. 여러분 자신에 대해 가장 잘 아는 사람이 여러분 스스로가 될 수 있도록 정리해보고 퍼스널 브랜딩 로드맵을 그려보기를 바랍니다.

나가는 말

"무슨 좋은 일 있어?"

직장 생활 10년 만에 A 씨는 새로운 활력을 찾았습니다. 직장 동료들로부터 "표정이 좋아졌다.", "적극적이다."라는 말을 자주 듣게 된 A 씨는 인스타그램과 블로그에 꾸준히 글을 올리고 직장에서 문서 작성에 유용한 정보를 공유해왔습니다. 그동안 쓴 글들을 모아 전자책을 만들었고 이를 크라우드 펀딩으로 판매했습니다. 많은 후원자들의 지지 덕분에 펀딩 달성률은 5,000%에 이르렀습니다. 펀딩의 성공은 A 씨에게 큰 자신감을 주었습니다. 펀딩이 끝난 후 블로그에서도 전자책 판매를 시작했고, 독자들의 피드백을 반영해 두 번째 전자책을 준비하게 되었습니다.

이 변화는 단지 전자책 판매에 그치지 않았습니다. A 씨의 노력과 성과가 입소문을 타면서 문서 작성에 관한 고민 상담뿐만 아니라 강의 요청이 들어오기 시작했지요. 블로그, 인스타그램, 이메일을 통해 문의해오는 사람들을 돕다 보니, 이제는 스타트업과 중소기업 임직원들을 대상으로 강의하는 자리까지 이어졌습니다.

전자책 작가로서 A 씨는 이제 '컨펌 선배'로 불리며, 직장인들이 참여하는 오픈 채팅방에서 문서 작성 노하우를 공유하고 상담을 해주고 있습니다. 월급 외에 추가 소득을 고민하던 A 씨는 이제 새로운 꿈을 꾸기 시작했습니다. 그 꿈은 단순히 전자책을 많이 팔고 돈을 버는 것이 아닙니다. A 씨는 자신이 할 수 있는 일과, 누구를 도울 수 있는지를 알게 되면서 더 큰 도전에 나서기로 했습니다.

첫째, '컨펌 선배'로서 자신의 브랜딩을 더 널리 알리기로 했습니다. 자신을 증명하고 사람들의 신뢰를 얻기 위해 유튜브를 시작했습니다.

둘째, 새로운 비즈니스를 계획하고 대상을 넓히기로 했습니다. 문서의 종류와 콘텐츠를 추가하고, 커리큘럼과 플랫폼을 만들어 자동화된 시스템을 구축하려고 합니다.

셋째, 출판 작가에 도전하기로 했습니다. 현재의 성과를 종이책으로 출간하여 더 많은 사람들과 경험을 나누고자 합니다.

A 씨는 자신이 잘 알고 경험한 것을 전자책으로 만들었을 뿐인데, 그로 인해 삶이 크게 변했습니다. 월급 외 추가 소득을 고민하던 시절, 처음 전자책 작성을 추천해준 지인을 다시 만났습니다.

"오늘 밥은 네가 사는 거다!"
"그래, 고맙다! 덕분이야!"

> 나중에 인생을 돌아볼 때 '젠장, 해보기라도 할걸' 이라고 말하는 것보다는
> '세상에, 내가 그런 짓도 했다니'라고 말하는 편이 낫다.
>
> 루실 볼(Lucille Ball) (배우, 연출가)

혹시 아직도 '내가 할 수 있을까?'라는 생각이 든다면, 분명히 말씀드리겠습니다. "당신도 할 수 있습니다." 그리고 만약 가슴이 두근거리고 당장 무엇이든 해보고 싶다는 생각이 든다면, 실행이 답입니다.

누군가 "전자책 한 권 만든다고 뭐가 달라질까?"라고 묻는다면 이렇게 말해보세요. "인생의 마지막에 사람들이 가장 많이 후회하는 것은 한 일에 대한 것이 아니라 하지 않은 일에 대한 것이다."

> 행동 계획에는 위험과 대가가 따른다. 하지만 이는 나태하게 아무 행동도
> 취하지 않는 데 따르는 장기간의 위험과 대가에 비하면 훨씬 작다.
>
> – 존 F. 케네디(전 미국 대통령)

전자책을 만들고 펀딩에 도전하는 것은 단순히 추가 수익을 얻는 것을 넘어, 나 자신을 브랜드로 만들고 장기적인 퍼스널 브랜딩을 통해 새로운 기회를 창출하는 것입니다. 전자책은 초기 투자 비용이 거의 들지 않으며, 시간과 장소에 구애받지 않고 시작할 수 있습니다. 누구나 자신의 지식과 경험으로 다른 사람의 고민을 해결하고 이를 통해 새로운 비즈니스 기회를 만들 수 있습니다.

글쓰기 경험이 없거나 다른 사람에게 도움이 될 만한 지식이 없다고 생각해 도전하지 않는다면 그동안 비슷한 이유로 많은 기회를 놓쳤던 것과 다르지 않을 것입니다. 전자책 쓰기와 펀딩 도전을 추천하는 이유는 단지 수익 때문만이 아닙니다. 그 과정에서 자신을 객관화하고 새로운 지식과 기술을 습득하여 더 큰 도전의 기회를 만들 수 있기 때문입니다.

전자책 작가의 길은 전문가만의 영역이 아닙니다. 이 책을 읽은 여러분이 월급 외 추가 수익을 얻는 것은 물론, 현재의 비즈니스에 도움이 되고, 장기적으로 자신만의 브랜드를 만드는 도전을 해보기를 바랍니다. 상상할 수 없던 새로운 기회가 여러분을 기다리고 있습니다. 끝까지 읽어주셔서 감사합니다.

감사의 말

이 책이 세상에 나오기까지 감사드릴 분들이 많습니다. 한빛미디어 IT활용서팀의 오희라 선임 에디터님과 장용희 팀장님께 깊은 감사를 드립니다. 특히 오희라 에디터님의 물심양면 지원과 배려가 없었다면 이 책은 독자 여러분을 만날 수 없었을 것입니다. 이 기회를 빌려 다시 한번 감사의 마음을 전합니다. 에디터님과 저의 '슬램덩크'는 아직도 진행 중입니다.

그동안 저의 전자책과 종이책을 읽어주신 모든 독자분들, 소셜미디어 친구들, 채팅방 멤버들, 독서클럽 멤버 여러분께도 감사합니다. 앞으로도 마케팅, 브랜딩, 세일즈, 글쓰기 등에 도움이 되는 책과 콘텐츠를 공유하겠습니다.

책을 쓰는 과정은 자신이 무엇을 아는지를 확인하는 과정이 아니라 무엇을 모르는지를 배우는 과정이라 생각합니다. 그래서 매번 책을 쓸 때마다 스스로의 무지함에 좌절하기도 하고, 새로운 배움에 기뻐하기도 합니다. 그때마다 저를 지지하고 끝까지 포기하지 않도록 도와주신 분들께 감사드립니다.

항상 저를 믿고 응원해주시는 북토크 전문 독립서점 '더 나은 책방' 황의숙 대표님, 대한민국 북스테이 대표 브랜드 '고요별서' 루헤 대표님, 인터렉티브 브랜드 웹 전문 및 엠틱(MTIC) 개발사 엠펀치 김효준 대표님, 크리에이티브 브랜드 바나나투나잇의 임직원분들, 문경약돌축산물명품화협의회의 김민정 국장님, 이미용 과장님, 바써탄츠코리아 김우성 대표님 그리고 저의 영원한 팀원인 박진영 님께도 깊이 감사드립니다.

부족한 저를 이해하고 응원해주는 소중한 지인들, 태을이네, 제인이네, 도담이네 가족들께도 큰 감사를 드립니다. 여러분과 이웃으로 지내는 것은 저에게 큰 행운입니다. 오랜 시간 우리 가족과 함께해준 지인, 윤나, 은희, 미정 그리고 연우, 윤석, 예은에게도 고맙습니다.

무엇보다 가족들의 사랑과 응원이 없었다면 지금의 저는 없었을 것입니다. 지금까지 꾸준히 책을 쓰고 제 비전을 향해 갈 수 있었던 가장 큰 원동력은 바로 가족의 사랑과 응원입니다. 김선욱, 김화선, 이기훈, 고귀임 부모님, 김미선 이모님, 김상호, 김주원, 이선미, 이순천, 임용현 형제자매들 모두 감사합니다. 그리고 저의 아내 이인복과 아들 김동환에게도 감사합니다. 두 사람은 제가 하는 모든 일의 의미입니다.

마지막으로 장인어른께 감사드립니다. 이 책의 원고를 쓰는 동안 장인어른께서 조금 일찍 먼 곳으로 여행을 떠나셨습니다. 평소에 말씀은 많이 없으셔도 무엇이 중요한지 본질과 핵심을 잘 짚어주셨습니다. 부족한 저를 아껴주시고 도와주셔서 감사드립니다. 그동안 가족들을 위해 정말 수고 많으셨고 좋은 곳에서 편히 쉬고 계시리라 믿습니다. 감사합니다.

2024년 가을의 문턱에서
흑상어쌤

찾아보기

ㄱ ㄴ

가치	54
개인 홈페이지	39
결제 시스템	40
경제경영	59
고민	34
관심 끌기	85
관심사	60
관찰	33
교보문고 샘	23
구독	23
구성요소	101
구조	126
근거 자료	127
기대평	233
기술	60
기술공학	59
내지	134
노력	59
노션의 정석	111
니즈	58

ㄷ ㄹ

다이소	56
달성률	32
데드라인	91
도입부	125
도형	141
독서율	24
디자인	133
디지털	22
레드오션	83
뤼튼	120
리디북스	23
리스트업	107
리틀리	227
링크	29

ㅁ

마이크로 인플루언서	238
마케팅	201
망고보드	156
매직스튜디오	179
매진 임박	72
머리말	123
메타인지	51
모객	44
목업 이미지	175
목차	110
문장	125
문제	34, 106
미리캔버스	156

밀리의 서재	23

ㅂ

바꿔 쓰기	87
배경색 바꾸기	143
백종원	64
밴드왜건 효과	58, 232
베껴 쓰기	87
베바새 글쓰기	85
벤치마킹	107
보편성	57
부수익	26
북커버	166
불안감	67
브랜드	252
브랜딩	253
블로그	218
블루오션	83

ㅅ

사전조사	107
사회적 증거	45
새로 쓰기	87
선물 구성	193

성장세	24
세로형 슬라이드	136
소득 창출	31
소셜미디어	217
소액 광고	222
소통	34
수상 경력	65
수수료	45
수정	27
순서	122
스마트 스토어	40
스토리	63
슬라이드 번호	150
슬라이드 크기	137
시간	59
시장조사	79
신청품	40
실사 이미지	162
실행	35

ㅇ

아임웹	39
안내선	137
얼리버드	195
에피소드	125
예스24	23

찾아보기　**269**

예시	127
오디오북	26
오컬티즘 메이커	98
오탈자	27
오픈 채팅방	40
온라인 쇼핑몰	72
와디즈	24, 46
외부 광고	201
요금제	190
욕망	34
워드프레스	39
원 토픽 멀티 채널	228
원고	122
원고 옮기기	139
원고 페이지	135
원츠	58
웹소설	26
윌라	23
응용	87
이미지 삽입	145
이북 리더기	24
인스타그램	218
일본	24
일상	60
임영웅	68

ㅈ

자격	65
자기계발	59
자동화	60
자료 수집	79
잠재 고객	35
잠재 독자	96
재능 마켓	44
적용	87
전자책	21
전자책 표지	158
접근성	22
제목	103
제목 짓기	107
제목쓰기	107
주제	58
증거	65
증명	65

ㅊ ㅋ

차별화	79
창작자 가이드	186
책 표지 템플릿	164
챗GPT	34, 116
초기 비용	28
출판사	27

취미	60	**ㅍ**	
취뽀사전	96	파레토의 법칙	89
취준생	99	파워포인트	133
카페 24	39	팔로워	30
칵테일 파티 효과	72	팬	30
캔바	156	퍼블	39
콜 투 액션	226	퍼스널 브랜딩	29, 254
크라우드 펀딩	24, 43, 185	펀딩 후원	97
크레마 클럽	23	페르소나	58
크몽	43, 46	편의성	22
클로드	119	평생 업데이트	27
		폴더	131
		표지 디자인	156
		프로젝트	31
ㅌ		프로젝트 계획	198
타기팅	99	프로젝트 등록	186
타깃	57	프로젝트 소개	204
탈고	89	프로젝트 올리기	186
탈잉	43	플랫폼	26
탈잉	46	플레이스잇	175
태블릿	24	피드백	108
텀블벅	24, 46, 185	필사	87
텍스트 상자	140		
토게토게	96	**ㅎ**	
투고	27	하이퍼링크	29, 147
		한국출판인회의	151
		해결책	85, 106

홈 쇼핑	72
확증편향	70
후원자	248
후킹	85
후킹 문구	109

Ⓐ Ⓑ Ⓒ

AI	115
Band wagon effect	58, 232
Clova X	121
CTA	226

Ⓓ Ⓔ Ⓗ

DIY북커버스	176
EPUB	22
Hyperlink	29

Ⓚ Ⓝ Ⓞ

KoPub 서체	151
N잡	26
needs	58

OTF	154

Ⓟ Ⓡ Ⓢ

PDF	22
PDF 파일	134
pexels	180
PNG 이미지	134
removebg	178
Social proof	45

Ⓣ Ⓦ

TTF	154
wants	58